TRAUNER VERLAG
BILDUNG

Bildung, die begeistert!

W0302407

Hotel- und Rezeptionstechnik

PETER WÖLFL
FRITZ KNOLL
KURT KRAUSLER
ALOISIA RITTER
CHRISTINE RUETZ
INES WEISSENSTEINER-WIESSLER
THOMAS WINTER
SABINE ZEINER

BS

Impressum

Wölfl u. a., Hotel- und Rezeptionstechnik
5. überarbeitete Auflage 2012, Nachdruck 2017
Schulbuch-Nr. 120.871
Schulbuch-Nr. Kombi E-Book 181.597
TRAUNER Verlag, Linz

Die Autor(inn)en

PETER WÖLFL
Landesberufsschule für Tourismus Waldegg

FRITZ KNOLL
Tiroler Fachberufsschule für Tourismus und Handel Landeck

KURT KRAUSLER
Landesberufsschule für Tourismus Aigen im Ennstal

MAG. ALOISIA RITTER
Fachberufsschule für Tourismus Oberwollanig

CHRISTINE RUETZ
Landesberufsschule Obertrum für die Lehrberufe des Hotel- und Gastgewerbes

MAG. INES WEISSENSTEINER-WIESSLER, Unternehmensberaterin mit Schwerpunkt Hotellerie

THOMAS WINTER
Berufsschule für Gastgewerbe Wien-Längenfeldgasse

SABINE ZEINER
Berufsschule für Gastgewerbe Wien-Längenfeldgasse

Approbiert für den Unterrichtsgebrauch an

Berufsschulen für den Lehrberuf Hotel- und Gastgewerbeassistent im Unterrichtsgegenstand Hotel- und Rezeptionstechnik (BMUKK-5.048/0019-B/8/2011)

Dieses Schulbuch wurde auf der Grundlage eines Rahmenlehrplans erstellt; die Auswahl und die Gewichtung der Inhalte erfolgen durch die Lehrerinnen und Lehrer.

Liebe Schülerin, lieber Schüler,
Sie bekommen dieses Schulbuch von der Republik Österreich für Ihre Ausbildung. Bücher helfen nicht nur beim Lernen, sondern sind auch Freunde fürs Leben.

Lektorat/Produktmanagement:
Mag. Johanna Smejkal
Titelgestaltung: Bettina Victor
Grafik und Gestaltung: Klara Jedinger
Piktogramme: Dr. Alfons Stadlbauer, 4020 Linz, www.alfons-stadlbauer.at
Schulbuchvergütung/Bildrechte:
© Bildrecht GmbH/Wien
Gesamtherstellung:
TRAUNER Druck GmbH & Co KG, Linz

ISBN 978-3-85499-944-7
Schulbuch-Nr. 120.871

ISBN 978-3-99033-964-0
Schulbuch-Nr. Kombi E-Book 181.597

www.trauner.at
/traunergastro

Einleitung

In diesem Buch finden Sie in kompakter Form alle wesentlichen Informationen für Ihre Tätigkeit im Frontoffice.

Bei der Gestaltung des Buches haben wir vor allem auf Praxisnähe geachtet. Das zeigen die vielen Praxisbeispiele und Arbeitsanleitungen mit Praxisbezug. Das Zweispaltenlayout unterstützt darüber hinaus den Lesefluss, optische Akzente ermöglichen schnelle Auffindbarkeit relevanter Themenbereiche und erleichtern die Orientierung.

Wir geben mit diesem Lehrbuch eine fundierte fachliche Information, vermitteln die Vielfalt der Welt des Gastgewerbes und zeigen Ihnen, wie viel Freude es machen kann, mit dem theoretischen Verständnis der Inhalte in die Praxis zu gehen. Im Vordergrund steht die Benutzerfreundlichkeit, die Freude am Einsatz dieses Buches weit über den Schulalltag hinaus.

Wesentliche Elemente und verwendete Symbole

Die **Ziele kennzeichnen,** was Sie nach Durcharbeiten das Kapitels können sollen. Die Ziele sind farblich nach der **Kompetenzstufe gekennzeichnet.**

Meine Ziele

Nach Bearbeitung dieses Kapitels kann ich
- Blau (Wiedergeben, Verstehen)
- Rot (Anwenden)
- Schwarz (Analysieren und Entwickeln)

Fragen, Arbeitsaufgaben, Ziele erreicht?

Zur Erarbeitung der Kenntnisse und Fertigkeiten sowie zur Kontrolle des Lernerfolgs stehen Ihnen Wissensfragen, Aufgaben und Abschlusstests („Ziele erreicht?") zur Verfügung. Die Aufgabenstellungen und „Ziele erreicht?"-Aufgaben sind ebenfalls nach dem Kompetenzmodell mit den Farben Blau, Rot und Schwarz gekennzeichnet. Es wird unterschieden zwischen Aufgaben, bei denen Sie
- die gelernten Fachinhalte verstehen und wiedergeben;
- erworbenes Wissen anwenden können;
- eigenständig Probleme analysieren und Lösungen entwickeln.

Fragen und Arbeitsaufgaben können mithilfe der Informationen aus dem Buchtext bzw. Ihrer Erfahrung aus dem Lehrbetrieb beantwortet werden.

Schreibaufgaben erfordern die praktische Umsetzung des Wissens und verlangen zum Teil eigene kreative Lösungsansätze. Sie helfen Ihnen, die Kenntnisse und Fertigkeiten zu festigen.

„Ziele erreicht?"-Aufgaben am Ende eines Kapitels ermöglichen Ihnen selbst festzustellen, inwieweit Sie in Ihrem Lernprozess erfolgreich waren. Der Kompetenzzuwachs wird aufgezeigt.

Folgende weitere Piktogramme unterstützen das Lehren und Lernen mit dem Buch:

Informationen zum besseren Verständnis

besonders wichtige Hinweise

Verknüpfungen zu anderen Kapiteln oder Gegenständen

Diskussion

Download

Wir wünschen Ihnen ein erfolgreiches Arbeiten mit dem Buch!

Das Autorenteam

Inhaltsverzeichnis

Mitarbeiterorganisation

Wie ist ein Hotel, in dem viele Mitarbeiterinnen und Mitarbeiter beschäftigt sind, organisiert? Als Gast überlegt man gar nicht, dass im Hintergrund alles reibungslos ablaufen muss, damit man sich wohlfühlt. Als Mitarbeiterin bzw. Mitarbeiter an der Rezeption hingegen ist es wichtig, alle Positionen zu kennen und zu wissen, wer wofür zuständig ist.

Hinter einer perfekten Gästebetreuung steht ein gutes Team – vom Empfang über das Restaurant, die Bar, das Zimmer, den Wellnessbereich bis zur Küche.

Die Rezeption ist dabei eine entscheidende Schnittstelle. Lernen Sie im folgenden Kapitel die Position der Rezeption im Gesamtbetrieb sowie die Arbeit der Rezeptionsmitarbeiterinnen und -mitarbeiter und ihre Qualifikationen kennen.

Meine Ziele

Nach Bearbeitung dieses Kapitels kann ich

- die Unterschiede zwischen amerikanischem und europäischem System und zwischen „Front of the House" und „Back of the House" erklären;
- die Organisation der Rezeption bzw. des Frontoffice kurz beschreiben;
- die einzelnen Arbeitsplätze und Positionen in der Rezeption sowie der Halle benennen;
- die Aufgaben der Mitarbeiterinnen und Mitarbeiter an der Rezeption darlegen;
- ein Anforderungsprofil für Rezeptionsmitarbeiterinnen und -mitarbeiter erstellen;
- Erscheinungsbild und Berufskleidung beschreiben;
- die Zusammenarbeit mit anderen Abteilungen erläutern.

1 Die großen Organisationssysteme

Thomas hat im September seine Lehrzeit als Hotel- und Gastgewerbeassistent in einem Stadthotel begonnen. Noch hat er keinen Einblick, welche Abteilungen es gibt, er weiß nur, dass er der Halle zugeteilt ist.

Heute findet man in den meisten Hotels eine Vermischung beider Systeme vor, je nach Größe des Betriebs und Verfügbarkeit der Mitarbeiterinnen und Mitarbeiter.

Wie ein Hotel mitarbeitertechnisch am besten zu organisieren ist, damit alle Abläufe reibungslos funktionieren, darüber haben sich schon im 19. Jahrhundert bedeutende Köpfe der Hotellerie Gedanken gemacht. So hat der berühmte Cäsar Ritz in Paris für die individuelle Gästebetreuung das sogenannte **europäische Organisationssystem** entwickelt. Es ist sehr personalintensiv und wird daher nur mehr in wenigen erstklassigen Betrieben eingesetzt.

Aus Amerika kommt ein vor allem für **Hotelketten** geeignetes Organisationssystem – das sogenannte **amerikanische System.** Es findet immer mehr Einzug in der österreichischen Hotellerie, weil sich immer mehr internationale Ketten wie Sheraton Corporation oder Hilton International in Österreich niederlassen.

1.1 Einteilung der Mitarbeiterinnen und Mitarbeiter

Einteilung der Mitarbeiterinnen und Mitarbeiter zu den Bereichen

Front of the House

Mitarbeiterinnen und Mitarbeiter aus diesem Bereich haben direkten Kontakt mit den Gästen, z. B. Direktorin bzw. Direktor, Mitarbeiterinnen und Mitarbeiter der Rezeption, der Halle, des Service.

Back of the House

Mitarbeiterinnen und Mitarbeiter aus diesem Bereich haben keinen direkten Kontakt mit den Gästen, z. B. das Küchenteam, die Mitarbeiterinnen und Mitarbeiter der Buchhaltung, des Controllings, des Personalbüros.

Gehen Sie mit Ihrer Banknachbarin/Ihrem Banknachbarn die Abteilungen Ihres Ausbildungsbetriebs durch und vergleichen Sie sie mit den hier angeführten Systemen. Welche Gemeinsamkeiten und Unterschiede stellen Sie fest?

1.2 Das europäische System

In der nachfolgenden Abbildung ist die **klassische** europäische Struktur eines Großbetriebs (mit ca. 300 Zimmern und mit einer ebensolchen Anzahl an Mitarbeiterinnen und Mitarbeitern) dargestellt.

Direktorin, Direktor		
Beherbergungsabteilung	**Verpflegungsabteilung**	**Verwaltungsabteilung**
■ Empfang (Rezeption, Halle) ■ Reservierung ■ Etage	■ Einkauf und Lagerverwaltung ■ Küche ■ Service	■ Kaufmännische Abteilung ■ Hilfsabteilung ■ Nebenbetriebe

1.3 Das amerikanische System

Nach der amerikanischen Struktur sind Großhotels wie folgt organisiert:

General Managerin, General Manager (Generaldirektorin, -direktor)		
Operation	**Sales & Marketing**	**Financial Management**
Rooms Division ■ Frontoffice ■ Housekeeping Department **Food & Beverage**		

Als General Managerin bzw. Manager führt man den Hotelbetrieb. Man ist in dieser Funktion für alle organisatorischen und kaufmännischen Belange verantwortlich. Im europäischen System entspricht diese Position der Direktorin bzw. dem Direktor.

Arbeitsaufgaben

1. Suchen Sie folgende fünf Begriffe:
Rezeption, Etage, Housekeeping, Frontoffice, Empfang.

S	G	S	C	S	C	E	F	L	R	Z	L	F	X	A
N	F	P	I	W	S	V	R	E	V	Z	U	R	R	M
H	I	W	F	Y	B	N	Z	V	I	I	P	O	I	C
M	O	K	P	K	I	E	Q	Q	C	B	F	N	X	P
A	H	U	Y	C	P	E	B	T	C	G	W	T	V	T
V	R	Z	S	T	O	S	G	J	D	Z	H	O	L	V
F	T	R	I	E	E	F	D	A	U	L	Z	F	D	E
M	H	O	I	N	K	W	H	Y	T	V	S	F	W	K
G	N	A	F	P	M	E	J	L	Q	E	K	I	R	A
V	F	M	I	Y	B	M	E	S	W	E	U	C	B	F
M	C	R	W	B	T	Y	Y	P	Q	D	U	E	P	G
O	Q	Q	L	E	O	Z	J	Z	I	Q	K	J	O	Q
T	S	N	U	F	S	R	D	W	V	N	D	S	Q	H
S	I	E	X	R	J	H	W	U	A	Q	G	J	J	P
G	R	V	D	A	I	I	M	Q	V	V	E	L	D	C

2. Vergleichen Sie das europäische mit dem amerikanischen System und ergänzen Sie die jeweils entsprechenden Abteilungen:

Abteilungen im europäischen System		Abteilungen im amerikanischen System
Empfang	entspricht	
	entspricht	Housekeeping Department
Verpflegungsabteilung	entspricht	
	entspricht	Financial Management

Notizen

3. Was ist der Unterschied zwischen „Front of the House“ und „Back of the House“?
4. Zählen Sie je vier Mitarbeiterinnen bzw. Mitarbeiter der Front-of-the-House- und der Back-of-the-House-Abteilung auf.

2 Mitarbeiterinnen und Mitarbeiter an der Rezeption / im Frontoffice

Eva ist HGA-Lehrling in einer internationalen Hotelkette. An ihrem ersten Arbeitstag zeigte ihr die Rooms Division Managerin alle Abteilungen und der Frontoffice Manager beschrieb ihr im Speziellen die Arbeitsbereiche im Frontoffice. Eva fragt sich nun: „Welche Aufgaben werde ich als Rezeptionistin übernehmen und welche Tätigkeiten betreffen meine Kolleginnen und Kollegen an der Rezeption?“

2.1 Mitarbeiterinnen und Mitarbeiter nach dem europäischen System

Empfangschefin, Empfangschef		
Rezeption	**Halle**	**Etage**
■ Rezeptionistin, Rezeptionist ■ Reservierungsleiterin, Reservierungsleiter ■ Sekretärin, Sekretär ■ Telefonistin, Telefonist ■ Kassierin, Kassier ■ Lehrling	■ Portier ■ Hilfsportier ■ Nachtportier ■ Cheflohndienerin, Cheflohndiener (erste Hausdienerin, erster Hausdiener) ■ Lohndienerin, Lohndiener ■ Page ■ Türsteherin, Türsteher ■ Fahrerin, Fahrer	

2.2 Mitarbeiterinnen und Mitarbeiter nach dem amerikanischen System

Rooms Division Managerin, Rooms Division Manager		
Frontoffice Managerin, Frontoffice Manager	**Guest Relation Managerin, Guest Relation Manager**	**Executive Housekeeper**
■ Receptionist ■ Reservation Manager ■ Secretary ■ Telephone Operator ■ Cashier		

Egal, welches System zum Einsatz kommt – die Arbeitsbereiche für die Mitarbeiterinnen und Mitarbeiter müssen klar definiert und nachvollziehbar sein.

2.3 Mitarbeiterinnen und Mitarbeiter der Rezeption, des Frontoffice

Rooms Division Managerin, Rooms Division Manager

- ist für den reibungslosen Ablauf im gesamten Frontoffice-Bereich zuständig.
- ist für eine optimale Hotelbelegung (Auslastung) verantwortlich.
- koordiniert das Reisebüro-, Gruppen- und Individualgeschäft.
- führt ein geordnetes Berichtswesen in ihrem/seinem Bereich ein.

Die vorgesetzte Stelle ist **die Resident Managerin/der Resident Manager.** Sie/er ist meist stellvertretende General Managerin bzw. stellvertretender General Manager und für den Bereich **Logis** verantwortlich. Ihr/ihm obliegt es, eine optimale Wertauslastung, d. h. eine höchstmögliche Zimmerauslastung zum höchstmöglichen Zimmerpreis, zu erzielen.

Eine Rooms Division Managerin bzw. einen Manager sowie Guest Relation Managerin bzw. Manager gibt es nur in großen Hotels. In mittelgroßen Hotels übernimmt die Leitung dieser Abteilung die Frontoffice Managerin/der Frontoffice Manager, die/der dann gleichzeitig auch das Housekeeping Department leitet und für alle Guest Relations zuständig ist.

Empfangschefin, Empfangschef/Rezeptionschefin, Rezeptionschef (Frontoffice Manager = FOM)

- ist die Vertretung der Direktion.
- sorgt für eine optimale Auslastung des Hotels zum optimalen Preis.
- kontrolliert Check-in und Check-out.
- erstellt das Room Forecast und ermittelt die dazugehörigen Key Figures.
- sorgt für einen reibungslosen Ablauf in den Bereichen Rezeption, Reservierung, Kassa, Halle, Information und Telefonzentrale und ist für die Mitarbeiterinnen und Mitarbeiter dieser Bereiche und Überprüfung ihrer Tätigkeiten verantwortlich.
- ist zuständig für Empfang und Verabschiedung der Gäste und vermerkt in der Gästekartei die Guest History.
- leitet das Rezeptionsteam und ist zuständig für die Dienstplanerstellung, für Mitarbeiterschulungen, für das Erstellen von Anforderungsprofilen, für die Einstellung neuer Mitarbeiterinnen und Mitarbeiter etc.
- arbeitet eng mit der Buchhaltung, dem Housekeeping Department, der Verkaufs- bzw. PR-Abteilung und der Food-and-Beverage-Abteilung zusammen.
- erstellt den Tages- bzw. Monatsabschluss.
- rechnet die Restaurantkassen ab.
- ist Beschwerdeanlaufstelle.
- bei Spät- bzw. Nachtdienst zuständige Night Managerin/zuständiger Night Manager.

Room Forecast = Buchungsvorschau.

Key Figures = Schlüsselzahlen. Sie machen Ergebnisse vergleichbar und dienen der buchhalterischen Kontrolle.

Guest History = Aufzeichnung der Gästedaten und -wünsche vorangegangener Aufenthalte als Teil der Gästekartei (Umsätze, Zimmernummer, Mailings, Sonderwünsche etc.).

Rezeptionistin, Rezeptionist (Receptionist, Room Clerk)

- unterstützt die Empfangschefin/den Empfangschef bei ihren/seinen Tätigkeiten.
- ist Schichtführerin bzw. Schichtführer in Vertretung der Empfangschefin/des Empfangschefs.
- ist wichtige Kontaktperson für den Gast.
- organisiert Gästeanreise, Anmeldung und Zimmerzuteilung.
- ist für Check-in und Check-out zuständig.
- stellt die Kontakte zwischen Gästen und zuständigen Mitarbeiterinnen und Mitarbeitern (z. B. Bankettabteilung) her.
- übernimmt die Gästekorrespondenz in Absprache mit der Reservierungsleitung.
- betreut die Telefonzentrale.
- übernimmt die Post und teilt sie den Abteilungen zu.
- erstellt Logispläne, VIP-Listen, Zeitungslisten für VIPs etc.
- macht die Ablage aller Pläne, Listen (z. B. An- und Abreiselisten), Rechnungen und des Schriftverkehrs.
- erstellt die Zimmerrechnungen und leitet sie der Frontoffice Managerin/dem Frontoffice Manager zur Kontrolle weiter.
- ist in Mittelbetrieben auch für die Aufgaben der Kassierin/des Kassiers zuständig.

Die professionelle Gästebetreuung ist eine der wichtigsten Aufgaben, die man als Rezeptionistin bzw. Rezeptionist übernimmt.

Es gibt keine Gästeanfrage, die unbeantwortet bleiben muss. Was sagen Sie zu dieser Aussage?
Wie reagieren Sie auf Gästeanfragen, auf die Sie keine Antwort wissen? Spielen Sie solche Situationen durch und finden Sie die besten Lösungen heraus.

Sale = Verkauf.

PR = Public Relations; Öffentlichkeitsarbeit (siehe auch S. 89).

Aufgaben der Rezeptionsmitarbeiterinnen und -mitarbeiter im Sales- und PR-Bereich

- Entwicklung verkaufsfördernder Programme.
- Stammkundenkontakt.
- Erstellung von Informationsmaterial.
- Organisation von Pressekonferenzen.
- Herausgabe einer Hauszeitung.
- Kontakt zur Presse.
- Wartung der Free-Sale-Systeme/Onlinebuchungsplattformen, z. B. hrs.de (Preise, Verfügbarkeit, Buchungsbedingungen, Sperrdaten)

Die Reservierungsabteilung ist meist im Frontoffice integriert, kann aber auch räumlich getrennt sein

Über Kontingente erfahren Sie mehr ab Seite 151.

Reservierungsleiterin, Reservierungsleiter (Reservation Manager)

- hat die Verantwortung für die gesamte Reservierungsabteilung.
- nimmt die Reservierungen laut Belegungsplan in Absprache mit der Empfangschefin/dem Empfangschef entgegen.
- betreut die gesamte Gästekorrespondenz: Angebotserstellung, Reservierungsbestätigung, Stornos, Mailings, Follow-ups.
- erstellt den Zimmerplan.
- ist für eine optimale Auslastung des Hauses mitverantwortlich.
- erstellt nach Rücksprache mit der Empfangschefin/dem Empfangschef den Dienstplan.
- organisiert das Büro in der Reservierungsabteilung (Ablagesystem der Korrespondenz etc.).
- verwaltet die **Kontingente** (Reisebüros, Kurverwaltungen, Gemeinden, Internetbuchungsplattformen etc.).
- kontrolliert die Einhaltung der Preispolitik.

Sekretärin, Sekretär (Secretary)

- unterstützt die Reservierungsleiterin/den Reservierungsleiter.
- erledigt die Gästekorrespondenz.
- ist zuständig für die Aussendung der Werbemittel (Prospekte etc.).
- übernimmt die Korrespondenz mit Reisebüros, Kurverwaltungen, Gemeinden etc.
- stellt die Tages- und Menükarten für das Restaurant her.
- ist – je nach Betriebsgröße – auch für die Telefonzentrale zuständig.

Die Position der Telefonistin/des Telefonisten gibt es nur in Großbetrieben. In Mittel- und Kleinbetrieben werden diese Tätigkeiten von der Rezeptionistin/vom Rezeptionisten übernommen.

Telefonistin, Telefonist (Telephone Operator = TO)

- ist die erste Ansprechperson für den Gast.
- vermittelt die eingehenden Gespräche schnell und kompetent.
- vermittelt Kreditkartengespräche (dabei wird das Gespräch direkt über die Kreditkarte des Gastes abgebucht, nicht über das Hotel).
- vermittelt Telefonwertkartengespräche (der Gast verfügt über eine Codekarte, von der der Betrag des Telefonats abgebucht wird).

Kassierin, Kassier (Chief Cashier, Cashier)

- ist für die Gästeabrechnungen zuständig und bucht konsumierte Leistungen auf die Zimmerrechnung; kontrolliert und kassiert die Zimmerrechnung bei der Abreise.
- erledigt den Geldwechsel für die Gäste und tätigt Barauslagen für sie, z. B. für Blumen, Taxi etc.).
- kassiert die Gästerechnungen.
- führt das Kassenbuch.
- führt die Kreditkartenabrechnungen durch.
- verwaltet das Wertsachendepot.

Entfällt eine der auf Seite 11 und 12 genannten Positionen, dann ist der sogenannte Alleinrezeptionist für die Abwicklung aller Tätigkeiten und Aufgaben verantwortlich.

Lehrling Hotel- und Gastgewerbeassistentin, -assistent/HGA-Lehrling (Hotel and Restaurant Trade Commercial Assistant-Apprentice)

Lehrlinge werden in allen Bereichen der Beherbergungsabteilung, wie Reservierung, Rezeption, Portiersloge und Etage, eingesetzt. Die Aufgaben entsprechen jenen der jeweiligen Position, werden allerdings nicht in Vollverantwortung übernommen. Die Ausbildung muss nach dem Berufsbild (siehe nächste Seite) erfolgen.

2.4 Mitarbeiterinnen und Mitarbeiter der Halle

Die Mitarbeiterinnen und Mitarbeiter der Halle haben den ersten persönlichen Gästekontakt und haben diese entsprechend zu empfangen und das Haus standesgemäß zu repräsentieren.

In Familienbetrieben und kleinen Ferienhotels fallen die Aufgaben der Hallen- und Rezeptionsmitarbeiterinnen bzw. -mitarbeiter zusammen.

Portier (Chief Concierge)

Portiers gibt es vorwiegend in der gehobenen Stadthotellerie. In Ferienbetrieben übernehmen diese Aufgaben die Mitarbeiterinnen und Mitarbeiter der Rezeption. Als Hotelportier ist man Chefin bzw. Chef der Halle und zuständig für die Mitarbeiterinnen und Mitarbeiter der Halle.

Der Portier ist zuständig für die Gästeinformation (z. B. Fahrpläne), die Organisation von Ausflügen für die Gäste, er organisiert den Transfer der Gäste (zum Flughafen, zu Veranstaltungen und retour), bestellt Taxis, reserviert Restauranttische, vereinbart Termine, besorgt Eintrittskarten, Skipässe, Theaterkarten etc.

Für die Berufsbezeichnung „Portier" existiert keine weibliche Form.

Wichtig ist es in dieser Position, ein gutes Personengedächtnis zu haben und gerne mit Menschen zu tun zu haben, da man meist erste Informationsstelle für die Gäste ist.

Der **Hilfsportier** unterstützt in Großbetrieben den Portier bei allen Aufgaben. Der **Nachtportier** betreut die Halle in der Nacht und erstellt mit dem Frontoffice-Programm die Statistiken und den Tagesabschluss.

Dienstplanerstellung siehe Kapitel „Ausstattung", Seite 43.

Cheflohndienerin, Cheflohndiener (Bellcaptain)

Ist verantwortlich für die Organisation des Gepäcktransports und für Botengänge. Ihn unterstützen **Lohndiener (Porter)** und **Pagen (Bellboys).**

Türsteherin, Türsteher (Doorman)

Sie/er erwartet die Gäste am Hotelportal, öffnet die Autotüren, hilft den Gästen beim Ein- und Aussteigen und verständigt die Lohndienerin/den Lohndiener von der Ankunft des Gastes. Ebenso organisiert sie/er Taxis für die Gäste.

Fahrerin, Fahrer/Wagenmeisterin, Wagenmeister (Driver)

Als Fahrerin bzw. Fahrer ist man für den Gästetransfer vom/zum Bahnhof, Flughafen oder Theater zuständig und übernimmt das Parken der Gästeautos.

2.5 Berufsbild für den Lehrberuf Hotel- und Gastgewerbeassistentin bzw. -assistent

In vielen Hotels wird die Position der Rezeptionistin/des Rezeptionisten mit einer Hotel- und Gastgewerbeassistentin/einem Hotel- und Gastgewerbeassistenten besetzt. Die folgende Tabelle gibt einen Überblick über das Berufsbild und über die einzelnen Ausbildungsschritte.

Pos.	1. Lehrjahr	2. Lehrjahr	3. Lehrjahr
1	**Der Lehrbetrieb**		
1.1	**Wirtschaftliche Stellung des Lehrbetriebs**		
1.1.1	Grundkenntnisse der Organisation, der Kommunikation, der Aufgaben und des Leistungsangebots, die sich aus der Stellung des Betriebs im jeweiligen Wirtschaftsbereich ergeben	Kenntnis der Organisation, der Kommunikation, der Aufgaben und des Leistungsangebots, die sich aus der Stellung des Betriebes im jeweiligen Wirtschaftsbereich ergeben	
1.1.2	Grundkenntnisse der Branchenstellung und ihrer Beziehungen zur übrigen Wirtschaft	–	–
1.1.3	–	Kenntnis der Marktposition, der betriebsspezifischen Kontakte zu den jeweiligen Auftraggebern, Auftragnehmern, Kunden, Parteien, Patienten oder Klienten und deren Verhalten	
1.1.4	–	Kenntnis der für den Betrieb maßgeblichen Standorteinflüsse und des Kundenverhaltens	
1.1.5	–	Kenntnis der Rechtsform und Grundkenntnisse der spezifischen Rechtsvorschriften sowie der sich daraus ergebenden Aufgaben des Lehrbetriebs	
1.2	**Einrichtungen, Arbeitssicherheit, Unfallverhütung und Umweltschutz**		
1.2.1	Kenntnis und funktionsgerechte Anwendung der betrieblichen Einrichtungen und der technischen Betriebsmittel und Hilfsmittel		
1.2.2	Kenntnis der Unfallgefahren, der Erste-Hilfe-Maßnahmen sowie der einschlägigen Sicherheitsvorschriften und der sonstigen in Betracht kommenden Vorschriften zum Schutze des Lebens und der Gesundheit		
1.2.3	Grundkenntnisse der behördlichen Aufsichtsorgane, Sozialversicherungen und Interessenvertretungen sowie der aushangpflichtigen arbeitsrechtlichen Vorschriften		
1.2.4	Kenntnis der ergonomischen Gestaltung des Arbeitsplatzes		
1.2.5	Kenntnis der Vermeidung, umweltgerechten Trennung und Entsorgung von im Betrieb anfallenden Abfall- und Reststoffen		
1.2.6	Kenntnis und Anwendung der betrieblichen Vorschriften über Hygiene und Brandverhütung	–	–
1.3	**Ausbildung im dualen System**		
1.3.1	Kenntnis der sich aus dem Lehrvertrag ergebenden Verpflichtungen (§§ 9 und 10 des Berufsausbildungsgesetzes)		
1.3.2	Kenntnis von Inhalt und Ziel der Ausbildung sowie der wesentlichen einschlägigen Weiterbildungsmöglichkeiten		
2	**Verwaltung, Organisation, Kommunikation und EDV**		
2.1	**Verwaltung**		
2.1.1	Kenntnis des organisatorischen Aufbaus, der Aufgaben, Zuständigkeiten und Zusammenhänge der einzelnen Betriebsbereiche und der Beziehungen zu außerbetrieblichen einschlägigen Unternehmen		
2.1.2	Kenntnis der betrieblichen Arbeitsabläufe		
2.1.3	Anlegen, Führen und Archivieren von Dateien, Statistiken, Karteien und Akten		
2.1.4	–	Auswerten von betriebsspezifischen Statistiken und Berichten und entscheidungsorientierte Bewertung der Ergebnisse	

2.2	**Organisation und Qualität**		
2.2.1	Fach- und funktionsgerechte Verwendung und Pflege der betrieblichen, bürotechnischen Organisations-, Arbeits- und Kommunikationsmittel		
2.2.2	–	–	Kenntnis der Risken, die sich aus dem Arbeitsumfeld ergeben, deren Versicherungsmöglichkeiten sowie des Verhaltens im Schadensfall
2.2.3	–	Kenntnis der betriebsüblichen Behandlung von und des Verhaltens bei Reklamationen oder Beschwerden	Mitwirken beim Behandeln von Reklamationen oder Beschwerden
2.2.4	–	Grundkenntnisse des Leistungsangebots von Bahn, Post, anderen Verkehrsträgern und Kommunikationseinrichtungen	
2.2.5	Administration und Organisation von Terminen und/oder Dienstreisen sowie Vor- und Nachbereiten von Verhandlungen und Besprechungen		
2.2.6	Grundkenntnisse des Qualitätswesens	Kenntnis des betriebsüblichen Qualitätsmanagements	
2.2.7	Kenntnis der Arbeitsorganisation und Arbeitsgestaltung		–
2.3	**Kommunikation**		
2.3.1	Schreiben nach konkreter Vorgabe und allgemeinen Angaben, Schreiben von Standardbriefen		
2.3.2	Arbeiten mit Formularen und Vordrucken		
2.3.3	Sprach- und fachgerechte Ausdrucksweise (deutsch- und fremdsprachig)		
2.3.4	Führen von zielgerichteten Gesprächen (deutsch- und fremdsprachig)		
2.3.5	Kunden-, patienten- und mitarbeiterorientierte Kommunikation		
2.3.6	Kenntnis des fachgerechten Verhaltens gegenüber Auftraggebern, Auftragnehmern, Kunden, Parteien, Klienten oder Lieferanten		
2.3.7	Einschlägige Schriftverkehrsarbeiten, Arbeiten bei Postein- und -ausgang, Ablage, Evidenz und Registratur		
2.3.8	–	Kenntnis der facheinschlägigen fremdsprachigen Fachausdrücke	
2.3.9	–	Grundkenntnisse der branchen- und betriebsüblichen Mittel und Möglichkeiten von Marketing, Werbung und Öffentlichkeitsarbeit	Kenntnis der branchen- und betriebsüblichen Mittel und Möglichkeiten von Marketing, Werbung und Öffentlichkeitsarbeit
2.3.10	–	Mitwirken bei der Betreuung und Beratung von Kunden, Klienten, Patienten oder Parteien	
2.4	**EDV**		
2.4.1	Grundkenntnisse der Struktur der betrieblichen EDV (Anwendung und Aufgabe der EDV in der Betriebsorganisation wie Textverarbeitung, Kalkulation, Bestellwesen, Buchhaltung und Lagerhaltung)	Kenntnis der Struktur der betrieblichen EDV (Anwendung und Aufgabe der EDV in der Betriebsorganisation wie Textverarbeitung, Kalkulation, Bestellwesen, Buchhaltung und Lagerhaltung)	–
2.4.2	–	Kenntnis und Anwendung der betrieblichen Einrichtungen der EDV (Hardware, Software und Betriebssysteme)	
2.4.3	–	Durchführen arbeitsplatzspezifischer EDV-Anwendungen (wie Textverarbeitung, Kalkulation, Internet, E-Mail, Buchhaltung, Terminüberwachung und Ablage)	
2.4.4	Grundkenntnisse des Stands und der Entwicklung neuer arbeitsplatzspezifischer Anwendungen der EDV		
2.4.5	Grundkenntnisse des Datenschutzes		
2.4.6	Erstellen und Warten von Textbausteinen und Adressdateien		

3	**Beschaffung und Angebot (Arbeitsmittel, Material, Waren, Dienstleistungen)**		
3.1	**Beschaffung**		
3.1.1	Grundkenntnisse der branchen- und betriebsspezifischen Beschaffungsmöglichkeiten und der Ermittlung des Bedarfs	Kenntnis der branchen- und betriebsspezifischen Beschaffungsmöglichkeiten und der organisatorischen Durchführung der Beschaffung	–
3.1.2	–	–	Mitwirken bei der Ermittlung des Bedarfs
3.1.3	–	Vorbereitung von und Mitwirken bei Bestellungen	Durchführen von Bestellungen
3.1.4	–	Einholen, Bearbeiten und Prüfen von Angeboten, Prüfen von Auftragsbestätigungen	
3.1.5	–	Überwachen der Liefertermine	Maßnahmen bei Lieferverzug
3.2	**Anbot**		
3.2.1	Kenntnis der betrieblichen Leistungen (Waren, Produkte, Dienstleistungen)		
3.2.2	Kenntnis der branchenspezifischen Warenkennzeichnung, Normen und Produktdeklaration und/oder Rahmenbedingungen für die betriebliche Leistung		
3.2.3	–	Mitwirken bei der Erstellung von Anboten und/oder Informationen über die betrieblichen Leistungen	
4	**Betriebliches Rechnungswesen**		
4.1	**Kostenrechnung und Kalkulation**		
4.1.1	–	Grundkenntnisse der betrieblichen Kosten, von deren Beeinflussbarkeit und deren Auswirkung auf die Rentabilität und/oder Effizienz	
4.1.2	–	Grundkenntnisse der Kostenrechnung, Kalkulation und/oder Budgeterstellung	–
4.1.3	–	Mitwirken bei Kalkulationsarbeiten und/oder Budgeterstellung	
4.2	**Steuern, Abgaben und Lohnverrechnung**		
4.2.1	–	Grundkenntnisse der betriebsspezifischen Steuern und Abgaben	
4.2.2	–	Grundkenntnisse der Information der Lohn- und Gehaltsverrechnung	
4.3	**Rechnungswesen**		
4.3.1	Grundkenntnisse der Aufgaben und Funktion des betrieblichen Rechnungswesens	Kenntnis der Aufgaben und Funktion des betrieblichen Rechnungswesens	
4.3.2	–	Grundkenntnisse der rechnergestützten Abläufe im betrieblichen Rechnungswesen	Kenntnis der rechnergestützten Abläufe im betrieblichen Rechnungswesen
4.3.3	–	Grundkenntnisse der Bedeutung und Aufgabe der Inventur und Bestandsaufnahme	
4.3.4	–	Mitarbeit bei der Inventur oder Bestandsaufnahme	
4.3.5	Durchführen von betrieblichen Rechnungsarten, Erfassen, Prüfen und Kontrollieren von Daten		
4.3.6	Vorbereiten von Unterlagen für die Verrechnung		–

4.4	**Zahlungsverkehr**		
4.4.1	Grundkenntnisse des Zahlungsverkehrs mit Lieferanten, Kunden, Behörden, Post, Geld- und Kreditinstituten	Kenntnis des betriebsspezifischen Zahlungsverkehrs mit Lieferanten, Kunden, Behörden, Post, Geld- und Kreditinstituten	
4.4.2	Grundkenntnisse der Kassaführung und des Kassabuchs	Kenntnis der Kassaführung	
4.4.3	–	–	Mitwirken beim Zahlungsverkehr
4.4.4	–	–	Kenntnis des betriebsüblichen Verfahrens bei Zahlungsverzug, Mahnwesen
4.5	**Buchführung**		
4.5.1	Grundkenntnisse der betrieblichen Buchführung und der betrieblichen Buchungsunterlagen	–	–
4.5.2	Grundkenntnisse der Buchungen und Kontierungen; Durchführen einfacher, einschlägiger Arbeiten	Betriebliche Buchungsarbeiten und Erstellen von Auswertungen und Statistiken	
4.5.3	–	Kenntnis des Einheitskontenrahmens	
5	**Erweiterte Grundkenntnisse**		
5.1	Grundkenntnisse des betrieblichen Warenwirtschaftssystems, der Warenbeschaffung und des Einkaufssystems	Waren annehmen, auf Gewicht, Menge und sichtbare Schäden prüfen und betriebliche Maßnahmen einleiten	Arbeitsplatzbezogenen Warenbedarf ermitteln
5.2	Kenntnis des organisatorischen und wirtschaftlichen Zusammenwirkens der Beherbergung mit der gastronomischen Funktion des Betriebs		
5.3	Kenntnis und Anwendung der Vorschriften zur Personal- und Betriebshygiene (HACCP)		
5.4	–	Kenntnis der Reservierungs- und Hotelsysteme	
5.5	–	Kenntnis der wichtigen Vereinbarungen im Zusammenhang mit der Beschaffung wie Einkaufskonditionen, Liefer- und Zahlungsbedingungen	
5.6	–	Grundkenntnisse der betriebsspezifischen einkaufsbezogenen rechtlichen Bestimmungen	
5.7	–	Kenntnis der spezifischen Qualitätsmerkmale für die Beschaffung von Nahrungsmitteln, Getränken, Wäsche- und Gebrauchsmitteln der Etage und sonstigen Vorräten	
5.8	–	Mitwirken bei der Bestätigung und Abwicklung von Aufträgen	
5.9	Grundkenntnisse der betriebsspezifischen verkaufsbezogenen rechtlichen Bestimmungen	–	–
5.10	–	–	Kenntnis der betriebsspezifischen Kostenrechnung und Kalkulation
5.11	–	Fakturieren	
6	**Besondere Leistungen des Betriebs**		
6.1	Kenntnis des betrieblichen Leistungssortiments und der hierfür maßgebenden Faktoren, die sich aus Standort, Gästekreis, Wettbewerbssituation, Auslastung, Preisgestaltung sowie Beschaffungs- und Absatzmöglichkeiten ergeben		
6.2	Kenntnis des Aufbaus und der Funktion des Hoteljournals	Führen des Hoteljournals unter Anwendung von EDV-Programmen	

6.3	Zimmervermietung, Kalkulation des Zimmerpreises		
6.4	Grundkenntnisse der Etage		–
6.5	–	Grundkenntnisse der nationalen Bestimmungen sowie der internationalen Abkommen im Reiseverkehr und in der Beherbergung	
6.6	–	Grundkenntnisse des Melderechts, Kenntnis der für die Beherbergung zutreffenden rechtlichen Bestimmungen	
6.7	Kenntnis des Aufbaus der Tageskarte, der Speisen- und Getränkekarte		–
6.8	–	Mitwirken bei der Erstellung und der Kalkulation der Tageskarte, der Speisen- und Getränkekarte	
6.9	Kenntnis des Herstellens und Servierens von einfachen Speisen		–
6.10	Kenntnis des Vorbereitens und Servierens von Getränken		–
6.11	Grundkenntnisse der Getränke- und Barkunde		
6.12	Grundkenntnisse der klassischen Speisenfolge		
6.13	–	Kenntnis der gastronomischen Veranstaltungen, Mitwirken bei der Erstellung von Vorschlägen für gastronomische Veranstaltungen und Mitwirken bei deren Abwicklung	
6.14	–	Kenntnis der einschlägigen abgabenrechtlichen Bestimmungen	
6.15	–	Kenntnis der einschlägigen Vorschriften, insbesondere des Lebensmittelrechts	
7	**Gästebetreuung und Werbung**		
7.1	–	Empfang der Gäste	
7.2	–	Fachgerechte Auskunftserteilung über lokale Kulturangebote, Freizeitangebote, Einkaufsmöglichkeiten und touristische Attraktionen	
7.3	–	Zielgerichtete Vermittlung von Zusatzleistungen	
7.4	–	Ausfertigung von Buchungsscheinen, Belegen und Rechnungen unter Anwendung der betrieblichen EDV-Systeme sowie Ausrechnen der Umsatzsteuer	
7.5	–	Abwicklung von Barzahlung, unbarer Zahlung sowie Zahlung in Fremdwährung, Bedienen an der Kassa	
8	**Lagerwirtschaft/Lagerhaltung**		
8.1	Durchführen von Mengen- und Zustandskontrollen bei eingegangenen Waren		
8.2	Grundkenntnisse der Lagerung von frischen und konservierten Lebensmitteln, Getränken und sonstigen Vorräten, insbesondere der Lagertemperaturen für Speisen und Getränke (ununterbrochene Kühlkette, HACCP)		–
8.3	Entgegennehmen und Identifizieren von Waren		
8.4	Einlagern von Waren am richtigen Lagerort aufgrund spezifischer Eigenschaften		
8.5	–	Kenntnis der betriebsüblichen Warenannahme und Warenübernahme	–
8.6	–	Warenannahme, Vergleichen der gelieferten Waren mit Lieferpapieren, Arbeiten bei der Behandlung der Wareneingangsbelege	
8.7	–	Feststellen von Mängeln und Schäden bei Waren und Verpackung	Ergreifen von Maßnahmen bei Mängeln und Schäden bei Waren und Verpackung
8.8	–	Grundkenntnisse der Gewährleistung	

Arbeitsaufgaben

1. Zählen Sie die Mitarbeiterinnen bzw. Mitarbeiter der Rezeption auf.
2. Beschreiben Sie die Aufgaben der Rezeptionistin/des Rezeptionisten.
3. Nennen Sie fünf Aufgaben der Empfangschefin/des Empfangschefs.
4. Finden Sie für jede Mitarbeiterin bzw. jeden Mitarbeiter vier typische Tätigkeiten.
5. Erstellen Sie ein Einstellungsprofil für eine Rezeptionistin/einen Rezeptionisten.
6. Welche Mitarbeiterinnen bzw. Mitarbeiter im Frontoffice werden gesucht? Füllen Sie das Rätsel aus:

Waagrecht

2 Verantwortlich für die Rezeption
5 Verantwortlich für die Reservierungsabteilung
7 Vermittelt Telefongespräche
9 Erledigt Botengänge

Senkrecht

1 Kontaktperson für den Gast
3 Informationsstelle des Hotels
4 Organisiert Taxis
6 Transportiert das Gepäck
8 Führt Kontrolle und Inkasso durch

Notizen

3 Anforderungen an die Mitarbeiterinnen und Mitarbeiter

Thomas hat an seinem ersten Arbeitstag eine Liste mit Grooming Standards überreicht bekommen. Er wundert sich etwas über die vielen und detaillierten Vorschriften, die er erfüllen muss.

3.1 Persönlichkeit

Konventionen = Regeln des Umgangs, des sozialen Verhaltens, die für die Gesellschaft als Verhaltensnorm gelten.

Im direkten Gästekontakt muss man bestimmte persönliche Voraussetzungen mitbringen, um sich den gesellschaftlichen Konventionen entsprechend richtig zu verhalten. Kreuzen Sie an, über welche Eigenschaften Sie bereits verfügen:

Beherrschung gesellschaftlicher Grundsätze, vollendete Umgangsformen, Taktgefühl und Einfühlungsvermögen	
Belastbarkeit: trotz Stress professionell arbeiten und freundlich sein	
Selbstbewusstes, sicheres Auftreten	
Kommunikationsfähigkeit	
Fähigkeit, Verantwortung zu übernehmen	
Verbale und schriftliche Ausdrucksfähigkeit	
Bereitschaft zur Kommunikation mit Menschen, Betrieb und Umgebung	
Interesse an der Tätigkeit	
Sich selbst und andere motivieren können	
Kooperationsbereitschaft	
Koordinationsfähigkeit	
Organisationsfähigkeit	
Selbstvertrauen	
Selbstdisziplin	
Menschenkenntnis, Einfühlungsvermögen	
Kompetenz im Beschwerdemanagement	
Ziele definieren, einhalten und die Einhaltung kontrollieren können; hinter den betriebsinternen Zielen stehen	
Informationen entsprechend umsetzen und im Rahmen der eigenen Kompetenz weitergeben können	
Konstruktive Kritik geben, selbst Kritik annehmen und positiv umsetzen	
Loyalität gegenüber dem Betrieb und den Mitarbeiterinnen und Mitarbeitern haben und sich mit dem Betrieb identifizieren	
Risikobereitschaft im Rahmen der eigenen Kompetenz	
Entscheidungsfähigkeit	
Ehrlichkeit	
Pünktlichkeit	
Körperliche und geistige Gesundheit	

Was bedeutet für Sie „gutes Benehmen"? Stimmt es, dass man damit leichter durchs Leben kommt? Diskutieren Sie die Sinnhaftigkeit gesellschaftlicher Konventionen.

Für Routinetätigkeiten Verbesserungsvorschläge einbringen	
Neuem gegenüber aufgeschlossen sein	
Gutes Gedächtnis, vor allem Namensgedächtnis	
Verkaufstalent	

Das Namensgedächtnis lässt sich trainieren. Nützen Sie dazu Eselsbrücken. In „Deutsch und Kommunikation“ erfahren Sie mehr zu diesem Thema.

3.2 Leistungsbereitschaft

Durchhaltevermögen, Belastbarkeit, Stressresistenz	
Ziele setzen, Strategien zur Zielerreichung erarbeiten und Kreativität in der Umsetzung einbringen	
Zur Zufriedenheit der Gäste arbeiten, ohne die im Betrieb definierten Ziele aus den Augen zu verlieren	
Durchsetzungsvermögen	
Mit Frustrationen umgehen können	
Wille zum Erfolg	
Aus eigenem Antrieb und aus Interesse an der Arbeit gute Leistungen erzielen	
Selbstständiges Arbeiten	
Effizienter Arbeitseinsatz	
Planungs- und Organisationsfähigkeit	

Resistenz = Widerstandsfähigkeit.

3.3 Fachliche Kompetenz – berufliche Qualifikation

Schulbildung: Lehrabschluss Hotel- und Gastgewerbeassistentin bzw. -assistent oder Abschluss einer Fachhochschule für Tourismus, einer Tourismus- oder Hotelfachschule oder einer anderen berufsbildenden Schule	
Gutes Deutsch und gute Rechtschreibung	
Fremdsprachenkenntnisse: Englisch und mindestens eine zweite lebende Fremdsprache	
Bereitschaft zur Weiterbildung	
Praktikum während der Ausbildung	
Branchen- und Produktkenntnisse	
Kenntnisse der Rechtslage in der Gastronomie und Hotellerie	
Umfassende kaufmännische Kenntnisse	
Sichere Bedienung der technischen Geräte und Anlagen wie EDV, Telefon	
Sicherer Umgang mit allen Zahlungsmitteln	
Kenntnisse über Zimmerarten und -ausstattung	
Gute Allgemeinbildung (in den Bereichen Kultur, Geschichte, Geografie, Orthografie etc.) sowie Kenntnisse der Umgebung und der Angebote	
Fundiertes gastronomisches Fachwissen (Küche, Service, Getränke, Bar)	
Kenntnisse über Arbeitsabläufe in anderen Abteilungen (z. B. Tischvergabe im Restaurant, Angebotserstellung in der Bankettabteilung)	

Gewusst, wie – mit einer fundierten Ausbildung ist man auf den Berufsalltag optimal vorbereitet

Zu einem perfekten Erscheinungsbild zählt auch die richtige Körperhaltung: Man hält sich – sowohl im Stehen als auch im Sitzen – gerade, ist dabei aber nicht angespannt. Im Gespräch mit dem Gast werden die Hände nicht auf dem Tisch oder dem Pult abgestützt.

Welche Kleidung passt zum Stil Ihres Hauses? Beschreiben Sie Ihren Kollegen und Kolleginnen Ihre Berufskleidung und lassen Sie sie daraus den Hoteltyp definieren. Stimmen die Vermutungen mit der Realität überein?

Es dürfen keine ärmellosen Kleider oder Shirts getragen werden, die Oberarme müssen bedeckt sein.

In großen, gepflegten Häusern erhält jede Mitarbeiterin bzw. jeder Mitarbeiter diese Standards bei der Einstellung ausgehändigt und hat sich daran zu halten.

Gibt es in Ihrem Betrieb Grooming Standards? Welche Richtlinien sind Ihnen vorgegeben?

3.4 Erscheinungsbild

Da die Mitarbeiterinnen und Mitarbeiter der Rezeption mit ihrem Auftreten dem Gast einen Eindruck des Hotels vermitteln, ist ein **gepflegtes Äußeres** besonders wichtig. Dabei spielen die Körperpflege und die Kleidung eine wichtige Rolle.

Hygiene

- Gepflegte Frisur bzw. ordentlicher Haarschnitt
- Glatte Rasur oder gepflegter Bartschnitt
- Tägliche Körperpflege
- Dezenter Duft
- Leichtes Make-up
- Gepflegte Hände und Fingernägel; evtl. farbloser Nagellack für Damen
- Gepflegte Zähne
- Keine sichtbaren Piercings und Tattoos

Berufsbekleidung

Ob Kostüm, Anzug oder Tracht, ob Uniform oder Berufskleidung – in der Auswahl des Gewandes spiegelt sich der Stil des Hauses wider. Üblich sind folgende Richtlinien in Bezug auf die Wahl der richtigen Kleidung:

- Saubere, faltenfreie und dem Stil des Hauses entsprechende Privatkleidung, keine modischen Übertreibungen.
- Herren: Anzug mit Krawatte oder Fliege. Damen: Kostüm, Hosenanzug, Kleid, Tracht. Oder: Betriebsuniform.
- Namensschild (zur Identifizierung als Mitarbeiterin bzw. Mitarbeiter des Betriebs).
- Saubere, geschlossene, zeitlos-elegante Schuhe, keine High-Heels.
- Passender, dezenter Schmuck.

Grooming Standards

Da das Erscheinungsbild der Mitarbeiterinnen und Mitarbeiter wesentlich zum Eindruck des Betriebes beiträgt, haben viele Betriebe – vor allem Kettenhotels, die einen bestimmten Standard weltweit erfüllen – sogenannte Grooming Standards für ihre Mitarbeiterinnen und Mitarbeiter festgelegt. Man kann diesen Ausdruck wohl am ehesten mit **„Pflegemaßstab"** übersetzen. Gemeint sind damit jene Richtlinien, die ein Hotelbetrieb für seine Mitarbeiterinnen und Mitarbeiter in puncto Reinlichkeit und gepflegtes Auftreten festlegt.

Übliche Standards sind, wie auch oben angeführt, gepflegte Haare, Hände und Fingernägel, das Verbot von schulterfreier Kleidung, das Tragen von Strumpfhosen und geschlossenen Schuhen etc. Darüber hinaus gibt es **spezifische Grooming Standards,** die von Haus zu Haus variieren, z. B. die Festlegung der Platzierung des Namensschildes an der Kleidung, das Verbot von Lederkrawatten, eine festgelegte Rock- oder Kleiderlänge etc.

Arbeitsaufgaben

1. Streichen Sie im Kapitel 3.1 jene Persönlichkeitsmerkmale an, die Sie für die Arbeit an der Rezeption als besonders wichtig erachten, und nennen Sie die Gründe für Ihre Auswahl.
2. Zählen Sie fünf fachliche Kompetenzen auf, über die eine Rezeptionsmitarbeiterin/ein Rezeptionsmitarbeiter verfügen muss.
3. Was versteht man unter Grooming Standards? Warum werden sie festgelegt?

4 Zusammenarbeit mit anderen Abteilungen

In der Morgenbesprechung weist der Frontoffice Manager darauf hin, dass er nichts von einer in der Hotelhalle geplanten Vernissage erfahren hat, und betont, dass die Zusammenarbeit so nicht funktionieren kann – vor allem die Gästebetreuung leide darunter, wenn die rechte Hand nicht weiß, was die linke tut. Eva überlegt, warum der Frontoffice Manager in diesem Punkt so vehement ist, und warum es wichtig ist, dass alle gut informiert sind.

Die Rezeption arbeitet mit folgenden Abteilungen zusammen:

Direktion	Die Direktion ist regelmäßig über die aktuellen Vorkommnisse an der Rezeption sowohl mündlich als auch schriftlich zu informieren.
Halle	Die Rezeptionsmitarbeiterinnen und -mitarbeiter sind mit dem Portier und den Lohndienern in Kontakt, um einen reibungslosen Ablauf des Gästeaufenthalts in der Halle zu ermöglichen.
Etage (Housekeeping)	Die Zimmerstewards erhalten von der Rezeption die Abreiseliste, um die Zimmer für neue Gäste vorbereiten zu können. Die Housekeeping Managerin gibt der Rezeption die Rückmeldung über gereinigte Zimmer, die nun wieder belegt werden können.
Roomservice (Zimmerservice)	Das Roomservice bekommt von der Rezeption An- und Abreiselisten sowie die Zimmerliste der In-House-Guests. Das Roomservice meldet die vom Gast konsumierten Leistungen (Frühstück, Getränke, Minibar etc.) an die Rezeption bzw. Kassa.
Sales-und-Marketing-Abteilung	Die Sales-und-Marketing-Abteilung betreut Firmenkunden und Reisebüros und ist die Schnittstelle zu den Onlinebuchungsplattformen. Sie erarbeitet mit diesen Partnern die Preise und Angebote. Von der Sales-und-Marketing-Abteilung erhält das Frontoffice Informationen über diese Kunden und Angebote. Das Frontoffice informiert umgekehrt die Sales-und-Marketing-Abteilung über das Zimmerkontingent und über Anfragen, gibt Reservierungsprobleme bekannt, meldet Stornierungen und Fehlreservierungen von Partnern etc.
Bankettabteilung	Die Bankettabteilung ist zuständig für Veranstaltungen, Caterings (sofern es keine eigene Cateringabteilung gibt) und für Seminare, Konferenzen etc. Da die ersten Ansprechpartner für den Gast aber meist die Rezeptionsmitarbeiterinnen und -mitarbeiter sind, müssen sie genau über getroffene Vereinbarungen informiert sein. Auch Zimmerkontingente sind bei Bedarf abzusprechen.
Food- and Beverage-Abteilung	Sie benötigt korrekte Daten über die Anzahl der Frühstücksgäste, Halb- und Vollpensionen, Menüänderungswünsche etc.
Technische Abteilung	Die technische Abteilung ist ebenfalls mit der Rezeption vernetzt. Sie muss möglichst schnell über technische Defekte informiert werden, damit diese sofort behoben werden können.
Weitere Abteilungen	Zum Beispiel arbeitet die Rezeption mit der Wellnessabteilung zusammen, in Kurhotels mit den speziellen Kureinrichtungen, mit dem Veranstaltungsmanagement etc.

Damit in Großbetrieben die Kommunikation zwischen den Abteilungen funktioniert, gibt es Checklisten zur Information (siehe z. B. Functionsheet, S. 51).

In-House-Guests = jene Gäste, die zurzeit im Hotel wohnen.

Bankettabteilung, Food-and-Beverage-Abteilung und Frontoffice arbeiten sehr eng zusammen, weshalb ein steter Informationsaustausch stattfinden muss.

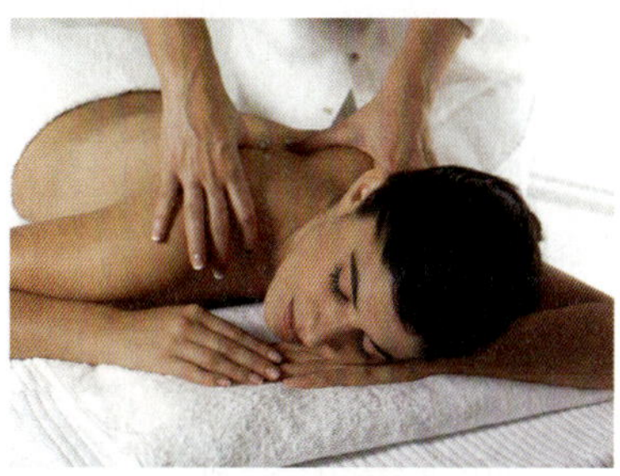

Massagetermine sind mit der Wellnessabteilung abzusprechen

Notizen

Egal, welche Anfrage Sie an der Rezeption erreicht: Professionelles Agieren ist gefragt – den Gast interessiert es nicht, ob Sie für seine Anfrage zuständig sind oder nicht. Sie sind für ihn die Kontaktperson und er erwartet, dass man auf sein Anliegen eingeht.

Arbeitsaufgaben

1. Zählen Sie jene Abteilungen auf, mit denen das Frontoffice vorwiegend zusammenarbeitet.
2. Weshalb muss zwischen Rezeption und Room Service ein Informationsaustausch erfolgen?
3. Beschreiben Sie die Zusammenarbeit der Rezeption mit der Bankettabteilung.
4. Erklären Sie, weshalb die Zusammenarbeit zwischen Rezeption und Food-and-Beverage-Abteilung so wichtig ist.
5. Weshalb benötigt die Sales-Abteilung Informationen über Zimmerkontingente?
6. Erklären Sie, warum Housekeeping und Rezeption voneinander abhängig sind.

Ziele erreicht? – „Mitarbeiterorganisation“

Thomas ist nun schon seit drei Wochen als HGA-Lehrling tätig. Er bekam Einblicke in die Tätigkeiten der Mitarbeiterinnen und Mitarbeiter der Halle sowie der Etage und konnte bereits ein wenig Erfahrung in der Gästebetreuung sammeln.

a) Thomas' Freundin möchte wissen, was es bedeutet, dass das Hotel, in dem er arbeitet, amerikanisch geführt ist. Wie kann er ihr dies in kurzen Worten am besten beschreiben?

b) Thomas erwähnt bei seiner Erklärung, dass er zu den Front-of-the-House-Mitarbeitern gehört. Was meint er damit?

c) In der Berufsschule fragt ihn sein Kollege Martin, wie in seinem Lehrbetrieb das Frontoffice organisiert ist. Er erklärt Martin das amerikanische System – dieser hingegen erläutert Thomas, wie sein Lehrherr das Haus europäisch führt. Wo liegen die Unterschiede und wo überschneiden sich die beiden Systeme? Vergleichen Sie sie mit der Organisation Ihres Lehrbetriebes.

d) Bei seinem ersten Mitarbeitergespräch fragt ihn die Frontoffice Managerin, ob ihm schon geläufig ist, für welche Tätigkeiten er zuständig ist. Welche Aufgaben an der Rezeption nennt er ihr?

e) Sie erwähnt, dass sie mit seinem Erscheinungsbild sehr zufrieden ist. Worauf hat sie dabei geachtet?

f) Jeden Tag übergibt Thomas dem Zimmersteward die Abreiseliste – warum?

g) Welche Informationen gibt er der Food-and-Beverage-Abteilung weiter?

h) Wenn Thomas seinen Dienst antritt, achtet er zunächst darauf, ob aktuelle Informationen der Bankettabteilung vorliegen. Warum ist es für ihn wichtig, über Veranstaltungsdetails informiert zu sein?

Die Ausstattung der Rezeption

Die Rezeption ist die zentrale Anlaufstelle im Hotelbetrieb. Damit Sie für Ihre täglichen Arbeiten an der Rezeption vorbereitet sind, um Ihre Gäste souverän zu betreuen, ist es nötig, die Ausstattung des Frontoffice-Bereiches zu kennen, die Geräte bedienen zu können und die Organisationsmittel richtig einzusetzen.

Souverän = einer besonderen Lage oder Aufgabe jederzeit gewachsen.

Darum erfahren Sie in diesem Kapitel, mit welchen Geräten, Formularen und Hilfsmitteln im Frontoffice gearbeitet wird. Ein Einblick in die Ergonomie am Arbeitsplatz hilft Ihnen zu erkennen, wie wichtig es ist, den Arbeitsplatz zur eigenen Gesunderhaltung richtig zu gestalten.

Ebenso wichtig ist es für Sie, sämtliche Sicherheitseinrichtungen zu kennen und zu wissen, was im Brandfall zu tun ist. Darum erhalten Sie auch Einblick in die Sicherheitsausstattung von Beherbergungsbetrieben.

Meine Ziele

Nach Bearbeitung dieses Kapitels kann ich

- die Rezeption in Frontoffice und Backoffice einteilen und beide Begriffe erklären;
- die Räumlichkeiten aufzählen, die zum Empfangsbereich gehören;
- die technische Ausstattung einer Rezeption und ihre Verwendung beschreiben;
- die Ergonomie meines Arbeitsplatzes beurteilen und auf mich abstimmen;
- die Organisationsmittel, die für die Tätigkeiten an der Rezeption benötigt werden, benennen und ihre Anwendung erklären;
- das Informationsmaterial, das für den Gast im Zimmer aufliegt, beschreiben und eigenständig zusammenstellen;
- die Sicherheitssysteme im Hotel verwenden und für das Verhalten im Brandfall eine Übersicht erstellen.

1 Allgemeines

Thomas hat in Bezug auf die Ausstattung der Rezeption noch keinen Überblick. Welche Bereiche gibt es eigentlich und welchen Anforderungen müssen sie gerecht werden?

Die Hotelhalle wird eingeteilt in

Frontoffice

Damit ist der Empfang gemeint.

Backoffice

Damit ist der Bürobereich gemeint.

Rezeption =
- Reception (engl.)
- Réception (französ.)
- Ufficio di ricevimento (ital.)

1.1 Frontoffice

Das **Frontoffice** dient der direkten Kommunikation mit dem **Gast.** Es ist jener Bereich, der für den Gast sichtbar ist, und umfasst
- die Rezeption,
- die Kassa,
- die Telefonzentrale,
- die Portierloge und
- den Aufenthaltsbereich.

Im Frontoffice finden Check-in, Check-out, Informationsaustausch, Geldwechsel etc. statt.

1.2 Backoffice

Das **Backoffice** hingegen ist das **Büro** des Betriebes. Hier werden alle „Schreibtischtätigkeiten" wie z. B. der Schriftverkehr ausgeführt. Ebenso zählen zu diesem Bereich die **Reservierung** und die **Direktion.**

1.3 Bereiche der Ausstattung einer Hotelhalle

Die Ausstattung der Hotelhalle lässt sich einteilen in
- bauliche Erfordernisse der Räumlichkeiten,
- technische Ausstattung,
- Organisationsmittel,
- Organisationsmittel für die Gästebetreuung,
- Sicherheitsausstattung.

Arbeitsaufgaben

1. Der Empfang wird auch als ______________________ bezeichnet. Mit dem Begriff ______________________ hingegen ist der Bürobereich gemeint.
2. Zählen Sie auf, welche Bereiche das Frontoffice umfasst.
3. Schildern Sie Situationen des Gästekontakts, die im Frontoffice stattfinden.
4. Welche Tätigkeiten werden im Backoffice ausgeführt?
5. Warum ist eine Trennung in Frontoffice und Backoffice sinnvoll?

2 Bauliche Erfordernisse der Räumlichkeiten

Eva kann sich noch an die Eindrücke erinnern, als sie ihren Lehrbetrieb zum ersten Mal betrat. Sie versuchte sich vorzustellen, wie der Empfang auf die Gäste wirkt, die das Haus zum ersten Mal betreten. Sie fragte sich: „Was macht es aus, ob Gäste sich in einem Hotel wohlfühlen?“

Die **Hotelhalle** – auch **Lobby, Foyer, Empfangshalle oder Lounge** genannt – soll einladend und ansprechend sein. Ihre Ausstattung und die Ausstattung von Treppenhaus, Gängen und Lift sollen dem Rang des Hauses entsprechen.

Welche Nebenbetriebe können noch in die Halle integriert sein?

Im **europäisch** geführten Hotel (siehe S. 8) ist die Halle **überschaubar,** der Portier hat einen guten Überblick über die ein- und ausgehenden Gäste. In **amerikanischen** Großhotels hingegen sind viele **Nebenbetriebe,** z. B. Boutiquen, in die Hotelhalle integriert, was die Überschaubarkeit beeinträchtigt.

Der Empfang ist je nach Ausstattung des Hotels in zwei Bereiche gegliedert

Empfangsbereich	Aufenthaltsbereich

Plan einer Hotelhalle eines europäisch geführten Hotels

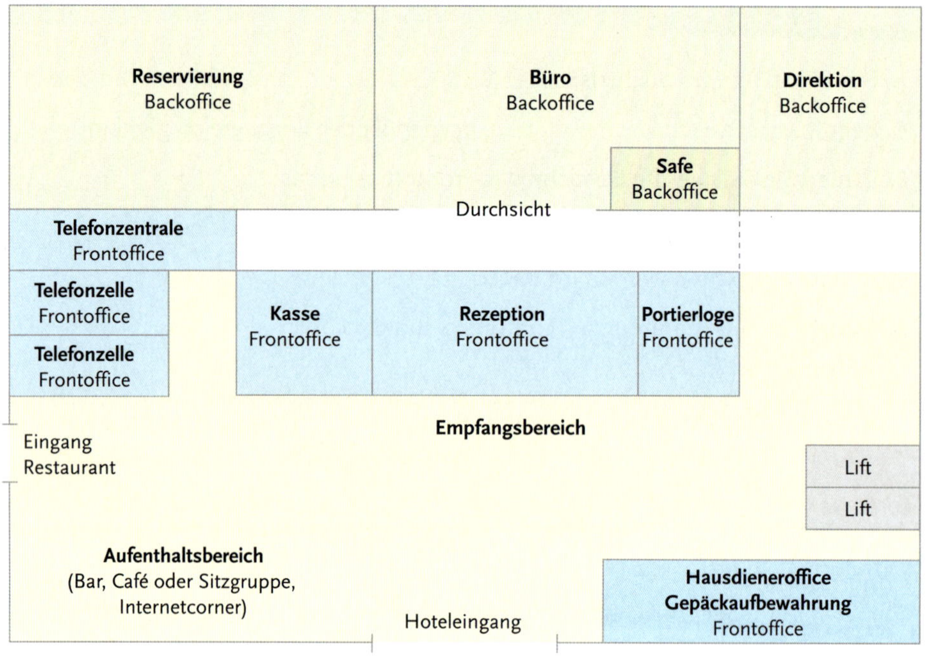

In vielen Hotels gibt es im Aufenthaltsbereich auch einen Internetcorner.

2.1 Empfangsbereich – die Rezeption

Die Mitarbeiterinnen und Mitarbeiter haben als Gastgeber eine hohe Verantwortung: Vom ersten Kontakt bis zur Abreise sind sie die Ansprechpartner für die Gäste, repräsentieren somit den Betrieb.

Die Rezeption ist das Schaltzentrum des Hotels und deshalb **zentral** gelegen. Sie ist die Drehscheibe der Gästeverkehrswege und der Mittelpunkt der Hotelhalle. Von hier führen **Wegverbindungen** (Treppen, Korridore, Lifte)

- zum Beherbergungsbereich (Etagen/Zimmer),
- zum Verpflegungsbereich (Restaurant, Extrazimmer, Café, Bar etc.),
- zum Seminar- bzw. Veranstaltungsbereich (Konferenzräume, Bankettsäle)
- und zu den Freizeitanlagen (Schwimmbad, Sauna, Fitnessraum etc.).

Die Rezeption liegt immer im Bereich des Haupteingangs, sodass die Mitarbeiterinnen und Mitarbeiter der Rezeption alle wichtigen Zu- und Aufgänge, die Lifte, die Telefonzellen etc. leicht überblicken können.

Bauliche Erfordernisse für eine Rezeption

Die Rezeption besteht aus einem Rezeptionspult, Regalen, Fächern und Schubladen, Ablageflächen und Schlüsselfach bzw. Schlüssellade oder Schlüsselboard mit integrierten Ablageflächen für die Gästepost. Werden Keycards statt Schlüssel ausgegeben, gibt es nur Postfächer.

- Die Rezeption soll im Blickfeld des eintretenden Gastes liegen. Sie ist das Dienstleistungs- und Vermittlungszentrum.
- Die Hotelauffahrt soll von der Rezeption oder Portierloge einsehbar sein.
- Vom Hotelbüro (dem Backoffice) soll die Durchsicht zum Rezeptionspult gewährleistet sein.
- Es kann auch ein Kiosk an die Rezeption angeschlossen sein.
- Eingang, Stiegenaufgang, Lift, Telefonzellen, Gepäckablage, Garderobe und Kiosk sollen von der Rezeption aus überschaubar sein.
- Die Zentralisierung aller technischen Kontrollanlagen soll im Bereich der Rezeption gesichert sein (Telefon, Beleuchtung, Musik, Brandmelder etc.).
- Die Rezeption soll versperrbar sein, wenn sie über Nacht nicht besetzt ist.
- Die Gestaltung der Arbeitsplätze soll ergonomischen Anforderungen entsprechen.

Diskutieren Sie den Nutzen dieser baulichen Anforderungen an die Rezeption. Überlegen Sie, was passiert, wenn ein Gast ein Haus betritt, das einige dieser Erfordernisse nicht erfüllt.

Ideale Raumaufteilung der Rezeption

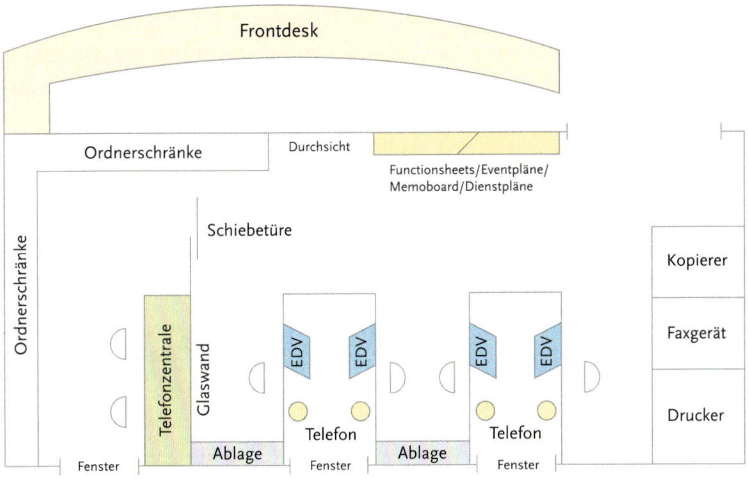

Ideale Raumnutzung am Frontdesk

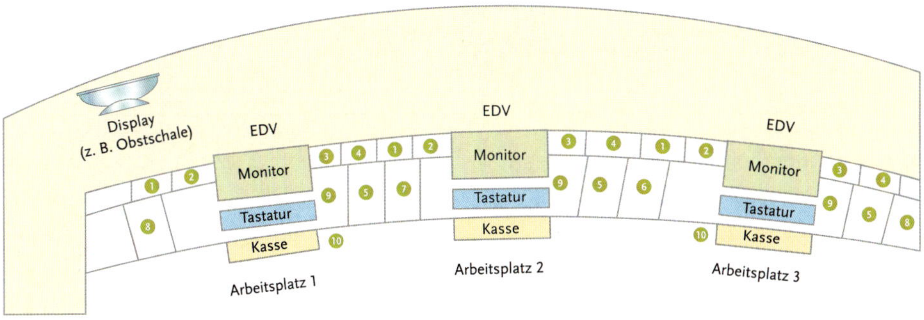

1. Reservierungsformulare
2. Gästeinformationen
3. Kuverts
4. Meldeblätter
5. Telefon
6. Digibox (Kreditkartenlesegerät)
7. Banknotentestgerät
8. Rechenmaschine
9. Notizblätter
10. Drucker

Die Arbeitsflächen sollen der jeweiligen Tätigkeit angepasst werden können

Ergonomie am Arbeitsplatz

Spricht man von ergonomischer Arbeitsplatzgestaltung, so meint man, dass Arbeitsräume, Arbeitsplätze, Einrichtungsgegenstände und Geräte so angefertigt und angeordnet werden, dass sie dem arbeitenden Menschen entsprechen und seinen Arbeitsanforderungen bestmöglich entgegenkommen.

Dadurch werden Unfälle vermieden, es wird Zeit gespart und die Gesundheit der Mitarbeiterinnen und Mitarbeiter bewahrt. Gleichzeitig wird die Qualität der Arbeitsleistung gesteigert.

Um das zu erreichen, sollen Einrichtungsgegenstände in der Anordnung und den Maßen dem Arbeitsprozess optimal entsprechen, d. h., dass die Höhen der Arbeitsflächen der jeweiligen Tätigkeit angepasst werden können und die Möbel so angeordnet sind, dass ein Arbeitsfluss entsteht.

Beispiel Arbeitsfluss

Im Arbeitsfluss zu arbeiten bedeutet beispielsweise, dass neben dem Kopiergerät rechts und links Ablageflächen sind; links wird die Kopiervorlage abgelegt – in der Mitte wird kopiert – rechts ist Platz für die Ablage der fertigen Kopien.

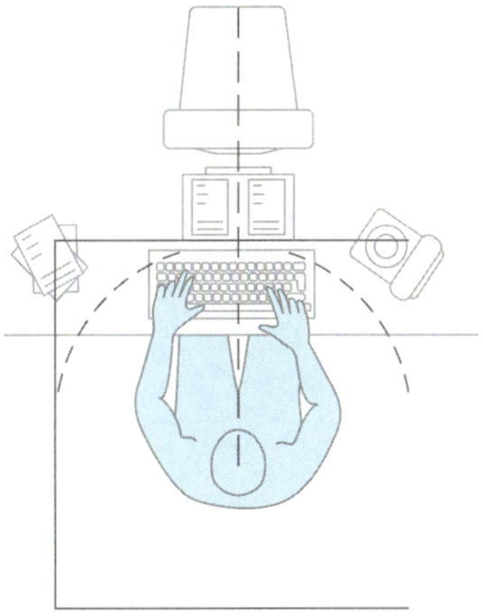

Optimal gestalteter Computerarbeitsplatz (siehe dazu auch www.arbeiterkammer.at, Arbeit und Gesundheit)

Handhaltung und Tastatur

Falsch

Richtig

Übungen, die bei längerer Computertätigkeit gemacht werden sollen, finden Sie unter: www.trauner.at, Verlag, Lehrerservice, Downloads.

Ergonomische Körperhaltung

Die Art, wie gearbeitet wird, ist für Arbeitszeit, Belastung und Ergebnis von großer Bedeutung. Entscheidend sind einerseits die effiziente Ausführung einzelner Handgriffe bei geringem Kraftaufwand, andererseits die richtige Körperhaltung und Körperbelastung bei immer wiederkehrenden Bewegungen.

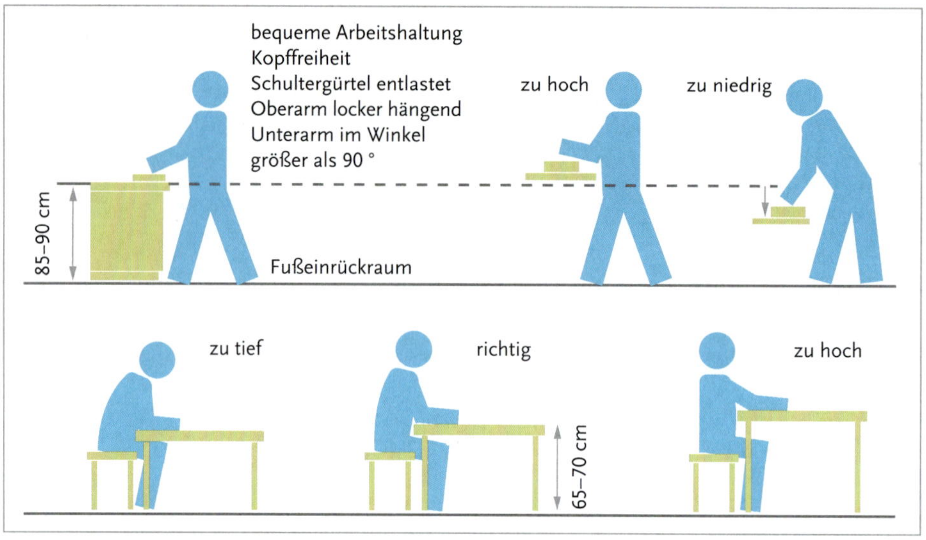

Körperhaltung beim Stehen und Sitzen

2.2 Aufenthaltsbereich und gastronomischer Bereich

Der Gast findet in der Halle auch einen Platz zum Verweilen, um Zeitung zu lesen, einen Kaffee zu trinken oder auf jemanden zu warten. Der Aufenthaltsbereich bietet dazu meist bequeme Sofas, kleine Tischchen, Zeitungsständer, gutes Licht, angenehme Atmosphäre durch Bilder, Blumenschmuck etc. Größere Hotels haben eine **Lobbybar,** die ihren Gästen neben Getränken und kleinen Snacks auch Services wie Internetzugang bietet.

Dieser Bereich muss gastlich gestaltet sein, denn Gäste verweilen hier gerne und möchten sich hier entspannen.

Arbeitsaufgaben

1. Finden Sie drei Bereiche der Halle, die von der Rezeption aus überschaut werden können:

G	W	J	T	P	C	O	E	R	J
Y	A	Q	Y	J	Z	T	I	X	W
N	G	R	G	N	Z	X	N	O	X
X	B	P	D	O	C	J	G	H	B
B	L	M	O	E	N	C	A	M	P
K	R	H	V	Z	R	M	N	S	K
D	S	Y	G	G	O	O	G	H	L
A	V	K	F	W	U	Q	B	I	Q
P	U	E	J	H	Z	W	F	E	Z
Z	T	M	R	L	X	T	O	S	O

2. Die Hotelhalle wird auch ____________, ____________,
____________ oder ____________ genannt.

3. Der Empfang wird meist in zwei Bereiche gegliedert. Wie heißen sie?

4. Warum gibt es zwischen Backoffice und Frontoffice eine Durchsicht?

5. Was bedeutet Ergonomie?

6. Analysieren Sie Ihren Arbeitsplatz: Ist er nach ergonomischen Kriterien gestaltet? Was können Sie verbessern?

Notizen

3 Technische Ausstattung

Thomas wurde gleich in der ersten Woche gezeigt, wie die Telefonanlage, die EDV und die Bürogeräte funktionieren. Mit diesen technischen Arbeitsmitteln hat er nun täglich zu tun.

Zur technischen Ausstattung zählen
- Telefonanlage und Faxgerät,
- EDV,
- Kreditkartenterminal,
- Keycard-Codiergerät,
- Bürotechnik (z. B. Kopiergerät, Aktenvernichter).

Die Zukunft dieser technischen Ausstattung liegt in der **Vereinheitlichung der Kommunikationssysteme,** also einer technischen Gesamtlösung für den ganzen Betrieb. Statt Einzelgeräten mit eigener Steuerung (wie Telefon, Fax, Kopierer, Garagentoröffner) kauft man zu den Geräten Gesamtpakete – sogenannte **Communication Networks** –, die die Steuerung sämtlicher technischer Anforderungen eines Hauses oder eines Betriebs übernehmen. Über diese Schaltstelle werden
- Telefon,
- Telefax,
- elektronische Datenübertragung (z. B. Kreditkartenabrechnung),
- Internet,
- PC-Arbeitsplätze,
- Monitore,
- Infotainment-Systeme in den Gästezimmern (TV-Gerät und Steuerung mittels Tastatur für Internet, Check-out, Einsicht in die Rechnung, Hotelinfos, Filme, Spiele etc.),
- Sicherheitseinrichtungen (z. B. Brandschutztüren, Überwachungskameras),
- Garagentore, Eingangstüren,
- Sprechanlage,
- TV- und Stereoanlagen,
- Beleuchtung,
- Rollläden etc.,

zentral gesteuert. Die Steuerung ist durch Codes gesichert.

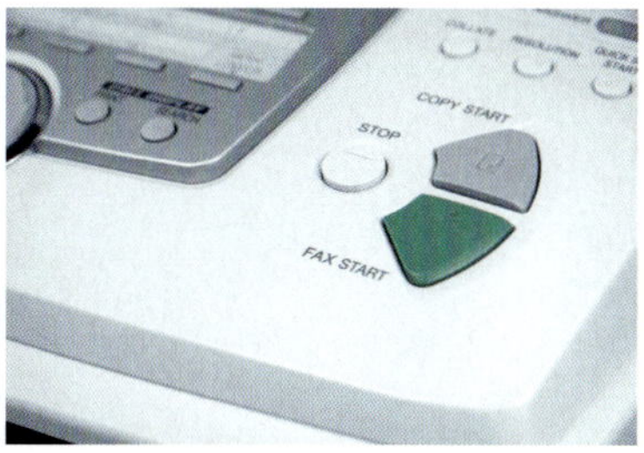

Die technische Ausstattung ist oft vernetzt und in Endgeräten sind meist mehrere Funktionen integriert

Welches Gesamtpaket geeignet ist bzw. ob eine Zentralsteuerung sinnvoll ist, hängt von der Größe des Betriebs und den genauen Anforderungen ab. Die grundlegende technische Ausstattung wird nun im Einzelnen beschrieben. Sie existiert in praktisch jedem Hotelbetrieb, ob zentral gesteuert oder nicht.

Der Trend in der Kommunikationstechnologie geht dahin, dass sämtliche Informationen zur Übertragung in ein einheitliches Format gebracht werden, damit eine zentrale Abwicklung möglich wird.

3.1 Die Telefonanlage

Es gibt unterschiedliche digitale Telefonanlagen mit mehreren Nebenstellen, die verschiedene Anforderungen je nach Betriebsgröße und -art erfüllen. Mögliche Leistungen und Funktionen einer Telefonanlage sind:

- programmierbare Ziel- und Funktionstasten,
- Display mit Benutzerführung,
- Rufnummernspeicher,
- Kurzwahlen,
- Datums- und Uhrzeitangabe,
- Übersicht über den aktuellen Status (zeigt freie und belegte Leitungen an),
- Rufumleitung – z. B. auf ein Mobiltelefon,
- Anrufweiterschaltung per Tastendruck,
- Gebührenerfassung, zentral oder nach Nebenstellen,
- Termin- und Weckrufsystem,
- Anrufliste,
- Freisprech- bzw. Lauthörfunktion,
- Durchsagefunktion,
- integrierter Anrufbeantworter für jede Nebenstelle,
- Wahlwiederholung, auch automatisch,
- Gebührenlimits,
- Rufnummernsperrfunktion (z. B. alle Nummern mit Vorwahlen zu kostenpflichtigen Diensten, wie 0900),
- Headset-Anschluss.

Ein Headset ermöglicht es, beim Telefonieren die Hände frei zu haben

Üblich sind mehrere amtliche Anschlüsse für Telefon und Internet, wenn dieses nicht über Kabel betrieben wird, und eine Haustelefonanlage für interne Gespräche bzw. für die Gästetelefone auf den Zimmern, die über die Telefonzentrale in die amtliche Telefonanlage vermittelt werden.

> Da die meisten Gäste dem Zimmertelefon das eigene Mobiltelefon vorziehen, ist das Zimmertelefon vor allem eine Sicherheitseinrichtung.

Der Telefonarbeitsplatz

Ein optimal gestalteter Telefonarbeitsplatz ist die Grundlage für ein gut geführtes Telefonat. Man soll

- ungestört sprechen können,
- genügend Platz für Schreibutensilien haben,
- genügend Platz für Organisationsmittel wie z. B. Werbematerial und Informationsunterlagen haben,
- den Bildschirm des Computers vor sich haben, damit das Hotelbuchungsprogramm sowie ein Internetzugang verfügbar sind.

> Für Kleinbetriebe sind eine Rufumleitung bzw. Schnurlostelefone sinnvoll, wenn die Rezeption nicht durchgehend besetzt sein kann. Auch in größeren Betrieben sind für einige Abteilungen Schnurlostelefone praktisch, z. B. für den Portier.

Das benötigen Sie

- Liste wichtiger Telefonnummern (Feuerwehr, Polizei, Rettung, Ärztin bzw. Arzt, hausinterne Durchwahlen, Tourismuseinrichtungen und -organisationen etc.)
- Kalender
- Zimmerbelegungsplan
- Preisliste (Zimmerpreise, Pauschalangebote etc.)
- Werbematerial, Informationsunterlagen über das Haus bzw. den Ort
- Telefonbuch
- Gästekartei, Gästeunterlagen
- Ankunfts- und Abreiselisten
- Veranstaltungskalender
- Schreibutensilien (Kugelschreiber – angekettet, Telefonnotizblock)
- Buchstabiertabelle (siehe S. 74)
- Eventuell Begrüßungs-, Fragen- und Argumenteliste
- Gut gewartete und übersichtlich geordnete „Favoriten" im Internet-Browser (mit Unterordnern für Links zu Restaurants, Freizeitangeboten, Tourismusverbänden etc.)

Werfen Sie einen kritischen Blick auf Ihren Telefonarbeitsplatz: Haben Sie genügend Platz zum Schreiben? Stapeln sich die Unterlagen? Oder können Sie auf alle Anforderungen sofort reagieren, weil alles griffbereit ist? Was könnten Sie verbessern?

Siehe auch Kapitel „Erfolgreiches Telefonieren", S. 70.

Probieren Sie es aus

Spielen Sie in der Gruppe ein Telefonat, bei dem ein Gast seine Anreisewünsche deponiert, Fragen zu Veranstaltungen in der Region etc. stellt, und telefonieren Sie im ersten Fall einfach drauflos. Dann spielen Sie dieselbe Szene noch einmal, ordnen Sie aber vorher die Ihrer Meinung nach dafür wichtigen Utensilien.

3.2 Das Faxgerät

Mit dem Faxgerät werden Kopien von Schriftstücken (im A4-Format) über das Telefonnetz übermittelt. Es fallen entsprechend den geltenden Tarifen Telefongebühren für die Dauer der Übertragung an.

Im täglichen Schriftverkehr hat das E-Mail das herkömmliche Telefax weitgehend verdrängt. Verwendet wird es vor allem dann noch, wenn das Dokument nicht als Datei verfügbar ist und auch nicht eingescannt werden kann.

Da es dennoch ein Kommunikationsmittel unserer Zeit ist und sämtliche öffentliche Einrichtungen und auch viele Privathaushalte über ein Faxgerät verfügen, ist es selbstverständlich notwendig, dass auch an einem Hotelempfang ein Faxgerät – ebenso für die Gäste im Office Center – zur Verfügung steht. Zugangscodes am Faxgerät können die Benützung durch Unbefugte unterbinden. Mit Abteilungscodes lassen sich die Faxkosten auf verschiedene Bereiche umlegen.

Office Center = Bürobereich, der den Gästen zur Verfügung steht. Computer mit Internetzugang, Drucker, Faxgerät, Kopierer etc. können hier von den Gästen benützt werden. Office Centers gibt es in großen Hotels, die v. a. Geschäftsreisende zu ihren Kunden zählen.

Neben der herkömmlichen Faxübertragung besteht die Möglichkeit, Faxvorlagen auch über das Internet zu übermitteln – der Sender schickt das Dokument als Scan über ein Kopiergerät mit Fax- und E-Mail-Funktion ab, der Empfänger kann das Dokument als E-Mail in seinem Postordner empfangen.

Es gibt die Möglichkeit, eine sogenannte elektronische Unterschrift zu verwenden. Sie benötigen dazu eine von der Bank freigeschaltete Bankomatkarte und ein Lesegerät, das an den Rechner angeschlossen wird. Mit einem PIN-Code ist Ihre Unterschrift geschützt.

ISDN = **I**ntegrated **S**ervices **D**igital **N**etwork; ISDN ermöglicht, verschiedene Dienste in digitaler Form mit einem Übertragungsnetz abzudecken. So werden über ISDN Telefon, Telefax und Datenübermittlung (z. B. Internet) abgewickelt.

ADSL = **A**symmetric **D**igital **S**ubscriber **L**ine; ähnlich wie mit ISDN werden Daten mit sehr hoher Durchsatzrate über das Telefonnetz übertragen.

WLAN = **W**ireless **L**ocal **A**rea **N**etwork; kabelloses Netzwerk über Funkverbindung; v. a. für die Gästezimmer und Aufenthaltsbereiche von Relevanz.

USV-Gerät = USV steht für unterbrechungsfreie Stromversorgung. Dieses Gerät dient als Puffer für Stromschwankungen und bei Stromausfällen. Ein ordnungsgemäßes Sichern der Daten und Herunterfahren ist damit noch möglich.

Feature (engl.) = Merkmal, Eigenschaft, Anwendung, Einrichtung.

3.3 Elektronische Datenübertragung

Datenübertragung ist die zweckgerichtete Übermittlung von Zeichen. Bei der elektronischen Datenübertragung werden die einzelnen Zeichen durch Intervalle voneinander getrennt und in vorgegebenen Formaten, also einheitlich codiert, übertragen. Ein Gerät zur Datenübertragung ist beispielsweise ein **Modem,** das über Telefonleitung oder ISDN/ADSL eine Internetverbindung und eine Datenübertragung ermöglicht. Die Datenübertragung ist aber auch z. B. über Glasfaserkabelverbindung, die regionale Telekabelbetreiber anbieten, sowie über drahtlose Verbindungen (WLAN) möglich.

3.4 Computerarbeitsplätze

Wie Sie in den vorangegangenen Kapiteln schon festgestellt haben, sind moderne Kommunikationsmittel nicht mehr ohne den Computer vorstellbar. Haupteinsatzbereich des Computers im Frontoffice ist sicher die **Frontoffice-Software** (z. B. Fidelio, Protel, Hogatex, Gastrodat [v. a. in der Ferienhotellerie eingesetzt], FrontOffice, Hospitality 3000, Star, Lima oder Casablanca), die den Arbeitsalltag erleichtern und unterstützen kann.

Grundausstattung

Ein oder mehrere Computer (vernetzt) bestehend aus			
Rechner	Bildschirm	Tastatur	Maus

Zusatzgeräte				
Drucker bzw. Kopierer mit Fax	WLAN oder Kabelanschluss (für Internetzugang)	USV-Gerät	Scanner	Lautsprecher

Der Bildschirm sollte groß genug sein, damit die Darstellungen des Hotelprogramms gut sichtbar sind (z. B. damit der gesamte Zimmerplan auf einen Blick erfassbar ist).

Frontoffice-Software

Da im Logisbereich mit sehr viel Datenmaterial (Kundendaten, Schriftverkehr, Memos, Protokollen, Checklisten etc.) gearbeitet wird, kann eine Hotelsoftware helfen, die Daten zu strukturieren und zugänglich zu machen und somit die Arbeitsabläufe zu erleichtern. Es wird eine Vielzahl von Softwares mit unterschiedlichen Features angeboten.

Features, über die eine Hotelsoftware verfügen sollte

- Zimmerbelegungsplan
- Gästekartei: Adressdatenbank mit Marketingfunktionalität (Selektionscodes für zielgruppengerechte Aussendungen)
- Reservierungs- und Buchungsfunktion
- Check-in
- Gästebetreuung (Weckrufservice, Nachrichtenübermittlung auf das Zimmer)
- Check-out
- Gästerechnung
- Tagesabschluss (ist nicht für alle Mitarbeiterinnen bzw. Mitarbeiter freigegeben)
- Erstellung von Reports (Statistikabfrage und -auswertung) für das Management
- Integrierter Yield Manager (ermittelt den optimalen Zimmerpreis auf Basis von Angebot und Nachfrage)
- Textverarbeitungs- und Mailing-Modul
- Interne Schnittstellen zu Finanzbuchhaltung, Controlling, Restaurant, Kasse, Telefon-, Schließ- und Pay-TV-Anlagen etc.
- Externe Schnittstellen zu Onlinereservierungssystemen (z. B. HRS) und Buchungsplattformen (z. B. Tiscover), Meldewesensystemen, Kreditkartenterminals etc.
- Die Software sollte auch mit gängigen Office-Anwendungen kompatibel sein.

Zielgruppe = Gästesegment; jene Gäste, die dasselbe Reisemotiv haben, z. B. Wellnessgäste, Golferinnen und Golfer, Gourmets, Kulturinteressierte.

Es gibt auch Gesamtlösungen für Hotelbetriebe mit verschiedenen Softwarepaketen für Rezeption, Restaurant, Wellnessabteilung, Housekeeping Department, Kassa, Controlling, Facility Management etc., die alle untereinander kompatibel sind.

HRS = Hotel Reservation System.

Weitere Einsatzbereiche des Computers im Frontoffice

- **Schriftverkehr:** Textverarbeitungsprogramme ermöglichen die digitale Abwicklung der Büroorganisation (Serienbriefe, Etikettendruck etc.).
- **Ablagesystem:** In digitalen Ordnern wird der digitale Schriftverkehr verwaltet.
- **Adressverwaltung:** Eine digitale Adressdatei vereinfacht die Verwaltung von Adressen, Telefonnummern, Internetlinks etc. An der Rezeption wird dafür aber vorwiegend die Gästekartei, in die auch alle anderen Adressdaten eingepflegt werden, verwendet.
- **Terminüberwachung:** Ein digitaler Terminkalender mit Erinnerungsfunktion hilft bei der Termineinhaltung und -planung (auch im Frontoffice-Programm integriert).
- **Internetzugang:** zur raschen, einfachen Informationsmöglichkeit und Auskunftsrecherche sowie zur Administration von Plattform-Auftritten, Wartung von Buchungsplattformen und Social Media-Einträgen etc.
- **Telekommunikation:** Sämtliche Informationsübertragungen (z. B. Telefonieren, Fax versenden) sind auch mithilfe des PCs möglich.
- **E-Mail:** für den täglichen Schriftverkehr.
- **Layoutieren:** Erstellen von Werbematerialien, Foldern, Gästeinformation und Menükarten mithilfe von Grafik- und Bildbearbeitungsprogrammen.
- **Abwicklung von Zahlungsgeschäften:** Abrechnung von Zahlungen über CC- oder EC-Karten.

Mehr dazu erfahren Sie im Gegenstand Wirtschaftskunde mit Schriftverkehr.

Die Erstellung des Schriftverkehrs, die Datenverwaltung und der Versand von E-Mails zählen zu den wichtigsten Einsatzbereichen der EDV

Wahl der passenden EDV-Anlage

Die Entscheidung für eine EDV-Lösung hängt von der Betriebsform, -größe und -organisation ab. **Große Kettenhotels** etwa bieten ihren Partnern Gesamtlösungen für ihren Standort an, die im Detail nur mehr angepasst werden.

Mittelgroße Hotels und Kleinbetriebe werden mithilfe einer Fachberatung den für ihren Bereich sinnvollen EDV-Einsatz planen.

Die österreichische Hotellerie umfasst v. a. KMUs (Klein- und mittlere Unternehmen).

Sogenannte **Backup-Verzeichnisse,** in denen alle Daten noch einmal abgespeichert sind, verhindern einen unerwünschten Datenverlust.

Die Daten müssen sicher sein, sonst kann es zu bösen Überraschungen kommen

In der Praxis buchen in der Regel nur mehr Stammgäste per Telefon. Fast alle anderen Kunden treten über elektronische Medien mit einem Betrieb in Kontakt – über E-Mail, Buchungsplattformen und Online-Reservierungssysteme.

Mehr dazu erfahren Sie im Kapitel „Webmarketing" ab Seite 161.

Das ist vor der EDV-Anschaffung in einem Klein- oder Mittelbetrieb zu prüfen	
Nutzen	Wie kann EDV in den täglichen Arbeitsprozessen Unterstützung bieten? Wofür kann der Betrieb die EDV nutzen?
Kosten	Welche Kosten entstehen, wo kann eingespart werden? Was kostet der Nichteinsatz von EDV in manchen Bereichen (Personalkosten, Fehlerkosten, entgangenes Geschäft z. B. wegen zu langsamer oder ineffizienter Kommunikation?) Abwägen des Preis-Leistungs-Verhältnisses.
Gästezielgruppe	Welches Angebot erwarten die Gäste im Haus?
Anforderungen	Was soll die EDV-Anlage leisten? Sollen Einzelplatzlösungen oder ein vernetztes System eingerichtet werden?
Beratung	Ist eine professionelle Beratung hilfreich?
Schulung	Welche Mitarbeiterinnen bzw. Mitarbeiter sind einzuschulen? Wer kann die Schulung übernehmen? Wie kann das bestehende Wissen trotz Personalwechsel im Unternehmen gehalten werden?
Service	Wer wartet die EDV-Anlage? Zum Beispiel ein Provider mit Servicevertrag (Viren-Scan, Updates etc.).
Sicherheit	Welche Sicherheitslösung ist anzustreben? Wie können die wertvollen Hoteldaten optimal geschützt werden?

Ein Internetanschluss – der Zugang zum World Wide Web

Dass alle Groß- und Mittelbetriebe mittlerweile im Internet vertreten sind, ist schon eine Selbstverständlichkeit. Aber auch Kleinbetriebe müssen im Internet auffindbar sein und sie müssen eine Möglichkeit zur Kontaktaufnahme mit E-Mail anbieten. Auch ist die Eintragung in gemeinsame Buchungsplattformen (z. B. booking.com, hrs.de, hotel.de, tiscover.com, venere.com) auch für Kleinbetriebe mittlerweile unerlässlich.

Außerdem scheiden Betriebe, die nicht im Internet zu finden sind bzw. zu denen kein Kontakt auf elektronischem Weg möglich ist, für viele von vorneherein aus der engeren Auswahl aus. Auch Bewertungsplattformen sind eine wichtige Informationsquelle für potenzielle Gäste.

Ebenso ist an den Auftritt des Hauses nach außen zu denken. Ein Betrieb wirkt heute veraltet, wenn er nicht im World Wide Web mit bewegten Bildern, Bewertungen und Buchungsmöglichkeit vertreten ist – und das lässt negative Rückschlüsse auf die Ausstattung des Hauses und die gesamte Betriebsführung zu.

3.5 Bürotechnik

Unter dem Begriff „Bürotechnik" sind **alle weiteren technischen Geräte** zusammengefasst, die ebenfalls im Frontoffice benötigt werden:

- Kopiergerät
- Aktenvernichter
- Falzmaschine (zum Falten einer großen Anzahl von Foldern, Briefen etc.)
- Laminiergerät (zum Schutz für Listen, z. B. Preislisten, die täglich in Gebrauch sind)

Arbeitsaufgaben

1. Welche Funktionen soll eine Telefonanlage in einem Hotel haben und warum?
2. Beschreiben Sie die Möglichkeiten der Übertragung von Schriftstücken und erklären Sie, wann Sie sich für welche Möglichkeit entscheiden.
3. Beschreiben Sie die wichtigsten Anforderungen, die eine Hotelsoftware erfüllen muss.

Notizen

4 Organisationsmittel

Eva hat in den letzten Wochen bei ihrer Tätigkeit an der Rezeption bemerkt, dass neben der baulichen und der technischen Ausstattung die Organisationsmittel ebenso zur Ausstattung der Rezeption zählen und eine große Rolle bei der Erledigung ihrer täglichen Arbeit spielen. Sie stellt nun fest: „Die Organisationsmittel sind praktische Hilfsmittel zur Gästebetreuung und ermöglichen es, den Frontoffice-Alltag zu strukturieren.“

Organisationsmittel an der Rezeption	
Ordnersysteme	Für die Ablage von Anfragen, Angeboten, Reservierungen etc.
Pläne	Zimmerplan, Reservierungsplan, Dienstplan
Gesetzlich vorgeschriebene Organisationsmittel	Gästeblatt, Preisliste, Depotschein, Fundbuch, aushangpflichtige Gesetze
Formulare	Gästekartei, Zimmerausweis, Antwortkarte, Vordruck für Garagenplatzvergabe, Mitteilungsblätter, Vordruck Minibar, Functionsheet, Memo, Reservierungsformular, Formular der Barauslagen für Gäste, Zimmerwechselbeleg, Übergabebuch
Listen	Wechselkursliste, An- und Abreise- sowie Stay-over-Liste, Weckliste, Wäscheliste, Gruppenliste, aktuelles Hotelverzeichnis
Organisationsmittel für die Gästebetreuung	Liste mit Internetadressen, Liste mit wichtigen Telefonnummern und Informationen, evtl. Telefonbücher, Ausflugsangebote, Fahrpläne, Verbandkasten, Notfallapotheke, Sonstiges (z. B. Spiele, Zündhölzer)

Ordnung ist das halbe Leben. Was sagen Sie zu diesem Ausspruch? Was bedeutet er für die Arbeit an der Rezeption?

Von A bis Z gut organisiert

4.1 Ordnersysteme

Im Frontoffice liegen folgende Ordner zur übersichtlichen Ablage auf:

Ordner für Anfragen

Fordert ein Gast Informationsmaterial über den Betrieb an, wird eine Kopie des Antwortschreibens mit Vermerk, wie der Gast auf den Betrieb aufmerksam wurde, abgelegt. Für ein erfolgreiches Marketing kann diese Sammlung eine wertvolle Information sein. Die Ablage erfolgt alphabetisch. Die Anfragen sind sofort und im weiteren Verlauf in regelmäßigen Abständen zu betreuen.

Ordner für laufende Angebote

Alle laufenden Angebote (z. B. einer Saison) werden hier gesammelt. Die Angebote sind mit Optionsdatum zu versehen und auch im Zimmerplan zu vermerken. Die Angebote werden alphabetisch abgelegt.

Ordner für Reservierungen

Die Reservierungen werden alphabetisch pro Tag abgelegt und mit den Angeboten und Buchungen abgeglichen.

Ordner für bestätigte Buchungen

Pro Monat wird ein Ordner mit Trennblättern für jeden einzelnen Tag angelegt. Sobald eine Buchung stattfindet, werden Angebot, Reservierung mit Reservierungsbestätigung und gesamter Schriftverkehr inklusive Anzahlungsbeleg und eventuelle Änderungen im Buchungsordner tageweise abgelegt. Falls Post für den Gast einlangt, bevor er im Hotel eintrifft, wird sie ebenfalls in diesem Ordner aufbewahrt. Auch dieser Ordner ist immer mit dem Zimmerplan abzustimmen.

Die Ordner sind täglich zu überprüfen und mit dem Zimmerplan abzugleichen, damit keine Optionsbuchung über das Optionsdatum hinaus im Zimmerplan verbleibt.

> Sämtliche Ordner werden mit Trennblättern entweder **alphabetisch** oder **thematisch** untergliedert. So haben alle Rezeptionsmitarbeiterinnen bzw. -mitarbeiter einen raschen, einfachen Zugang zu sämtlichen Informationen.
>
> Die Ordner können farblich verschiedenen Themen entsprechen, sollten gut beschriftet und übersichtlich (z. B. alphabetisch) in Regalen eingeordnet sein. Nach Verwendung sind sie sofort wieder an ihren Platz zu stellen.

Ordner für Gäste im Haus (Restanten)

Nach der Anreise wird die Gästekorrespondenz in diesem Ordner abgelegt und bei Abreise wieder entnommen.

Ordner für Abreisen

Die gesamte Korrespondenz der Gäste, die abgereist sind, wird darin alphabetisch abgelegt. Dieser Ordner dient als Archiv.

Ordner für Reisebürokontakte und Kontakte zu den Onlinebuchungsplattformen

Darin liegen die aktuellen Reisebüroverträge, die Verträge mit den Onlinebuchungsplattformen und die gesamte Korrespondenz auf, z. B. über Kontingente (Rückforderungen, Aufstockungen, Überbuchungen etc.). Ebenso sind darin die Reisebürokatalogseite und die dazugehörige Preisliste aufzubewahren.

Kontingent = Verfügungsberechtigung eines Reisebüros über eine festgelegte Zimmeranzahl bis zu einem im Vorhinein bestimmten Datum. Ebenso sind darin die Reisebürokatalogseite und die dazugehörige Preisliste aufzubewahren.

Bei mehreren Reisebüropartnern empfiehlt sich die Anlage mehrerer Ordner.

Ordner für Debitoren (zahlungsrückständige Schuldner)

Darin befinden sich alle Belege sowie noch offene Gästerechnungen. Beigelegt werden Kopien von Depotscheinen, Minibarabrechnung, Kopien der Anzahlungsbelege und die dazugehörige Korrespondenz.

! Alle Rechnungsbelege müssen vom Gast unterschrieben sein.

Ordner für Fundsachen (Lost and Found)

Darin werden die Begleitschreiben abgelegt, wenn Gästen vergessene Utensilien nachgeschickt werden. Auch im Frontoffice-Programm in der Gästekartei können diese Informationen gespeichert werden, damit alle Abteilungen darauf jederzeit Zugriff haben können.

Ordner für Reklamationen und nicht erfüllbare Gästewünsche

Darin bewahrt man den gesamten Schriftverkehr über Reklamationen – eingeteilt in die Kategorien „erledigt" und „nicht erledigt" – bzw. sämtliche Reklamationen von Gästen, die im Haus sind, in Form von Notizen auf.

! Reklamationen sind schriftlich zu dokumentieren, mit Bearbeitungsstatus zu versehen und im Frontoffice aufzubewahren.

Ebenso gesammelt werden hier nicht erfüllbare Gästewünsche. Diese sind durchzusehen, wenn größere Veränderungen wie Renovierung, Umbau, personelle Neustrukturierung etc. anstehen.

Ordner für Absagen

Optionen auf Reservierungen, die vom Gast nicht bestätigt werden, werden darin alphabetisch abgelegt.

! Nach Absagen sind die Optionen aus dem Zimmerplan zu entfernen!

Ordner für Listen

Die Kopiervorlagen von sämtlichen Listen (z. B. Memos oder Functionsheets) werden darin alphabetisch aufbewahrt.

Sonstige Ordner

Sie werden je nach Bedarf zusätzlich angelegt.

- Ordner für Firmenangebote (z. B. EDV, Telefonanlagen, Blumenhändler)
- Ordner für Fahrpläne, Prospekte etc.
- Ordner für Werbung
- Personalordner für Verträge, Zeugnisse und Bewerbungen
- Ordner für Banken
- Ordner für Versicherungen
- Ordner für Behörden (Gemeinde, Bezirkshauptmannschaft, Wirtschaftskammer)
- Ordner für sonstige Kontakte (Tourismusorganisationen, Kooperationspartner etc.)

Der Ordner – letzte Ruhestätte für „herrenlose Hunde"?

Ordner scheinen kurzfristig eine echte Alternative, dem Chaos zu entgehen. Achten Sie aber unbedingt darauf, dass nur wirklich benötigte Ordner und keine „Sammelmappen für allerlei" angelegt werden. Es ist mühsam, jahrelang angesammeltes Informationsmaterial zu sichten und auszusortieren. Besser: Immer wieder zwischendurch die Ordner durchforsten und nicht jeden Werbeprospekt gesondert aufbewahren. Vielleicht sind einfach manche Rubriken (Unterteilungen) infrage zu stellen und neu zu definieren.
Offizielle Schriftstücke (Rechnungen, Zahlungsbelege etc.), die in rechtlichen Belangen als Nachweis dienen, sind sieben Jahre aufzubewahren.

Welche Ordner werden in Ihrem Ausbildungsbetrieb regelmäßig zur Hand genommen, welche hingegen setzen bereits Staub an und niemand ahnt mehr ihren Inhalt? Überlegen Sie sich die für Ihren Betrieb passende Einteilung des Ordnersystems.

4.2 Pläne

Die Pläne benötigen Sie als Arbeitsinstrument zur optimalen Zimmerbelegung und zur Übersicht und Orientierung.

Zimmerplan

Der Zimmerplan ist ein optisches Hilfsmittel, auf dem auf einen Blick die freien und belegten Zimmer – also die Belegung – zu sehen sind. Er dient zur Übersicht über die derzeitige und die zukünftige Buchungssituation.

Zimmerplansysteme

Ein Zimmerplan ist eine Übersicht (im Frontoffice-Programm oder ein Vordruck, eine Magnettafel, ein Steck- oder Faltplan), auf der alle Zimmer mit Buchungsstatus aufscheinen.

Diese Pläne werden mittlerweile großteils mit der Hotelsoftware erstellt. Um ihre Handhabung kennenzulernen, sind sie hier jedoch auf herkömmliche Weise beschrieben.

Man unterscheidet Tages- und Monatszimmerplan

Tageszimmerplan, Zimmerliste oder Tagesspiegel	Monatszimmerplan
■ **Erkennungsmerkmal:** pro Tag ein Zimmerplan ■ **Anwendung:** hauptsächlich Stadthotels, Passantenhotels ■ **Warum:** kurze Aufenthaltsdauer der Gäste	■ **Erkennungsmerkmal:** monatlich (auf sechs Monate bzw. ein Jahr, als Übersicht) ein Zimmerplan ■ **Anwendung:** hauptsächlich Ferienhotels, Kurhotels, Saisonbetriebe ■ **Warum:** längere Aufenthaltsdauer der Gäste
Der Tageszimmerplan wird jeweils am Vorabend erstellt. Er wird auch an das Housekeeping Department weitergegeben. Änderungen sind immer abzuklären, um die Abrechnung korrekt erstellen zu können.	Der Monatszimmerplan ist umfangreicher als der Tageszimmerplan und gibt eine Vorschau über den gesamten Monat. Damit ist ein guter Überblick gewährleistet.

Der Monatszimmerplan wird in Saisonbetrieben für eine ganze Saison angelegt.

Funktionen des Zimmerplans

Man sieht auf einen Blick,

- ob Zimmer belegt sind.
- ob Zimmer frei sind.
- welche Zimmer reserviert sind.
- welche Reservierungen fix sind (definitive Reservierungen).
- welche Buchungen provisorisch sind (tentative Reservierungen).
- welche Zimmer fix für Stammgäste reserviert sind.
- wie lange der Aufenthalt der Gäste dauert.
- um welche Zimmerkategorie (Suite, Apartment etc.) es sich handelt.
- welcher Zimmerpreis anfällt.
- um welches Arrangement es sich handelt.
- wie viele Personen das Zimmer belegen.

Der Zimmerplan ist eines der wichtigsten Organisationsmittel im Frontoffice.

Ein Zimmerplan – wozu?

Gästen wird bei der Buchung keine konkrete Zimmernummer zugesagt. So besteht die Möglichkeit, das Hotel mithilfe des Zimmerplans ideal auszulasten. Gäste werden bis zu ihrer Anreise in ihrer bestellten Kategorie auf dem Plan variabel eingesetzt und es wird berücksichtigt, wie die beste Belegung des Hauses zu erreichen ist. Eine Ausnahme macht man eventuell bei Stammgästen.

Richtiges Ausfüllen des Zimmerplans

Als Grundlage für das Ausfüllen des Zimmerplans dient die Reservierung durch den Gast. Jede Reservierung wird – vom Anreisetag bis zum Abreisetag – in den Zimmerplan eingetragen. Am oberen Rand des Zimmerplans sind die Wochentage mit Datum zu finden. Sonn- und Feiertage sind in Farbe ausgewiesen. Vertikal (also von oben nach unten) sind die Zimmernummern (nach Kategorien gereiht) angeführt.

Da der Plan sehr übersichtlich ist, sieht man auf einen Blick, welche Lücken mit Reservierungen für eine optimale Belegung ausgefüllt werden können.

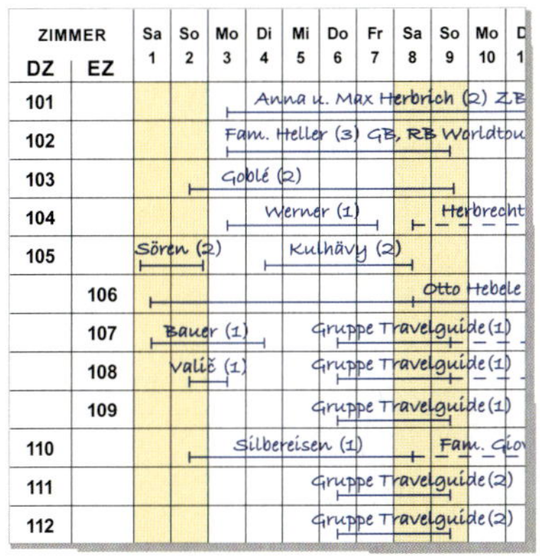

Per Hand ausgefüllter Zimmerplan

Der Zimmerplan wird

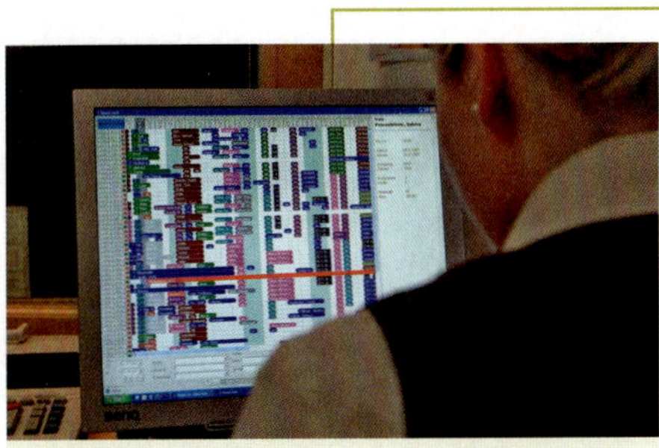

im Frontoffice-Programm erstellt

und zur Absicherung händisch geführt, falls die EDV ausfällt

- Im händisch ausgefüllten Plan wird mit Bleistift geschrieben:
- Mit senkrechten Strichen werden Anfang und Ende des Aufenthaltes eines Gastes, einer Gästegruppe gezeichnet und mit einem waagrechten Strich verbunden. Auf diese Linie werden Name, Personenzahl und Arrangement geschrieben.
- Bei Reisebüro- oder Firmengästen wird auch der Name des Reisebüros oder der Firma angegeben. Bei bekannten Reisebüros und Firmen können Kurzzeichen verwendet werden.
- Bei Reisegruppen wird nur die Anzahl der Zimmer vermerkt, die Namen werden erst beim Eintreffen der Zimmerliste den Zimmern zugeordnet.
- Eine optionale Reservierung wird immer mit einer strichlierten Linie eingetragen. Bei Fixierung der Reservierung wird die Linie durchgezogen.
- Eine Umbelegung wird mit Pfeilen und den entsprechenden Zimmernummern gekennzeichnet.
- Die Preise werden neben der Zimmernummer eingetragen.

Vorteilhaft ist es, dem Zimmerplan ein zusätzliches **Informationsblatt** anzuhängen, das genaue Auskunft über Preis, Ausstattung, Vergünstigungen, Seminarangebote etc. gibt.

Hotelbetriebe, die keine Frontoffice-Software verwenden, können den Zimmerplan anstatt per Hand auch in Form eines Excel-Sheets führen. Die Verwendung eines Frontoffice-Programms ist aber in jedem Fall sinnvoller.

Beispiel Zimmerplan

ZIMMER		Sa	So	Mo	Di	Mi	Do	Fr	Sa	So	Mo	Di	Mi	Do	Fr	Sa	So	Mo	Di
DZ	EZ	1	2	3	4	5	6	7	8	9	10	11	12	13	14	15	16	17	18
101																			
102																			
103																			
104																			
105																			
	106																		
	107																		
	108																		
	109																		
110																			
111																			
112																			
113																			
201																			

Wie wird in Ihrem Ausbildungsbetrieb der Zimmerplan geführt? Welche Software verwenden Sie? Beschreiben Sie die Vor- und Nachteile des verwendeten Frontoffice-Programms.

Beispiel Zimmerplan – Frontoffice-Software

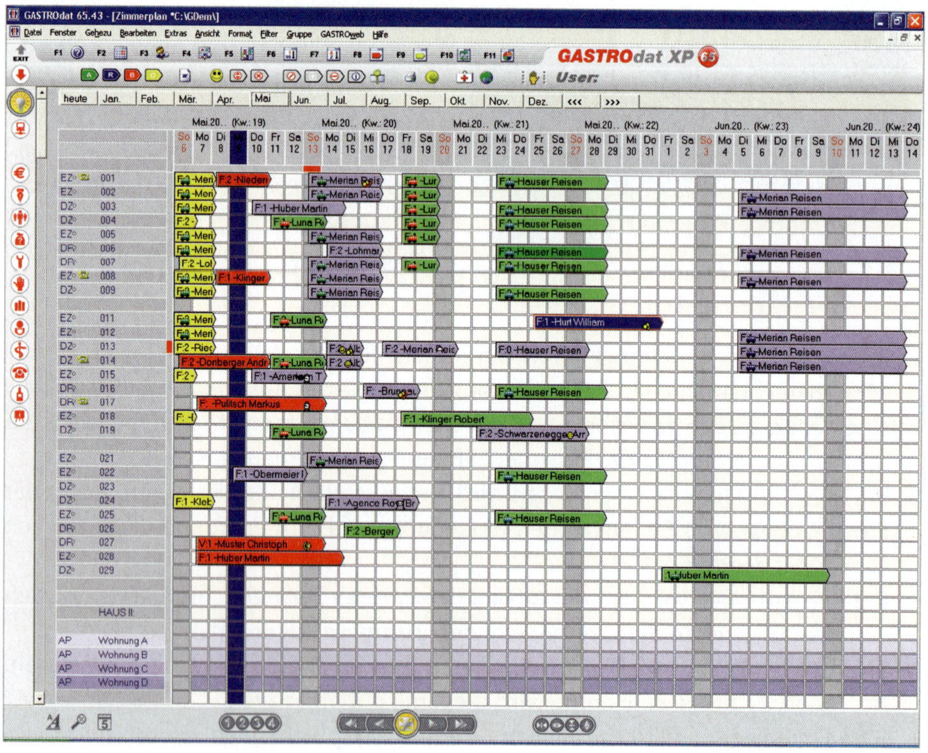

Erfahrungsgemäß wird ein kleiner Teil der Fixreservierungen wieder storniert, deshalb können **Überbuchungen** vorgenommen werden, d. h., man nimmt mehr Gäste an als Zimmer zur Verfügung stehen. Zu diesem Zweck werden **imaginäre Phantomzimmer** (Dummyzimmer, Paymaster) angelegt.

Arbeitsaufgaben

1. Tragen Sie folgende Angaben in den Zimmerplan ein:

5 DZ	11.02.–14.02.	RB Ruefa Reisen
1 EZ	02.02.–04.02.	Fa. Skidata/Hr. Seeger
1 EZ	04.02.–07.02.	Fa. Kaindl/Hr. Böhm
1 ZBZ	03.02.–14.02.	RB Amexco/Mrs. Brown & Mrs. Twinings
2 App.	01.02.–06.02.	Fam. Cavalli (6 Pax/4 E + 2 K = 3+12 J.)
3 EZ	07.02.–10.02.	Fa. Bleckmann
4 DZ	12.02.–15.02.	Fa. Grasser für die Herren Schön/ Wasibauer/Franzens/Leitinger (+ Begl.)
1 App.	14.02.–17.02.	Fam. Baumgartner-Bliem (4 x adult)
1 DRZ	08.02.–11.02.	China Travel/Ling-Fu
1 DRZ	02.02.–13.02.	Nelson Travel/Van Brookenhaven
1 EZ	09.02.–12.02.	Fa. Xerox/Hr. Zanetti
1 EZ	17.02.–18.02.	Fa. Gössl/Fr. Breitenauer
1 ZBZ	31.01.–04.02.!	Haidinger
1 App.	06.02.–09.02.	Fritzenhammer (3 Pax/2 E + 1 K = 8 J.)

2. Errechnen Sie den Logisumsatz für den Monat Februar.

Reisebüros	95,00 € p.P.N.	Einbettzimmerzuschlag 20,00 €
Firmen	100,00 € p.P.N.	Einbettzimmerzuschlag 15,00 €
Privatpersonen	125,00 € p.P.N.	Einbettzimmerzuschlag 25,00 €

Kinderermäßigung
0–6 Jahre = 50 %
7–11 Jahre = 25 %
12–15 Jahre = 10 %

Reservierungsplan

Im Reservierungsplan werden – ähnlich wie im Zimmerplan – die An- und Abreisen (mit Bleistift) eingetragen. Er gilt für einen Monat und ist gestaltet wie der Zimmerplan.

Sobald eine Reservierung bestätigt wird, wird sie in den Tages- bzw. Monatszimmerplan übertragen.

Auf der Reservierungskontrolltafel ist die Jahresplanung zu ersehen; anhand dieser kann überprüft werden, ob das Zimmer zur gewünschten Zeit frei ist.

In vielen Häusern wird kein Reservierungsplan, sondern nur ein Zimmerplan geführt, in dem direkt die Reservierungen eingetragen werden. Im Frontoffice-Programm geschieht die Aktualisierung der beiden Pläne automatisch.

Dienstplan

Der Dienstplan dient zur Mitarbeitereinsatzplanung. Er wird meist einen Monat im Voraus von der Empfangschefin/vom Empfangschef erstellt. Im Dienstplan werden die Namen aller Mitarbeiterinnen und Mitarbeiter und ihre Dienstzeiten übersichtlich erfasst.

Folgende Punkte sind bei der Dienstplanerstellung zu berücksichtigen:

- Fixe Betriebsabläufe im Frontoffice
- Zimmerbelegung, Zahl der An- und Abreisen
- Veranstaltungen (Mitarbeitermehraufwand)
- Einhaltung gesetzlicher Vorschriften (Ruhezeiten, zwei freie Tage hintereinander)
- Beachten der Stundenauslastung, damit nicht unnötig Überstunden anfallen
- Gesamtübersicht für eine zeitlich lückenlose Besetzung des Frontoffice
- Wünsche der Mitarbeiterinnen und Mitarbeiter

Beispiel Dienstplan

HOTEL Aurora

Abteilung: Frontoffice

Datum 30.09.20..–6.10.20..

	Gäste im Haus Vorschau A/D									Über-trag		**Stand Woche**
	Gäste im Haus tatsächlich A/D									GT	GST	
Std. Dienst	**Name Unterschrift**	**Mo 30.09.**	**Di 01.10.**	**Mi 02.10.**	**Do 03.10.**	**Fr 04.10.**	**Sa 05.10.**	**So 06.10.**	**Wo Std. gesamt**	(–) (–)	(+) (+)	

Diese Abkürzungen werden im Dienstplan verwendet

A = Arrival	**D** = Departure
GT = Guttag	**GST** = Gutstunden
DR = Dienstreise	**S** = freier Tag
F = Feiertag	**SCH** = Schule
PF = Pflegefreistellung	**U** = Urlaub
UU = unbezahlter Urlaub	**K** = krank
Z = Zeitausgleich	**P** = Pause (30 min Abzug)

4.3 Gesetzlich vorgeschriebene Organisationsmittel

Gesetzlich vorgeschriebene Organisationsmittel sind Unterlagen, in die der Gast auf Verlangen jederzeit Einsicht nehmen können muss. Darum ist der Betrieb verpflichtet, sie entweder sichtbar anzubringen oder dem Gast jederzeit zur Einsicht vorzulegen. Dies dient der Sicherheit des Gastes (z. B., ob die ihm verrechneten Zimmerpreise tatsächlich stimmen) bzw. auch des Unternehmens (z. B. können genaue Aufzeichnungen im Gästeblatt helfen, Debitoren ausfindig zu machen).

Debitor = Schuldner; Gast, der abgereist ist, dessen Rechnung aber noch offen ist.

Gästeblatt

Das **Meldegesetz** schreibt vor, für jeden Gast bzw. seine Angehörigen (z. B. Kinder) oder für eine Gästegruppe ein Gästeblatt auszufüllen. Darin sind Name, ordentlicher Wohnsitz, Staatsbürgerschaft (also die Identifikation des Gastes) sowie Beginn und Ende des Aufenthaltes erfasst.

Da die Gästeblätter als Block mit Durchschlag erhältlich sind, werden sie auch als Gästebuchblatt bezeichnet.

Das Gästeblatt wird ausgefüllt für

Gast und Angehörige

Gäste- bzw. Reisegruppen

Das Gästeblatt wird der Gemeinde bzw. dem Tourismusverband vorgelegt und dient zur Erhebung der Tourismusabgabe, die sich nach der Aufenthaltsdauer errechnet. Ebenso wird es für statistische Zwecke (z. B. wie oft bereits an diesem Ort Urlaub gemacht wurde, wie viele Nächtigungen im Monat September verzeichnet sind) verwendet.

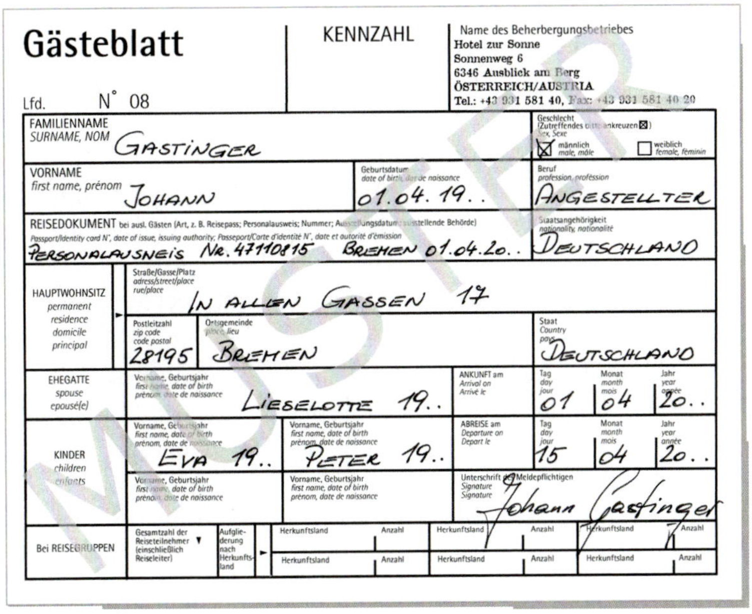

Gästeblatt

KENNZAHL

Name des Beherbergungsbetriebes
Hotel zur Sonne
Sonnenweg 6
6346 Ausblick am Berg
ÖSTERREICH/AUSTRIA
Tel.: +43 931 581 40, Fax: +43 931 581 40 20

Lfd. N° 08

FAMILIENNAME SURNAME, NOM: GASTINGER
Geschlecht (Zutreffendes bitte ankreuzen ☒) Sex, Sexe: ☒ männlich male, mâle ☐ weiblich female, féminin

VORNAME first name, prénom: JOHANN
Geburtsdatum date of birth, date de naissance: 01.04.19..
Beruf profession, profession: ANGESTELLTER

REISEDOKUMENT bei ausl. Gästen (Art, z. B. Reisepass; Personalausweis; Nummer; Ausstellungsdatum; ausstellende Behörde) Passport/Identity card N°, date of issue, issuing authority; Passeport/Carte d'identité N°, date et autorité d'émission: PERSONALAUSWEIS NR. 47110815 BREMEN 01.04.20..
Staatsangehörigkeit nationality, nationalité: DEUTSCHLAND

HAUPTWOHNSITZ permanent residence domicile principal
Straße/Gasse/Platz adress/street/place rue/place: IN ALLEN GASSEN 17
Postleitzahl zip code code postal: 28195
Ortsgemeinde place, lieu: BREMEN
Staat Country pays: DEUTSCHLAND

EHEGATTE spouse epousé(e)
Vorname, Geburtsjahr first name, date of birth prénom, date de naissance: LIESELOTTE 19..
ANKUNFT am Arrival on Arrivé le: Tag day jour 01 | Monat month mois 04 | Jahr year année 20..

KINDER children enfants
Vorname, Geburtsjahr first name, date of birth prénom, date de naissance: EVA 19..
Vorname, Geburtsjahr first name, date of birth prénom, date de naissance: PETER 19..
ABREISE am Departure on Depart le: Tag day jour 15 | Monat month mois 04 | Jahr year année 20..
Vorname, Geburtsjahr first name, date of birth prénom, date de naissance
Vorname, Geburtsjahr first name, date of birth prénom, date de naissance
Unterschrift des Meldepflichtigen Signature Signature: Johann Gastinger

Bei REISEGRUPPEN
Gesamtzahl der Reiseteilnehmer (einschließlich Reiseleiter)
Aufgliederung nach Herkunftsland
Herkunftsland | Anzahl | Herkunftsland | Anzahl | Herkunftsland | Anzahl
Herkunftsland | Anzahl | Herkunftsland | Anzahl | Herkunftsland | Anzahl

Mehr Informationen zum elektronischen Gästeblatt bzw. das Formular zum Download siehe unter www.zmr.bmi.gv.at (Zentrales Melderegister).

Das Gästeblatt wird auch zunehmend **digital** verwaltet. Das Hotelprogramm des Betriebs (z. B. Fidelio) ist in diesem Fall mit der Datenbank der Gemeinde verknüpft – die Daten für das elektronische Gästeblatt werden automatisch aus dem Hotelprogramm übernommen. Das Formular ist über das Zentrale Melderegister erhältlich. Es muss vom Betrieb ausgedruckt und vom Gast unterschrieben werden. Anschließend ist es drei Jahre aufzuheben.

Für Dauergäste bzw. Saisonmitarbeiterinnen und -mitarbeiter (die länger als zwei Monate im Betrieb beherbergt sind) ist ein **Meldezettel** auszufüllen.

Informationen zum korrekten Umgang mit dem Meldegesetz bzw. alle weiteren Gesetze und Informationen zu ihrer Umsetzung finden Sie unter: www.help.gv.at bzw. unter: www.hotelverband.at.

Preisliste

Der Beherbergungsbetrieb ist nach dem Preisgesetz, in dem die Preisauszeichnung verankert ist, verpflichtet, die Preise ersichtlich zu machen. Das bedeutet, dass der Gast vor der Buchung über die Preise informiert sein und auf Verlangen Einsicht in die Preisliste bekommen muss. Daher ist in den Betrieben im Frontoffice-Bereich oder im Gästezimmer die Zimmerpreisliste auszuhängen.

Um in der Preisgestaltung flexibel bleiben zu können, wird bei Preislisten in der **Stadthotellerie** mit **Von-bis-Preisen** gearbeitet (z. B. Zimmer 201: 59–210 €). In der **Ferienhotellerie** hingegen ist es üblich, die verschiedenen Preise nach **Saisonen** zu gliedern.

Siehe auch „Preisgestaltung im Internet“, S. 175.

Die Preise sind in Euro und als Inklusivpreise anzugeben, d. h., sie müssen sämtliche Steuern und Abgaben enthalten. Ebenso muss aufscheinen, was der Inklusivpreis beinhaltet (z. B. inklusive Ortstaxe, Heizkostenzuschlag, Frühstück, USt, Bedienungsentgelt etc.). Welche Komponenten anzuführen sind, ist von Gemeinde zu Gemeinde verschieden und kann bei der Wirtschaftskammer bzw. am zuständigen Magistrat oder Gemeindeamt erfragt werden.

Die Preisauszeichnung ist sowohl in der Korrespondenz als auch im Internet und in allen Prospekten korrekt durchzuführen.

Werden Preislisten von Tourismusverbänden erstellt, ist der Betrieb im eigenen Interesse und im Interesse des Tourismus angehalten, seine Preise bzw. Preiskategorie dafür bekannt zu geben.

Depotschein

Als Hotelbesitzerin bzw. Hotelbesitzer ist man laut Allgemeinen Geschäftsbedingungen für die Hotellerie verpflichtet, Wertgegenstände und Geld – wenn der Gast dies wünscht – für ihn zu verwahren. Es gibt drei Möglichkeiten, dieser Verpflichtung nachzukommen:

Depotmöglichkeiten	
Schließfach	Meist ein eigener Raum in der Nähe der Rezeption. Der Gast erhält ein Schließfachblatt, das er unterschreibt. Aus Sicherheitsgründen sind diese Schließfächer nur mit zwei Schlüsseln zu öffnen (einen erhält der Gast, einer liegt an der Rezeption).
Zimmersafe	Er befindet sich, wie der Name schon sagt, in den Gästezimmern. Nur der Gast hat einen Schlüssel bzw. ein Passwort (Code). Den Versicherungswert und die Kosten für den Schlüsselverlust findet der Gast meist auf der Innenseite des Safes angeführt. Falls der Gast seinen Code vergisst, kann der Safe von einem leitenden Angestellten (z. B. dem Executive Housekeeper) entriegelt werden. Dies sollte aber nur im Beisein des Gastes geschehen.
Allgemeiner Tresor	Die Wertgegenstände werden im Hotelsafe verwahrt – die Übernahme der Wertgegenstände erfolgt durch die Mitarbeiterinnen bzw. Mitarbeiter an der Rezeption, auf einem **Depotschein** werden die Übernahme und der exakte Inhalt festgehalten und durch Unterschrift bestätigt. Das Original behält der Gast als Quittung, ein Durchschlag bleibt bei der Rezeption. Gegen Vorlage des Depotscheins erhält der Gast die Gegenstände wieder ausgehändigt. Etwaige Änderungen müssen jeweils eingetragen werden.

Die Übernahme der Gegenstände wird am Depotschein vermerkt und sowohl von der Mitarbeiterin bzw. vom Mitarbeiter als auch vom Gast mit Unterschrift bestätigt.

! Dem Gast ist nahezulegen, dass er besonders wertvolle Gegenstände in einem Bankschließfach deponiert.

Der Gast ist über die Möglichkeit, einen Safe beanspruchen zu können, zu informieren, weil

- die Hotelbesitzerin/der Hotelbesitzer damit gegen Schadenersatzforderungen abgesichert ist,
- der Versicherungsschutz gewährleistet ist, wenn die Gegenstände ordnungsgemäß deponiert sind, und
- der Gast sich wohler fühlt, wenn seine Wertgegenstände gut verwahrt sind.

Wie informiere ich den Gast?

- Mit einem Aushang im Zimmer.
- Mit einem Hinweis in der Informationsmappe im Zimmer.
- Mündlich, beim Check-in.

Fundbuch oder Lost-and-found-Formular

Der Betrieb ist verpflichtet, von Gästen vergessene Gegenstände an einem sicheren Ort und mit angemessener Sorgfalt aufzubewahren.

Die Gegenstände werden im sogenannten Fundbuch oder in einem Lost-and-found-Formular mit Durchschlag vermerkt. Verwaltet wird das Fundbuch vom

Housekeeping Department – es liegt an der Rezeption oder im Housekeeping Department auf. Es wird auch im Frontoffice-Programm geführt, sodass alle Mitarbeiterinnen und Mitarbeiter auf Nachfrage des Gastes schnell und effizient Auskunft geben können.

Schicken Sie nie einem Gast einen vergessenen Gegenstand unaufgefordert nach.

Aushangpflichtige Gesetze

Der Unternehmer ist verpflichtet, arbeitnehmerschutzrechtliche Vorschriften für die Mitarbeiterinnen und Mitarbeiter auszuhängen. Die Gesetze dienen dem Schutz der Mitarbeiterinnen und Mitarbeiter zur Erhaltung der Gesundheit und Sicherheit am Arbeitsplatz. Sie enthalten Beschäftigungsbeschränkungen und -verbote für schwangere Mitarbeiterinnen und Arbeitsstättenverordnungen.

Es besteht die Möglichkeit, diese aushangpflichtigen Gesetze digital zur Verfügung zu stellen (siehe Internetlink in der Randspalte), allerdings nur, wenn den Mitarbeiterinnen und Mitarbeitern gleichzeitig der Zugang zu einem PC mit Internetanschluss ermöglicht wird.

Aushangpflichtige Gesetze
http://www.hotelverband.at/down/Aushangpflichtige_Gesetze.doc.

4.4 Formulare

Gästekartei

In der Gästekartei werden alle **Informationen über den Gast** gesammelt. So hat jede Mitarbeiterin/jeder Mitarbeiter jederzeit die Möglichkeit, sich ein umfangreiches Bild über einen Gast zu machen und dieses bei der Buchung, aber auch im Rahmen von **Kundenbindungsaktivitäten** zu berücksichtigen.

Die Gästekartei enthält neben genauen Angaben zur Person (Name, Adresse, Geburtstag etc.) Informationen über Aufenthaltsdauer, Zimmernummer, Tischnummer, Hobbys, Vorlieben, Gewohnheiten und Extrawünsche, Preise (z. B. Discount für Stammgäste oder Company Rates), aber auch Handicaps (z. B. Allergie) etc. Ebenso werden in der Gästekartei Mailingaktionen vermerkt. Dafür werden interne Abkürzungen – sogenannte **Selektionscodes** – vergeben, die die Zuordnung eines Gastes zu verschiedenen Segmenten erkennen lassen, z. B. GO steht für Golferin bzw. Golfer. Auch wird die gesamte Korrespondenz mit dem Gast vermerkt.

Company Rate = Firmenpreis.

Die Gästekartei wird in den meisten Betrieben digital im Frontoffice-System geführt – im Prinzip entspricht sie einem herkömmlichen Karteikasten, in dem Informationen zu einer Person gesammelt werden

Die Informationen werden genutzt

- für die Korrespondenz (Angebote, Reservierungsbestätigung, Follow-up, Glückwünsche).
- zur Erledigung der Anmeldeformalitäten beim Check-in.
- als Grundlage für sämtliche Listen (An- und Abreiseliste, Gästeliste etc.).
- als Grundlage für Statistiken (Umsatzstatistik, Nationalitätenstatistik, Belegungsstatistik).

Eine möglichst umfangreiche Gästekartei gibt natürlich ein besonders umfangreiches Bild, es sollte nur darauf geachtet werden, dass die Kartei einheitlich strukturiert ist und Daten leicht auffindbar sind. Die meisten Betriebe führen deshalb die Gästekartei **digital.** In den Karteikarten lassen sich alle Informationen übersichtlich speichern und mittels Suchfunktion rasch auffinden.

Wie oben beschrieben, lassen sich **Mailingaktionen** direkt über die digitale Kartei abwickeln, indem man die Karteikarten nach bestimmten Selektionscodes filtert. Die Adresskartei lässt sich direkt für Serienbriefe und Newsletter-Service (z. B. Ein-

Eine sorgfältige Pflege der Kartei und die regelmäßige Aktualisierung liegen in den Händen verantwortungsbewusster Mitarbeiterinnen und Mitarbeiter an der Rezeption.

Notieren Sie auch die unerfüllbaren Gästewünsche. Sie können wertvolle Anregungen geben, wenn ein Umbau oder eine Renovierung geplant wird.

ladung zum Golfturnier) verwenden. Ebenso lässt sich jederzeit ablesen, welcher Gast wann welche Zusendungen erhalten hat. Der Zugriff auf das elektronische Gästeblatt ist dadurch ebenfalls möglich.

Gästekarteien werden auch für Firmen und Reisebüros angelegt. Sie enthalten sämtliche Verträge, Vereinbarungen, Modalitäten der Geschäftsabwicklung, Ansprechpartner, Kontingente etc.

Beispiel Gästekartei – Frontoffice-Software

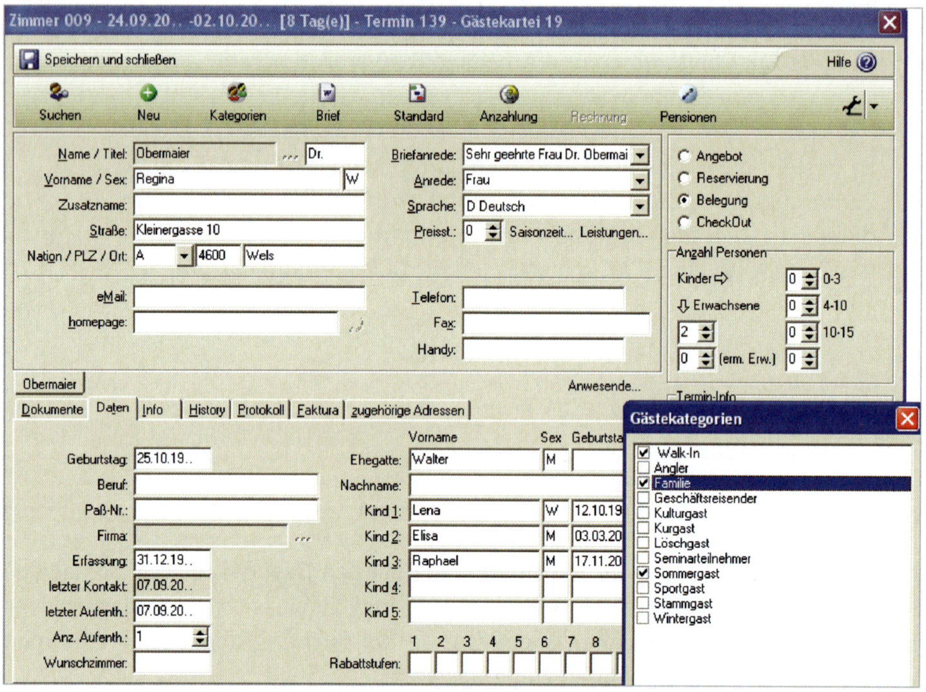

Zimmerausweis

Der Zimmerausweis wird dem Gast bei seiner Ankunft übermittelt. Er dient als Nachweis, dass der Gast im Betrieb wohnt, und wird zur Schlüsselausgabe, zur Benützung der Garage, des Wellnessbereiches etc. benötigt. Auf dem Zimmerausweis sind folgende Informationen vermerkt:

- Name, Adresse und Telefonnummer des Hotels,
- Name und Zimmernummer des Gastes,
- Zimmerpreis und/oder Arrangement.

Der Zimmerausweis eignet sich auch als Hülle für die Keycard, als Werbeträger (z. B. für Taxiunternehmen, Reisebüros, Tourismusverbände) bzw. als Informationsträger (z. B. für Öffnungszeiten, Verkehrsverbindungen, Stadtpläne, als Depothinweis).

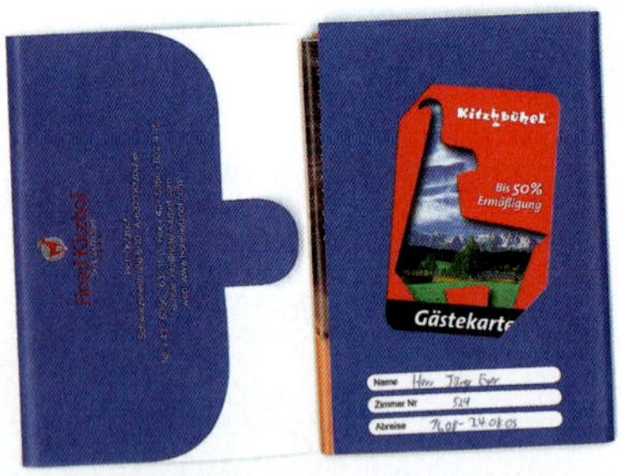

Moderne Zimmerausweise sind in Form eines Büchleins gestaltet, in dem der Gast interessante Informationen findet und auch Platz für Product Placement ist. In diesem Büchlein lässt sich auch die Keycard aufbewahren.

Antwortkarte

Die Antwortkarte ermöglicht es dem Gast, so einfach wie möglich an gewünschte Informationen – und damit auch zu einer Buchung – zu kommen. Nachdem eine Anfrage erfolgt ist, sendet der Betrieb eine vorab ausgefüllte Antwortkarte an den Gast. Der Gast sucht sich daraufhin die von ihm gewünschten Informationen aus und sendet die Karte zurück an den Betrieb.

Die Antwortkarte ist meist auch Teil oder Beilage eines Prospekts und als Faxantwort oder Postkarte gestaltet. Im Internet gibt es die Möglichkeit, vorgefertigte Formulare oder E-Mails als Rückantwort zu verwenden.

Beispiel Antwortkarte

H·O·T·E·L
Aurora

Ja, ich habe Interesse an einem Aufenthalt in Ihrem Haus und bitte um

☐ Hotelprospekt ☐ Angebot ☐ Reservierung

für die Zeit von: ______________________ bis: ______________________

für ____ Erwachsene und ____ Kinder im Alter von ____ Jahren

☐ Einbettzimmer ☐ Zweibettzimmer ☐ Dreibettzimmer ☐ Apartment

☐ Frühstücksbuffet ☐ Halbpension ☐ Vollpension

Wünsche: ____

____

____

Absender

Vorname: ____

Nachname: ____

Straße: ____

PLZ/Ort: ____

Land: ____

Tel: ____

Datum: ______________________ Unterschrift: ______________________

Faxantwort an: +43 8282 12 23 56 78

Bei Postversand bitte verschließen!

Die Antwortkarte ist eine gute Möglichkeit, mit dem Gast in direkten Kontakt zu kommen – auch wenn es zu keiner Buchung kommt, können Adresse und sonstige Daten in die Gästekartei eingepflegt und der prospektive Gast in Zukunft seinen Wünschen gemäß informiert werden.

Überlegen Sie die Vorteile der Antwortkarte. Auf welchem Weg soll der Gast die Karte übermitteln? Was kommt dem Gast am meisten entgegen?

Magnetkarte oder Vordruck für Garagenplatzvergabe

Hotelgaragen gibt es vorwiegend in der Stadthotellerie. Die Rezeption vergibt alle Garagenplätze, damit ein Überblick über die vergebenen Stellplätze gewahrt bleibt. Dadurch ist gewährleistet, dass jedem Gast verlässlich der versprochene Platz zur Verfügung steht. Auch aus sicherheitstechnischen Gründen ist es wichtig zu wissen, von wem die Garage benützt wird. Meist werden **Magnetkarten** zur Ein- und Ausfahrt ausgegeben. Damit ist digital vermerkt, wer die Garage benützt.

Gibt es keine Magnetkarten, so wird ein Zettel ausgefüllt. Der Vordruck für die Garagenplatzvergabe enthält neben dem Hotellogo und der Hoteladresse den Namen des Gastes, die Zimmernummer, den Zeitraum der Benützung, Datum und Unterschrift sowie eventuell den Preis pro Garagenplatz und Tag. Der Gast erhält das Original sowie eine Karte, die hinter die Windschutzscheibe zu legen ist; ein Durchschlag wird an der Rezeption abgelegt.

H·O·T·E·L
Aurora

Gästeparkschein

Name: ______________________

Zimmer-Nr.: ______________________

Tag der Abreise: ______________________

Dieser Gästeparkschein wird hinter die Windschutzscheibe gelegt

Mitteilungsblätter

Das Mitteilungsblatt dient zur Übermittlung von **Nachrichten, die für den Gast bestimmt sind.** Der Gast wird informiert über Telefongespräche, Besuche, Postsendungen, Fax- und E-Mail-Nachrichten. Das ausgefüllte Mitteilungsblatt wird in ein Kuvert gegeben und auf einem Tablett im Gästezimmer deponiert.

Modern ausgestattete Hotels informieren ihre Gäste über den Bildschirm auf dem Gästezimmer. Auch der Quick-Check-out wird auf diese Weise abgewickelt.

Dieses Medium erhält wieder mehr Bedeutung, da durch den Einsatz von Keycards statt Schlüsseln vor allem in Stadthotels der Kontakt zwischen den Mitarbeiterinnen und Mitarbeitern an der Rezeption und dem Gast weniger geworden ist.

Füllen Sie die Mitteilungsblätter immer leserlich in Druckschrift und – wenn möglich – in der Muttersprache des Gastes aus.

Beim Ausfüllen des Mitteilungsblattes schreiben Sie bitte leserlich. Sie können auch eine digitale Vorlage verwenden und ausdrucken.

Die Minibarabrechnung finden Sie auf Seite 132.

Beispiel Mitteilungsblatt

H·O·T·E·L
Aurora

Message Guest / Messaggio Ospite

Anruf für: *Telephone call for:* *chiamata per:* *Appel téléphonique pour:*	
von: *from:* *di:* *de:*	
Telefon-Nr.: *Telephone no:* *numero di telefono:* *Numéro téléphonique:*	
Bitte rufen Sie zurück unter der oben genannten Nummer *Please call back on the above mentioned number* *Le preghiamo di chiamare al numero soprannominato* *Téléphoner s.v.p. au numéro sumentioné* **oder der Nummer:** *or the number:* *o al numero:* *ou au numéro:*	
Wir wurden gebeten, folgende Nachricht zu überbringen: *We were asked to give you the following message:* *Vuole prendere notizia del messaggio seguente:* *Veuillez prendre conaissance de l'information suivante:*	
Datum, Uhrzeit: *Date, time:* *Data, ora:* *Date, heure:*	Paraphe:

Hotel Aurora

Vordruck Minibar

So beliebt die Minibar bei den Gästen ist, so sehr stellt ihre Verwaltung eine Herausforderung für die Hotellerie dar: Ein enormer Aufwand steht meist hinter der Betreuung, der Kontrolle und der Abrechnung der konsumierten Getränke, sodass manche Großhotels schon Pauschalen und eine unbeschränkte Benützung in den Zimmerpreis einkalkulieren, um eine Einzelabrechnung zu umgehen.

Eine praktibable Vorgehensweise ist es auch, die Minibar nur auf Wunsch des Gastes zu befüllen, damit es mit der Abrechnung keine Probleme gibt.

Nichtsdestotrotz sind eine Erfassung der konsumierten Getränke und eine Abrechnung üblicherweise durchzuführen. Dafür dient ein Vordruck, auf dem die in der Minibar befindlichen Getränke und Näschereien aufgelistet sind. Der Gast notiert seine Konsumation auf diesem Vordruck, der in der Folge die Basis für die Abrechnung ist. Eine Überprüfung der Angaben ist meist erst nach dem Check-out möglich.

Functionsheet

Ein Functionsheet ist ein innerbetrieblicher **Laufzettel,** der ausgefüllt wird, damit eine Abteilung weiß, was die andere tut. Dies ist besonders bei der Vorbereitung und Abwicklung von **Veranstaltungen bzw. Seminaren** von Bedeutung: Die Küche muss beispielsweise die Anzahl der Speisen und Gänge wissen, das Housekeeping Department die Anzahl der Übernachtungen, das Service die gewünschte Tischstellung, die Haustechnik die benötigte technische Ausstattung.

Die Reservierungen von Veranstaltungen müssen zentral durchgeführt werden, um Terminkollisionen zu verhindern. Dies ist Aufgabe der Bankettabteilung.

Beispiel Functionsheet

H·O·T·E·L Aurora

Functionsheet

Auftraggeber: ____________________

Kontaktperson: ____________________

Straße: ____________________

Ort: ____________________

Telefon: ____________________

Telefax: ____________________

E-Mail: ____________________

Datum	von:		bis:
Anlass			**PAX:**
Raum		**Raummiete: €**	
Tischform und Bestuhlung			
Raum-Setup		**Dekoration:**	
Technisches Equipment	☐ Flipchart mit 5 Farbstiften	☐ Business-Großmonitor	☐ Notebook
	☐ W-LAN	☐ Interactive Board	☐ LaserJet Farbdrucker
	☐ Beamer	☐ CD-/DVD-Player/-Recorder	☐ Videokamera digital
	☐ Leinwand	☐ Visualizer	☐ Rednerpult
	☐ Laserpointer	☐ Pinnwand	☐ Funkmikrofon
Sonstiges			
Seminargetränke			
Pausen			

Frontoffice	**DZ**	**ZBZ**	**DBZ**	**EZ**	**APP**
Anzahl					
Preis pPN					
Housekeeping					
Porterage	**JA**	€ pP:		€ Pauschale:	

Sonstiges	

Angenommen am		von:

Form der Bezahlung		**Rechnung ergeht an:**

Verteiler ☐ Direktion ☐ Frontoffice ☐ Reservierung ☐ Haustechnik ☐ F & B ☐ Housekeeping ☐ Einkauf

Unterschrift Annehmer: ____________________

Siehe auch Kapitel „Veranstaltungsbesprechung“, S. 141, bzw. „Veranstaltungsmanagement“ in „Betriebsorganisation, Tourismus, Marketing“.

Frontoffice-Programme haben meist auch eine Raumverwaltung mit der Möglichkeit, individuell Saalpläne inklusive Bestuhlung anzufertigen. Darin ist auch ein Terminsystem zur Raumvergabe enthalten.

Damit eine Veranstaltung gelingen kann, muss die Kommunikation im Betrieb einwandfrei funktionieren – das Functionsheet ist dabei ein wichtiges Hilfsmittel

Ein Seminarhotel muss mit einer Top-Technik ausgestattet sein – selbstredend, dass alle Geräte auch funktionieren müssen.

Ein Beamer zählt heute zur Standardausstattung

Viele Betriebe, die auf Veranstaltungen und Seminare spezialisiert sind, haben eigene Informations- bzw. Konferenzmappen mit Ausstattungsbeschreibungen, Raumaufteilungsplänen, Möglichkeiten der Tischstellung, Checklisten für Verpflegung u. v. m.

Listen Sie auf, welche Unterlagen Sie in einer Informationsmappe für ein Erstgespräch mit einem Kunden vorlegen würden:

____

____

____

____

____

Das Reservierungsformular wird dann ausgefüllt, wenn die Reservierung nicht elektronisch durchgeführt wird.

Formular Tagungstechnik

Ergänzend zum Functionsheet wird gemeinsam mit dem Gast (bzw. dem Auftraggeber) ein Formular für die benötigte Technik ausgefüllt.

Beispiel Formular Tagungstechnik

**** THERMENHOF PAIERL BAD WALTERSDORF

Tagungsservice

- störungsfreier Seminarraum in ruhiger Grünanlage
- persönliche Seminarbetreuung
- Medien- & Spieleshop
- Seminarbereich von Neuland geplant und ausgestattet
- perfekte technische Ausstattung
- spezielle Trainerzimmer
- Zimmer mit Datenanbindung
- Autobahn: 68 km von Graz
137 km von Wien
- familiäre Atmosphäre
- neueröffnete Wellnessoase
- japanischer Ruheraum, Zengarten
- Massagen und Kosmetik
- Thermalbad im Haus
- Sauna Erlebniswelt
- 2 Hauben Küche
- Mittag – Vitalbuffet
- gemütliche Stuben
- Rahmenprogramme: Wandern, Rad fahren, Weinverkostungen

Tagungstechnik

	kostenfrei	kostenpflichtig	Benötigte **Stückzahl** angeben
Flipcharts und Blöcke	•		
Pinnwände und Pinnwandpapier	•		
Moderatorenkoffer/Moderationsmaterial	•	•	
Overheadprojektor mit Zubehör	•		
Großbildprojektor (Video, Daten), Beschallung		•	
DVD-Player		•	
Beamer		•	
TV-Gerät	•		
Videokamera inkl. Stativ		•	
Audioanlage	•		
CD-Player	•	•	
Mikrofone		•	
Telefax		•	
Kopierer		•	
Internetanschluss	•	•	
Medienshop		•	
Talking Station für I-Pad bzw. I-Pod			

Weitere nicht angeführte Konferenzmittel vermitteln wir gerne auf Anfrage.

Hotel Thermenhof Waltersdorf GmbH & Co KG • Wagerberg 120 • 8271 Bad Waltersdorf • Austria
Telefon: +43 (0)3333-2801-0 • Fax: +43 (0)3333-2801-400 • E-Mail: well-in@thermenhof.at • www.thermenhof.at
Steiermärkische Sparkasse, Kto-Nr. 0600-614044, BLZ 20818 • IBAN: AT91 2081 8006 0061 4044 • BIC: SPHVAT21 (Ort: Hartberg)
UID: ATU 29249104 • ZRS-Graz FN 14472 h • Erfüllungsort und Gerichtsstand ist Bad Waltersdorf

Memo

Ein Memo ist ein Vordruck für Kurzinformationen. Es wird entweder abteilungsintern bei der Dienstübergabe weitergegeben oder anderen Abteilungen zur Kenntnisnahme übermittelt. Es gilt auch als abteilungsinterne Ergänzung für Veranstaltungen (siehe auch Kapitel „Interne Kommunikationsmittel“, S. 142).

Reservierungsformular

Das Reservierungsformular wird auch als **Agenda** bezeichnet. Es enthält alle **tentativen** (vorläufigen) und **definitiven** (bestätigten) Reservierungen in Form einer Übersicht. Notiert werden Ankünfte, Abreisen, Namen, Zimmerarten, Zimmernummern, Personenanzahl, Arrangements und Gästewünsche.

Formular der Barauslagen für Gäste

Wird für einen Gast eine Barzahlung (z. B. eine Taxirechnung, Blumenzustellung, Apothekenrechnung) übernommen, so ist dafür ein Formular, das der Gast unterschreibt, als Bestätigung auszufüllen. Üblicherweise übernimmt diese Aufgabe die Kassierin/der Kassier. Ein Durchschlag des Formulars wird dem Gast ausgehändigt, das Original wird an der Kassa oder der Rezeption aufbewahrt. Der Beleg ist bei der Erstellung der Gästerechnung zu berücksichtigen.

Barauslagen für Gäste müssen notiert werden

> Meist enthält das Formular einen Hinweis, bis zu welcher Höhe ein Betrieb Barauslagen übernimmt bzw., ob es Limits für die Bezahlung mit Kreditkarten gibt.

Zimmerwechselbeleg

Damit Zimmer nicht versehentlich doppelt belegt werden, Gästewünschen nach anderen Zimmern aber Rechnung getragen werden kann, wird bei Zimmerwechsel vom Frontoffice ein Beleg ausgefüllt, der dem Housekeeping Department übergeben wird. Die informierte Abteilung bestätigt den Erhalt mit Unterschrift.

Übergabebuch – Logbuch

Die Informationen, die an der Rezeption gesammelt werden, dürfen niemals personengebunden sein, sondern müssen für alle Frontoffice-Mitarbeiterinnen und -mitarbeiter zugänglich sein. Im Frontoffice wird daher händisch oder digital ein Übergabebuch geführt, in dem alle wichtigen Informationen und Ereignisse für alle Mitarbeiterinnen und Mitarbeiter, die im Empfangsbereich beschäftigt sind, notiert werden.

Siehe auch Kapitel „Interne Kommunikation, Dienstübergabe", S. 138.

Beispiel Übergabeliste

H·O·T·E·L Aurora

Übergabeliste

VIP-Treatment | **Zeitungsservice**

Technikmängel | **Late Check-out** | **Early Check-out**

Out of order | **Not for sale** | **Late Check-in** | **Early Check-in**

Zimmerwechsel von | **nach** | **Diverses**

Wechselkurse sind in Tageszeitungen zu finden. Es gibt auch die Möglichkeit, hausinterne Kurse zu verwenden, solange diese nicht zu sehr von den Tageskursen abweichen.

4.5 Listen

Wechselkursliste

Seit der Einführung des Euro wird die Wechselkursliste nicht mehr so oft zur Hand genommen, dennoch ist sie ein wichtiges Hilfsmittel, um die aktuellen Tageskurse für Gäste, die von außerhalb der Eurozone kommen, rasch bei der Hand zu haben.

Die aktuellen Kurse erfährt man

von der Bank (am besten lässt man sie sich täglich per E-Mail übermitteln bzw. fragt sie im Internet ab)

aus der Tageszeitung

An- und Abreise- bzw. Stay-over-Liste

Auf der An- und Abreiseliste ist ersichtlich, wann welche Gäste ankommen bzw. ihren Besuch beenden. Sie wird im Frontoffice am Vorabend für den nächsten Tag vorbereitet und ist ein **wichtiges Informationsmittel für alle Abteilungen.** Ebenso hat die Liste Kontrollfunktion, ob alle An- und Abreisen plangemäß verlaufen und welche Gäste sich im Haus befinden.

Amerikaner bevorzugen statt Doppelbetten getrennte Betten. Dieser und ähnliche Vermerke werden in die Anreiseliste eingetragen.

Die An- und Abreiseliste enthält:

- die aktuelle Tagesliste (An- und Abreisen),
- Buchungspakete sowie Sonderwünsche, z. B. bevorzugter Zimmerwunsch,
- Begleitpersonen, Kinder (z. B., ob ein Zusatzbett benötigt wird),
- Gruppenname bzw. Reisebüro und
- Stammgastvermerk.

Erstellen Sie eine Anreiseliste auf Basis der Arbeitsaufgabe von Seite 43.

Beispiel Anreiseliste – Frontoffice-Software

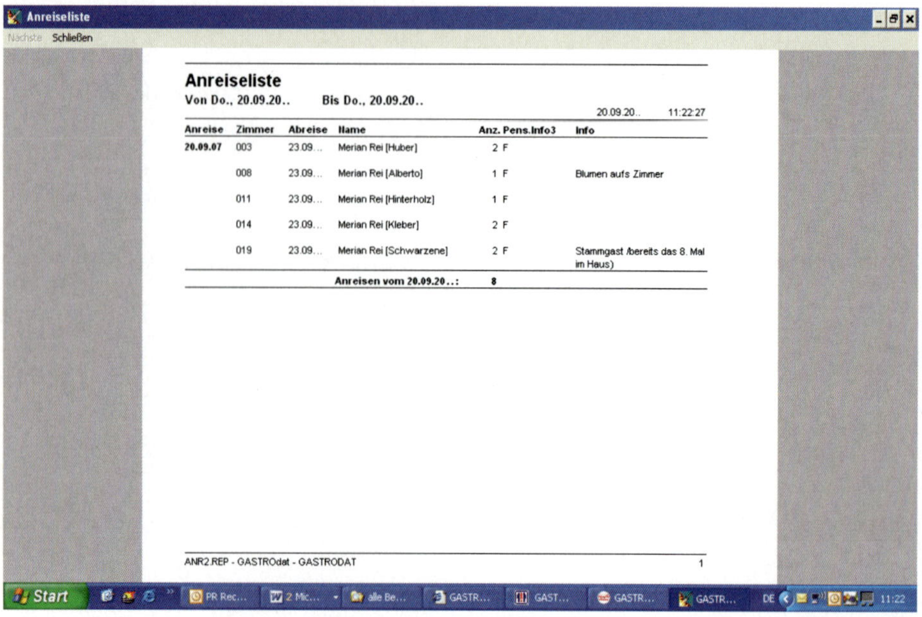

Anreiseliste

Nächste Schließen

Anreiseliste

Von Do., 20.09.20.. Bis Do., 20.09.20..

20.09.20.. 11:22:27

Anreise	Zimmer	Abreise	Name	Anz. Pens.Info3	Info
20.09.07	003	23.09...	Merian Rei [Huber]	2 F	
	008	23.09...	Merian Rei [Alberto]	1 F	Blumen aufs Zimmer
	011	23.09...	Merian Rei [Hinterholz]	1 F	
	014	23.09...	Merian Rei [Kleber]	2 F	
	019	23.09...	Merian Rei [Schwarzene]	2 F	Stammgast /bereits das 8. Mal im Haus)
			Anreisen vom 20.09.20..:	**8**	

ANR2.REP - GASTROdat - GASTRODAT 1

Detailliertere Informationen über die ankommenden Gäste finden die Rezeptionsmitarbeiterinnen bzw. -mitarbeiter im Übergabebuch.

Weckliste

Auf der Weckliste sind Zimmernummer und Weckzeit übersichtlich eingetragen. Die pünktliche Ausführung des Weckanrufs ist oberstes Gebot. Viele Hotels haben bereits automatische Weckeinrichtungen über die Telefonanlage, bei der sich der Gast entweder die Weckzeit über das Zimmertelefon selbst einstellt oder sie an der Rezeption bekannt gibt.

Ein besonderes Service ist es, den Gast persönlich (telefonisch) zu wecken, z. B. so: „Guten Morgen, Herr Müller, es ist 8:30 Uhr, dies ist Ihr persönlicher Weckruf. Wir haben blauen Himmel, Sonnenschein und eine Morgentemperatur von 17 °C. Ich wünsche Ihnen einen schönen Tag!"

Das Wecken ist eine verantwortungsvolle Aufgabe, z. B. vor einem Abflugtermin eines Gastes.

Der Weckruf erfolgt per Telefon

Wäscheliste

Manche Hotels haben eine eigene Wäscherei. Gäste können hier ihre Kleidung reinigen und bügeln lassen. Damit sichergestellt wird, dass keine Verwechslungen der Kleidungsstücke auftreten, füllt der Gast eine Wäscheliste aus.

Inhalt einer Wäscheliste (mehrsprachig, je nach Zielgruppen im Hotel)
- Artikel
- Stückanzahl
- Kosten und Haftung bei Schäden
- Evtl. besondere Hinweise (z. B. Fettfleck auf der linken Manschette)
- Datum bzw. Zeitraum bis zur Rückgabe

Manche Hotelbetriebe haben zusätzlich eigene Listen für Bügelservice und chemische Reinigung.

Wussten Sie, dass ...
im Hotel Intercontinental in Wien jährlich mehrere Tausend Hemdknöpfe in der Wäscherei angenäht werden?

Arbeitsaufgabe

Suchen Sie folgende Ausstattungsgegenstände der Rezeption:

M	L	B	N	W	E	H	H	Q	D	C	Y	K	S	B
U	E	R	G	L	E	C	K	A	J	Z	O	O	M	O
B	P	V	L	E	G	N	I	L	K	P	Y	M	E	L
Ü	M	F	T	H	N	U	Q	H	I	C	Q	Q	S	O
R	E	T	H	C	I	N	R	E	V	N	E	T	K	A
O	T	J	Q	L	H	K	R	O	X	B	S	N	S	N
A	S	M	M	C	T	E	D	X	T	Z	D	S	D	O
R	S	U	V	E	R	M	N	T	J	I	A	I	V	F
T	G	P	X	U	R	K	O	V	P	K	N	U	G	E
I	N	L	W	X	I	D	H	M	K	Q	Y	O	F	L
K	A	J	V	N	E	P	Z	O	S	A	F	E	M	E
E	G	U	R	E	E	Y	W	Z	U	D	I	N	M	T
L	N	G	J	N	J	G	W	X	Z	H	B	J	N	D
R	I	M	R	O	B	S	F	I	R	B	P	G	C	Q
R	E	C	H	E	N	M	A	S	C	H	I	N	E	T

Aktenvernichter
Kopierer
Büroartikel
Monitor
Eingangsstempel
Rechenmaschine
Kassa
Safe
Klingel
Telefon

Notizen

Gruppenliste

Damit auf einen Blick sichtbar ist, welcher Gast zu welcher Reisegruppe gehört bzw. wer die Gruppe leitet, welche Arrangements gebucht wurden etc., wird eine Gruppenliste geführt. Sie liegt zur Einsicht im Frontoffice auf und ist bei Bedarf zu aktualisieren.

Aktuelles Hotelverzeichnis

Walk-in-Guests = Gäste, die spontan ein Zimmer benötigen und nicht reserviert haben.

Fertigen Sie ein Hotelverzeichnis mit Hotels an, die für Ihren Betrieb infrage kommen.

Wenn der eigene Betrieb ausgebucht ist, sich Walk-in-Guests dennoch für einen Aufenthalt interessieren, ist es angebracht, die Gäste nicht einfach wegzuschicken, sondern ihnen mit Auskünften über Nachbarhotels weiterzuhelfen. Dazu dient ein Hotelverzeichnis.

4.6 Organisationsmittel für die Gästebetreuung

Darunter versteht man alle Hilfsmittel, die benötigt werden, um dem Gast professionell Auskunft zu geben bzw. ihn optimal zu betreuen. Man unterscheidet:

- Organisationsmittel für die Gästebetreuung an der Rezeption und
- betriebsspezifische Organisationsmittel.

Der Gast fühlt sich wohl, wenn er kompetent beraten wird

Organisationsmittel für die Gästebetreuung an der Rezeption

- Liste mit Internetadressen (www.etb.at, www.otb.at, www.clefsdor.at, www.oebb.at etc.)
- Gut gewartete „Favoriten" mit Unterordnern nach Themenbereichen (Restaurants, Freizeitangebote, Tourismusverbände etc.) im Internetbrowser, damit Informationen nicht jedes Mal aufs Neue gegoogelt werden müssen.
- Liste mit wichtigen Telefonnummern und Informationen (Taxiunternehmen, Ärztinnen und Ärzte, Gottesdienstzeiten etc.)
- Evtl. Telefonbücher
- Ausflugsangebote
- Fahrpläne
- Verbandkasten, Notfallapotheke
- Sonstiges (Spiele, Zündhölzer, Schere, kleines Werkzeug, Leihwecker, Starterkabel etc.)

Erstellen Sie diese Listen für Ihren Betrieb.

Der Kiosk im Hotel

Hier haben die Gäste die Möglichkeit, Kleinigkeiten wie Souvenirs, Kosmetikartikel, Straßenkarten, Stadtpläne, Fahrpläne für öffentliche Verkehrsmittel, Ansichtskarten, Speicherkarten für Digitalkameras, Batterien etc. zu erstehen.

Der Betreiber ist im Foyer eingemietet und somit vom Hotelbetrieb unabhängig. Es gibt aber auch die Variante, dass der Hotelbetrieb den Kiosk selbst betreibt und verwaltet.

Betriebsspezifische Organisationsmittel für die Gästebetreuung

- Wellnesshotel: Kosmetikartikel, Bademäntel etc.
- Seminarhotel: Schreibutensilien, Post-its etc.
- Kinderhotel: Babyfon etc.

Suchen Sie weitere Beispiele für betriebsspezifische Organisationsmittel für die Gästebetreuung.

Arbeitsaufgaben

1. Welche Ordner benötigen Sie in der Rezeption, damit die Ablage ordnungsgemäß durchgeführt werden kann?
2. Beschreiben Sie die Funktionen des Zimmerplans. Warum ist er eines der wichtigsten Organisationsmittel im Frontoffice?
3. Wozu ist der Beherbergungsbetrieb laut Preisauszeichnungsgesetz verpflichtet?
4. Wozu dient die Gästekartei und was wird darin vermerkt?
5. Erklären Sie, was eine Antwortkarte ist und wofür sie verwendet wird.
6. Warum gewinnt das Mitteilungsblatt wieder mehr an Bedeutung?
7. Welche Lösung schlagen Sie für die Abwicklung der Minibarbestückung und -abrechnung vor?
8. Ein Gast möchte eine Veranstaltung in Ihrem Haus buchen. Geplant ist eine Familienfeier, eine Goldene Hochzeit für ca. 30 Personen; für 8 Personen wird eine Übernachtungsmöglichkeit benötigt. Ein festliches Menü ist geplant, die Rechnung zahlt der Auftraggeber. Eine Powerpoint-Präsentation soll gezeigt werden. Füllen Sie für diese Veranstalung das Functionsheet auf Seite 51 aus.
9. Finden Sie die richtigen Begriffe:

Senkrecht
1. Wenn für einen Walk-in-Gast kein Zimmer mehr zur Verfügung steht, sieht man in dieser Liste nach
2. Füllt der Gast aus, wenn er Kleidung zur Reinigung abgibt
3. Andere Bezeichnung für Reservierungsformular
4. Vordruck für Kurzinformationen

Waagrecht
5. Liste, aus der ersichtlich ist, wann welche Gäste ankommen

Notizen

5 Ausstattung der Gästezimmer

Thomas' Chefin zeigt ihm die verschiedenen Gästezimmer und beschreibt ihm die Ausstattungsvarianten, Preise und Arrangements, damit er seine Gäste bestmöglich beraten kann. Sie legt ihm auch nahe, selbst einmal im Haus zu übernachten, damit er die Räumlichkeiten kennenlernt und weiß, welches „Produkt" er seinen Kunden verkauft. Er soll sich während seines Aufenthalts Notizen machen, die ihm für die Gästeberatung nützlich sind.

5.1 Zimmerarten

Die Ausstattung nach den Richtlinien der Klassifizierung von Beherbergungsbetrieben finden Sie detailliert in: „Betriebsorganisation, Tourismus, Marketing", Kapitel „Gast- und Wirtschaftsräume". Siehe auch: www.hotelsterne.at

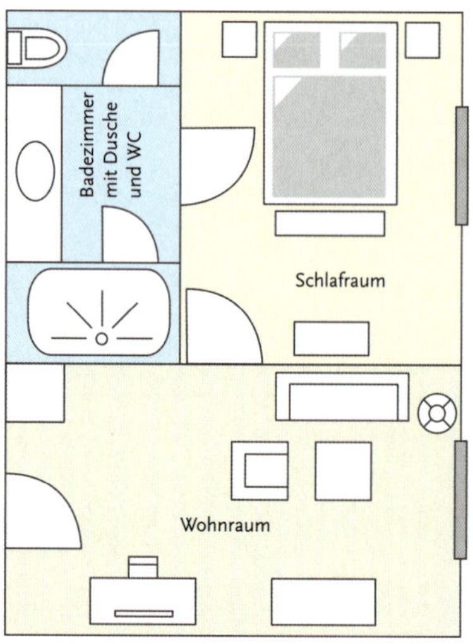

Vom Singleroom bis hin zur Präsidentensuite gibt es zahlreiche Möglichkeiten, um die Gästebedürfnisse Schlafen, Wohnen, Waschen, Verpflegung, Arbeiten und Aufbewahren der persönlichen Dinge zu erfüllen.

Die meisten Hotels haben Zimmer- und Suitenpläne mit einer Ausstattungsbeschreibung, die bei der Gästeberatung hilfreich sein können.

A 25 m²	Doppelzimmer mit Bad oder Dusche/WC	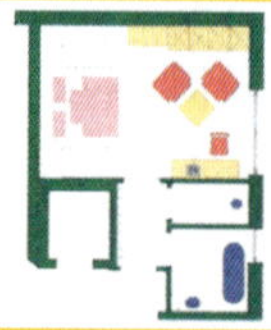
B 28 m²	Doppelzimmer mit Bad, WC, Balkon	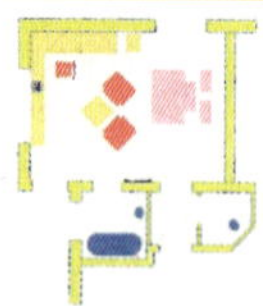
C 37 m²	Doppelzimmer DELUXE (Juniorsuite) optisch getrennter Wohnteil, Bad/WC, Balkon, freie Sicht auf die Berge	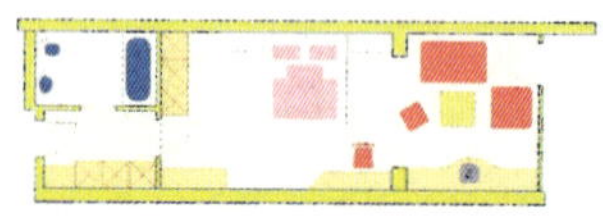
D 45 m²	Doppelzimmer DELUXE (Juniorsuite) optisch getrennter Wohnteil, Bad, separates WC, Balkon, freie Sicht auf die Berge	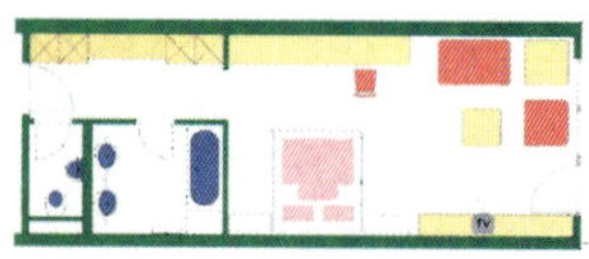
E 55 m²	Juniorsuite DELUXE optisch getrennter Wohnteil, Jacuzzi und Dusche, separates WC, Balkon, 2 TV-Geräte	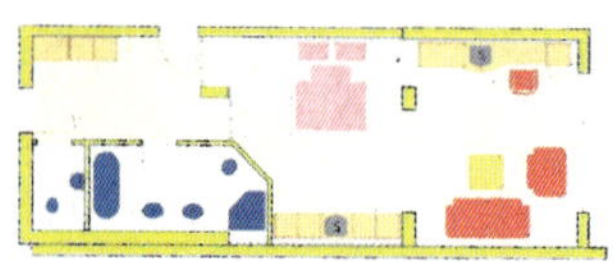
F 58 m²	Hotelapartment DELUXE Wohn- und Schlafraum getrennt, Bad und Dusche, separates WC, Balkon, 2 TV-Geräte	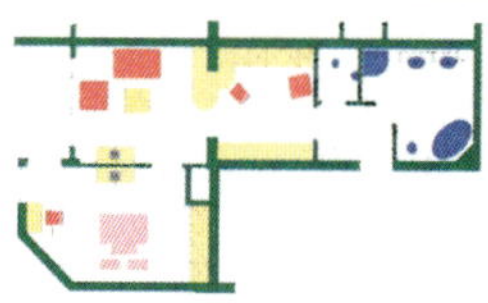

Informieren Sie sich selbst eingehend über die verschiedenen Zimmerarten in Ihrem Haus, achten Sie auf die Unterschiede, die Verkaufsvorteile, die Möglichkeiten und Ausstattungsvarianten. Am besten ist eine Begehung der Zimmer und das Anfertigen einer Liste, die Ihnen hilft, Ihre Gäste optimal zu beraten. Denn der Gast merkt, ob Sie wissen, wovon Sie sprechen. Nur mit guter Information ausgestattet, können Sie ein gutes Verkaufsgespräch führen und überzeugend sein.

5.2 Informationsmaterial im Gästezimmer

Auf dem Gästezimmer liegt eine **Informationsmappe für den Gast** auf. Sie enthält alles Wesentliche, was der Gast für einen angenehmen Aufenthalt im Haus an Informationen benötigt:

- Öffnungszeiten von Frühstücksraum und Restaurant bzw. Bar
- Öffnungszeiten von Funktions- und Freizeiträumen bzw. -einrichtungen
- Kurs- und Ausflugstermine (z. B. Yoga-Morning täglich um 6:30 Uhr, Schneeschuhnachtwanderung jeden Freitag um 19:00 Uhr)
- Hotelinterne Telefonnummern (z. B. Weckservice, Roomservice)
- TV- und Radioprogramme, Betriebsanleitungen technischer Geräte
- Werbemittel (z. B. Hausprospekte, Ortsprospekte)
- Veranstaltungskalender, Kulturführer, Wanderführer, Ausflugstipps

Die Öffnungszeiten der Freizeiteinrichtungen sowie Ausflugs- und Kurstermine findet der Gast in der Informationsmappe

Zusätzlich gibt es noch zahlreiche Möglichkeiten, dem Gast mit kleinen Aufmerksamkeiten – sogenannten **Guest Amenities** – auf dem Zimmer ein Willkommensein-Gefühl zu vermitteln, z. B. ein Kärtchen mit Urlaubswünschen, ein Stück Konfekt oder ein persönlicher Willkommensbrief. Die Organisation dieser Materialien liegt in den Händen des Housekeeping Departments.

Guest Amenities = Annehmlichkeiten für Gäste, wie Shampoo, Lotion, Slippers, aber auch Kinderspielzeug (auch als Guest Supplies bezeichnet).

Fertigen Sie folgende Schriftstücke an: Hotelinformation, Ortsinformation (z. B. von A bis Z). Holen Sie sich dazu Anregungen aus dem Kapitel „Schriftliches Informationsmanagement" ab S. 82.

5.3 Trends

Um den heutigen Bedürfnissen der Gäste entgegenzukommen, bietet die Hotellerie über die normale Zimmerausstattung hinaus viele Zusatzausstattungen an:

- Ausreichend großer Zimmersafe mit integrierter Steckdose, damit darin Laptop, Handy, I-Pad oder I-Pod etc. Platz finden und gleichzeitig aufgeladen werden können.
- Telefon mit Voice-Mail-Funktion (Anrufbeantworter, den der Gast selbst abhören kann)
- TV mit Infotainment-Angebot (Pay-TV, Gästerechnung, Hotelinformationen, Internet, Spiele, Filme etc. über das TV-Gerät , gesteuert mit einer kabellosen Tastatur, abrufbar) oder WLAN extra
- Integrierte Talking Stations für I-Pod oder I-Pad auf dem Nachtkästchen oder beim Schreibtisch (Verkabelung in der Wand, nur Buchse zum Einstecken sichtbar)
- Minibar
- Hosenpresse
- Tea and Coffee Making Facilities
- Skischuhtrockner
- Bademantel, Slippers etc.
- Regenschirm

Schauen Sie im Internet nach, welche Ausstattungstrends es gibt: www.abseits.de/marketing_trends.htm

Tea and Coffee Making Facilities = Tablett mit Kaffeemaschine und Kaffeekapseln oder Wasserkocher, Teebeutel, Kaffeepulver, Zucker, Süßstoff, Kaffeeweißer, Tasse, Löffel.

Arbeitsaufgaben

1. Nennen Sie drei verschiedene Zimmerarten und beschreiben Sie diese.
2. Zählen Sie das Informationsmaterial auf, das im Gästezimmer aufliegt.
3. Welche Guest Amenities bietet Ihr Lehrbetrieb seinen Gästen an?

6 Sicherheit im Hotelbetrieb

Eva hat heute ihre erste Sicherheitsschulung. Der Haustechniker erklärt dem Rezeptionsteam dabei die Bedienung der Safes und der Alarmanlage, das Verhalten bei einem Defekt des Aufzugs und das Verhalten im Brandfall. Eva stellt fest, dass die Brandschutzcheckliste und der Orientierungsplan dabei wichtige Hilfsmittel sind.

6.1 Safes

Zimmersafes sind meist in den Möbeln integriert

Wie beim Depotschein (siehe S. 46) beschrieben, ist die Hotelbesitzerin/der Hotelbesitzer verpflichtet, Gegenstände für den Gast sicher aufzubewahren. Dafür muss ein Safe zur Verfügung stehen. Zugang zum Safe haben üblicherweise nur die Geschäftsführung, der Cashier und die Mitarbeiterinnen bzw. Mitarbeiter an der Rezeption, die für die Verwahrung der Gegenstände zuständig sind. Der Safe ist im Backoffice-Bereich untergebracht und muss fix montiert und feuerfest sein.

Viele Hotels bieten den Gästen auch Zimmersafes; in Vier- und Fünfsternehotels sind Zimmersafes verpflichtend. Sie können entweder mit Zahlencode oder mit Keycard bzw. Zimmerschlüssel betätigt werden. Auch die Zimmersafes sind fix montiert und feuerfest.

Vergisst der Gast den Code oder verliert Keycard oder Zimmerschlüssel, so muss gewährleistet sein, dass eine Mitarbeiterin bzw. ein Mitarbeiter im Dienst die Möglichkeit hat, den Safe zu öffnen.

6.2 Ruf- und Suchanlagen

Auch Pager oder Mobiltelefone sind für diesen Zweck geeignet.

Sie ermöglichen ein rasches Auffinden von Personen (z. B. Chief Engineer, Resident Managerin bzw. Manager) im Gebäudekomplex. Nicht nur im Notfall, sondern auch zur optimalen Kundenbetreuung sind diese Anlagen in großen Häusern unentbehrliche Betriebsmittel.

6.3 Alarmanlagen

Das rechtzeitige Erkennen von Gefahren ist einerseits eine Schutzmaßnahme für den Betrieb, andererseits bietet es auch Sicherheit für den Gast.

Alarmanlagen schrecken entweder durch Lärmverursachung ab oder geben direkt Meldung an eine Einsatzzentrale.

Verschiedene Alarmanlagen	
Telefon-notrufsystem	Es dient zur schnellen, lautlosen Alarmierung der Notrufzentrale. Das Gerät ist vom Stromnetz unabhängig, die Gesamtsteuerung ist elektronisch. Bei Alarm wird die Notrufzentrale (die Telefonnummer ist bei der ersten Inbetriebnahme einzuspeichern) automatisch mehrmals angewählt.

Alarmzentrale	Die elektronische Alarmzentrale überwacht zu sichernde Objekte mit Alarmkreisen. An den Objekten oder Bereichen sind Alarmgeber angebracht, die Störungen sofort an die Zentrale weitergeben.
Radarbewegungsmelder	Er eignet sich vor allem zur Bewachung abgegrenzter Bereiche, z. B. Tresorraum, Büro, Direktion. Jede Bewegung im Raum wird registriert und mithilfe eines Senders an die Alarmzentrale oder die Notrufzentrale gemeldet.
Raumfalle	Bei Bewegungen innerhalb eines Strahlenfeldes wird Alarm ausgelöst. Die Ausbreitung des Strahlenfeldes sollte nicht durch Möbel oder andere Gegenstände behindert werden, daher eignet sich die Raumfalle nur für unverstellte Räume und Bereiche. Ihr Vorteil ist die einfache Montage.

Welche Alarmanlage wird in Ihrem Betrieb verwendet? Worauf ist bei der Aktivierung zu achten? Wie reagieren Sie auf einen Fehlalarm?

6.4 Brandschutz

Der Gast muss darauf vertrauen können, dass alle erforderlichen technischen Vorsorgemaßnahmen zur Verhütung eines Brandausbruchs getroffen wurden.

Es ist die Pflicht der Hotelbesitzerin bzw. des Hotelbesitzers, alle Mitarbeiterinnen und Mitarbeiter regelmäßig von einem Brandschutzbeauftragten auf das richtige Verhalten im Brandfall schulen zu lassen.

Brandschutz-Checkliste für die Eigenkontrolle in Gastgewerbebetrieben

Kriterien	Überprüfung	
Brandabschnitte	**Ja**	**Nein**
Weisen brandabschnittsbildende Wände und Decken unzulässige Öffnungen auf (z. B. durch Umbau- oder Installationsarbeiten)?	☐	☐
Brandschutzabschlüsse		
Sind Brandschutz- und Rauchabschlusstüren funktionstüchtig (Schließvorrichtungen etc.)?	☐	☐
Fluchtwege, Notausgänge		
■ Sind Fluchtwege und Ausgänge frei gehalten?	☐	☐
■ Ist das Öffnen der Notausgangstüren jederzeit sichergestellt?	☐	☐
Lüftungsanlagen		
■ Sind die Rauchabzugsöffnungen betriebsbereit?	☐	☐
■ Werden Fettfilter regelmäßig gereinigt bzw. ausgetauscht?	☐	☐
Notbeleuchtung		
■ Sind Fluchtwege und Notausgänge ausreichend beleuchtet und gekennzeichnet?	☐	☐
■ Ist die Notbeleuchtungsanlage funktionstüchtig?	☐	☐
Elektrische Anlagen		
Weisen elektrische Geräte und Betriebsmittel, wie Schalter und Steckdosen, sichtbare Mängel auf?	☐	☐
Wärmegeräte, Sicherheitsabstände		
Sind ausreichende Sicherheitsabstände zwischen brennbaren Materialien und Heizgeräten, Wärmestrahlern etc. vorhanden?	☐	☐
Brennbare Flüssigkeiten, Gase		
Werden brennbare Flüssigkeiten und Gase vorschriftsmäßig gelagert?	☐	☐

Instruktion = Anleitung, Unterweisung.

Rauchen	Ja	Nein
Werden Rauchabfälle brandsicher und von anderen Abfällen getrennt entsorgt?	☐	☐
Brandmelder		
Sind die Brandmeldeeinrichtungen und Brandfallsteuerungen funktionstüchtig?	☐	☐
Löscheinrichtungen		
■ Sind die Handfeuerlöscher betriebsbereit und leicht erreichbar?	☐	☐
■ Wurden die vorgeschriebenen behördlichen Kontrollen an den Löschgeräten durchgeführt?	☐	☐
■ Ist die Feuerwehr über die örtlichen Gegebenheiten nachweislich informiert?	☐	☐
Organisation		
■ Ist die Alarmierung der Gäste jederzeit sichergestellt?	☐	☐
■ Sind alle Anweisungen über das Verhalten im Brandfall in allen Zimmern vorhanden?	☐	☐
■ Sind die Notrufnummern an den Telefonapparaten angebracht?	☐	☐
Instruktion		
Sind alle Betriebsangehörigen mit der Handhabung der Feuerlöschgeräte vertraut?	☐	☐

Orientierungsplan

Damit der Gast gut informiert ist, was im Brandfall zu tun ist, ist ein **Orientierungsplan** auf dem Zimmer anzubringen (meist an der Türinnenseite). Er ist leicht verständlich, geografisch eindeutig (mit Standortangabe) und mehrsprachig zu gestalten.

Folgende Punkte enthält der Orientierungsplan

- Die Sicherheitsstandards des Hauses (Brandschutzmaßnahmen bzw. -einrichtungen, z. B. Feuermelder, Brandschutztüren).
- Platzierung der nächstgelegenen Feuermelder.
- Den Fluchtweg, vom jeweiligen Standort ausgehend.
- Maßnahmen zur Brandverhütung.
- Verhalten im Brandfall.
- Eine kurze Formulierung zur Vermittlung der Verantwortung, die der Gast für die Sicherheit aller Anwesenden im Haus trägt. Am besten sind eine höfliche, persönliche Formulierung und ein Dankeschön im Namen aller Gäste und Mitarbeiterinnen und Mitarbeiter sowie eine Unterschrift.

! Die Fluchtwege müssen gut gekennzeichnet und leicht zu finden sein. Fluchtwege dürfen nie versperrt werden (z. B. Eingänge in Stiegenhäuser).

Risiken und Ursachen für Brände

- Defekte, falsch bediente elektrische Geräte und Anlagen
- Geräte im Küchenbereich
- Brennbare Materialien (Einrichtung, Textilien)
- Rauchen, Schweißarbeiten
- Blitzschlag
- Fahrlässigkeit, Brandstiftung

Die wichtigsten Maßnahmen

- Stiegenhäuser als Fluchtweg müssen unverstellt sein
- Fluchtwege müssen leicht erreichbar sein
- Automatischer Rauchabzug
- Kennzeichnung der netzunabhängigen Notbeleuchtung

- Feuer- bzw. Rauchmeldeanlagen
- Sprinkleranlagen
- Feuerlöscher
- Blitzschutz

Organisation der Brandverhütung

- Schulung der Mitarbeiterinnen und Mitarbeiter (Alarmpläne müssen vorliegen)
- Regelmäßige Kontrolle der Brandschutzanlagen und der Fluchtwege
- Jedes Gästezimmer muss mit einem Plan des Fluchtweges (Orientierungsplan) ausgestattet sein (an der Innenseite der Zimmertür)

Maßnahmen für Gäste zur Brandverhütung

- Im Bett nicht rauchen
- Keine Rauchreste, Zündhölzer, Zigarettenstummel o. Ä. in den Papierkorb werfen
- Keine Heiz- und Wärmegeräte (z. B. Heizdecken) in Betrieb nehmen, die nicht auf dem Zimmer zur Verfügung stehen

Verhalten im Brandfall für Gäste

- Sie werden im Brandfall informiert; Ruhe bewahren
- Brandausbruch sofort melden; Türen schließen; Ruhe bewahren
- Den Anweisungen des Personals folgen
- Unter keinen Umständen den Aufzug benützen
- Bei starker Rauchentwicklung in den Gängen im Zimmer bleiben
- Sich am geschlossenen Fenster bemerkbar machen
- Das Eintreffen der Feuerwehr abwarten

Verhalten im Brandfall für Mitarbeiterinnen und Mitarbeiter

- Informieren Sie sich vorab eingehend über freie (!) Fluchtwege, Feuerlöscher, Notfallnummern, Erreichbarkeit eines Telefons und über das richtige Verhalten im Brandfall: **Alarmieren – Retten – Löschen.** Die Betriebsleitung muss Sie vor Arbeitsbeginn einweisen.
- Im Brandfall ruhig handeln – Hektik führt meist zu Fehlverhalten.
- Sofort Feuerwehr verständigen, falls keine Feuermelder vorhanden sind.
- Verletzte in Sicherheit bringen, gefährdete Personen warnen.
- Mitarbeiterinnen und Mitarbeiter, andere Abteilungen und Gäste informieren.
- Brandherd ausfindig machen; absichern bzw. sperren und, falls möglich, Brand mit vorhandenen Löschgeräten bekämpfen:
  - Löschen von vorne nach hinten und von unten nach oben, außer Tropf- und Fließbrände – sie sind von der Brandquelle weg von oben nach unten zu löschen.
  - Mehrere Feuerlöscher gleichzeitig, nicht hintereinander einsetzen!

Am besten ist eine kurze Absprache, wer welche Tätigkeit übernimmt, damit nichts vergessen wird.

Brandklassen und Löschmittel

Brandklasse	Material	Löschmittel
A Brände fester organischer Stoffe, meist mit Glutbildung	Holz, Kohle, Papier, Stroh, Faserstoffe, Textilien	Wasser, Handfeuerlöscher (nach Önorm F 1050 für die Brandklassen A, B und C), Löschdecke
B Brände von flüssigen oder flüssig werdenden Stoffen	Öl, Fett, Benzin, Heizöl, Alkohol, Stearin etc.	Handfeuerlöscher (nach Önorm F 1050 für die Brandklassen A, B und C), Löschdecke
C Brände von Gasen	Wasserstoff, Methan, Erdgas etc.	Handfeuerlöscher (nach Önorm F 1050 für die Brandklassen A, B und C)
D Brände von Metallen	z. B. Aluminium	Sand, Zement; kein Wasser!

Notrufe (alphabetisch)	
Euronotruf	112
Feuerwehr	122
Polizei	133
Rettung	144

Moderne Aufzugsanlagen verfügen über Bedienungselemente, die für sehbeeinträchtigte Menschen auch in Brailleschrift gekennzeichnet sind

6.5 Sicherheit im Aufzug

Der Aufzug ist regelmäßig von der Technikabteilung zu warten. Bleibt der Aufzug dennoch einmal stecken, sind dafür folgende Maßnahmen zu treffen:

- In der Aufzugskabine ist eine **Informationstafel** mit dem richtigen Verhalten im Notfall anzubringen (Ruhe bewahren, Klingel bzw. Notrufnummer betätigen).
- Die Kabine muss über eine **Klingel** verfügen, mit der sich der Gast entweder an der Rezeption oder beim Aufzugswart bzw. Nachtportier bemerkbar machen kann.
- Von Vorteil ist eine **Telefonverbindung,** damit man den eingeschlossenen Personen Informationen geben kann.

6.6 Sicherheit bei Stromausfall

Jedes Hotel muss mit einer Notbeleuchtung ausgestattet sein, mit der die Zeit des Stromausfalls überbrückt wird. Manche Hotels haben eigene Dieselaggregate, die bei Stromausfall in Betrieb genommen werden.

Für die Sicherheit des EDV-Systems und aller darin gespeicherten Daten ist es notwendig, ein **USV-Gerät** (siehe S. 34) zur unterbrechungsfreien Stromversorgung anzuschaffen. Damit ist gewährleistet, dass bei Stromausfall die Rechner ordnungsgemäß heruntergefahren werden können, damit der aktuelle Datenstand gespeichert ist. Dies betrifft sowohl die Netzwerkgeräte als auch die Standgeräte am Frontoffice-Arbeitsplatz.

Ein Datenverlust (z. B. Gästekartei, Schriftverkehr) bzw. fehlende Informationen während des laufenden Hotelbetriebs (z. B. aktuelle Zimmerbelegung) sind untragbar.

6.7 Keycard

Die Keycard – im Format einer Kreditkarte – dient auch als Werbe- oder Informationsträger. Lagepläne, Adressen, Telefonnummern o. Ä. lassen sich gut auf der Vorderseite der Karte platzieren.

Die Keycard ist eine Magnetkarte mit drei Magnetspuren, auf denen Informationen verschlüsselt gespeichert sind. Die Codierung besteht aus Zimmernummer und letztgültigem Datum (Abreisetag) und kann neben der Funktion als Zimmerschlüssel bis zu acht Berechtigungen für Dienstleistungseinrichtungen im Hotel enthalten (z. B. Öffnen der Eingangstür und des Zimmersafes, Zugang zu Fitnessbereich, Garage, Skistall).

Nach Rückgabe wird die Keycard für den nächsten Gast neu codiert und wiederverwendet.

Weitere Einsatzbereiche der Keycard

- Der Gast kann einen Geldbetrag auf die Karte buchen bzw. gleichzeitig eine Kreditgrenze vereinbaren.
- Alle Käufe und Inanspruchnahmen von Leistungen im Haus – angefangen beim Zimmerpreis – werden auf die Karte gebucht und beim Check-out abgerechnet. Dafür sind in den entsprechenden Abteilungen Lesegeräte installiert, die die Daten erfassen. Diese werden auf dem Konto des Gastes verbucht. Meist sind die Geräte online über die Telefonleitung verbunden.
- Zutrittsüberwachung: Ein Kartenlesegerät am Hoteleingang ermöglicht es, nur Besitzer registrierter Karten in das Haus zu lassen. Dieses System ist besonders für Klein- und Mittelbetriebe, die keinen Nachtportier haben, sinnvoll und auch finanzierbar. Weitere Teillösungen können jederzeit ergänzt werden.

Programmierung einer Keycard – Beispiel

Menüpunkt: Neuer Gast

- Beim Check-in zur Ausstellung einer Keycard.
- Bei Kartenverlust zur Ausstellung einer neuen Keycard.
- Bei Verlängerung des Aufenthalts.

Menüpunkt: Gästekarte kopieren

Zur Ausstellung von Kopien bereits existierender Keycards (z. B. für die Ausstellung einer zweiten Karte bei Buchung eines Doppelzimmers). Das Ablaufdatum muss dem der Originalkarte entsprechen.

Menüpunkt: Einmalkarte

- Zur Einmalverwendung, z. B., um ein Zimmer herzuzeigen oder um auf dem Zimmer etwas zu hinterlegen.
- Wenn ein neuer Gast eingecheckt ist und die Einmalkarte noch nicht verwendet wurde, wird die Funktion automatisch gelöscht.

Menüpunkt: Check-out

- Hält den Status freie/belegte Zimmer immer auf dem letzten Stand.
- Die Funktionstüchtigkeit einer Keycard oder einer Kopie davon endet aber dadurch nicht, sondern erst mit dem Ablaufdatum bzw. mit Einführen einer neu programmierten Keycard.

Menüpunkt: Karte lesen

Daten, die auf der Karte gespeichert sind, können abgelesen werden. Scheint der Hinweis „Nicht berechtigter Code" auf, wurde für dieses Zimmer eine neue Karte ausgestellt und die vorherige ist nicht mehr gültig.

Menüpunkt: Karte löschen

- Alle Zimmerdaten werden eingelesen und gelöscht. Diese Funktion kommt dann zum Einsatz, wenn eine Vielzahl von Karten an der Rezeption zurückgelassen oder von den Mitarbeitern eingesammelt wird.
- Bei gültigen Karten wird über diesen Menüpunkt auch das Check-out erledigt.

Menüpunkt: Freie Zimmer

Zeigt die gesamte Zimmerliste sowie freie und besetzte Zimmer an.

Menüpunkt: Gästegruppen

- Erlaubt Gruppenzuteilung, Zimmerreservierung, Kartencodierung im Voraus (bis zu 14 Tage) und ein rasches, unkompliziertes Check-in mit einem Tastendruck.
- Um in das Menü zu gelangen, muss vorab eine Gruppe angelegt sein:
  Hauptmenü
  - Gruppe ändern.
  - Gruppendaten drucken.
  - Gruppenkarten im Voraus anlegen.
  - Gruppen-Check-in (Karten werden gültig).
  - Gruppen-Check-out (Gruppe wird gelöscht).
  - Gruppendaten ansehen.

! Verwenden Sie diesen Menüpunkt nie bei Kartenverlust zur Ausstellung einer neuen Keycard.

Kartenlesegerät an der Zimmertür

Notizen

Arbeitsaufgaben

1. Welche Sicherheitsmaßnahmen sind im Hotelbetrieb zu treffen?
2. Wie verhalten Sie sich im Brandfall?
3. Suchen Sie drei Sicherheitsmerkmale, die in einem Aufzug vorhanden sein sollen:

I	L	B	S	V	Z	E	A	A	J	O	Y	N	J	G	W	Q
K	N	E	E	E	Z	X	D	A	N	K	Q	U	Q	Y	O	O
T	S	F	G	K	W	U	A	K	Q	L	G	G	Q	D	M	X
U	N	Z	O	N	Q	B	H	D	K	N	Y	N	K	J	E	L
V	U	H	M	R	I	A	K	T	I	Y	N	I	C	J	G	F
N	D	B	M	S	M	L	Z	R	T	A	W	U	G	E	R	R
X	R	Z	K	V	M	A	K	C	X	C	T	L	S	O	D	C
I	D	E	R	V	I	V	T	I	M	U	J	D	W	I	S	Q
E	E	M	U	N	G	A	T	I	X	F	A	P	F	A	S	P
K	J	I	D	A	B	Q	V	A	O	W	A	W	V	D	J	L
L	K	Q	V	B	N	L	E	X	N	N	Y	B	C	Q	B	Z
Z	F	R	E	S	O	L	R	W	I	S	S	S	R	O	L	F
Z	A	W	T	E	M	Y	M	M	M	I	M	T	J	H	L	L
Q	E	A	L	Y	S	M	Z	N	O	F	I	K	A	M	F	D
J	K	A	H	U	B	W	V	D	K	X	M	C	Y	F	F	D
G	N	U	D	N	I	B	R	E	V	N	O	F	E	L	E	T
X	Q	D	P	S	L	C	X	N	B	H	K	B	V	Z	J	L

4. Was sind die Funktionen einer Keycard? Überlegen Sie Vor- und Nachteile ihres Einsatzes.

Ziele erreicht? – „Die Ausstattung der Rezeption"

Eva ist im Frontoffice der Rezeption zugeteilt. Sie kennt ihren Bereich nun schon ganz gut und organisiert sich ihren Arbeitsplatz.

a) Mit welchen Abteilungen, die dem Frontoffice noch zugeteilt sind, hat Eva zu tun?
b) Welche Tätigkeiten erledigen ihre Kolleginnen und Kollegen im Backoffice?
c) Der Empfangsbereich in dem amerikanisch geführten Hotel, in dem Eva arbeitet, ist in zwei Bereiche gegliedert. Welche sind dies?
d) Eva arbeitet sich in das Organisationssystem an der Rezeption ein. Der Frontoffice Manager zeigt ihr das Ordnersystem und die Ablage und bittet sie, wenn sie Verbesserungsvorschläge hat, diese einzubringen. Wie könnte das Ordnersystem aussehen?
e) Der Frontoffice Manager erklärt Eva das Frontoffice-System. Den Schwerpunkt legt er auf die Beschreibung des Zimmerplans und seiner Funktionen. Was wird er ihr im Wesentlichen dazu mitteilen? Was ist für Eva in Bezug auf den Zimmerplan von Bedeutung für ihre tägliche Arbeit?
f) Auch die Gästekartei beschreibt er eingehend. Auf welche Punkte geht er dabei ein?
g) Eva darf bereits die ersten Telefonate mit Gästen führen. Dazu hat sie sich ihren Arbeitsplatz optimal eingerichtet – wie ist er gestaltet?
h) Welche Formulare und Listen wird Eva an der Rezeption vorfinden? Wozu werden diese verwendet?
i) Welche Organisationsmittel für die Gästebetreuung legt sie sich zurecht?
j) Im Haus finden viele Veranstaltungen statt. Eva erhält vom Bankettmanager ein Functionsheet. Wozu dient das Functionsheet und welche Informationen kann sie ihm entnehmen?
k) Eva lernt die Zimmer des Hauses kennen und stellt für sich eine Übersicht der Zimmerarten zusammen. Machen Sie dies für Ihren Lehrbetrieb.
l) Eva kann mittlerweile schon Keycards programmieren. Welche Funktionen kann sie dabei bestimmen?

Management des Gästekontakts

Im Tourismus werden Emotionen und Lebensgefühl verkauft. Dem Gast muss mehr an Lebensqualität geboten werden als die, die er zu Hause vorfindet. Professionalität zeichnet sich dadurch aus, dass sich Mitarbeiterinnen und Mitarbeiter in den Gast hineindenken können und ihn sehr persönlich behandeln. Der Gast von heute sucht aufrichtige Zuwendung und ehrliches Interesse an seiner Person. Er möchte nicht anonym konsumieren. Umfassende Kommunikation findet über alle fünf Sinne (Hören, Sehen, Fühlen, Riechen, Schmecken) und auf den verschiedensten Ebenen statt: durch das geschriebene, das gesprochene (auch unausgesprochene) Wort, über Mimik, Gestik, Haltung und durch Farben, Formen, Gerüche und Töne.

Stellen Sie eine Querverbindung zum Unterrichtsgegenstand „Deutsch und Kommunikation" her und diskutieren Sie die Grundsätze einer gelungenen Kommunikation.

Meine Ziele

Nach Bearbeitung dieses Kapitels kann ich

- die Wichtigkeit des richtigen Gästekontaktes verstehen;
- positive und negative Kommunikationsreize unterscheiden und ihre Wirkung erkennen;
- Grundsätze aktiver Gästebetreuung und die damit verbundenen Verhaltenstechniken anwenden;
- mit modernen Kommunikationsgeräten im Front- und Backoffice selbstständig umgehen;
- verkaufsfördernde Argumente zur Kundenbindung einsetzen;
- das Telefon als wichtiges Kommunikationselement gekonnt handhaben;
- im Rollenspiel den richtigen Ablauf von In- und Outcalls umsetzen;
- konstruktiver Kritik mit Sensibilität begegnen und sie als Chance der Qualitätsverbesserung für den Betrieb akzeptieren;
- bei Reklamationsfällen professionelles Rollenverhalten praktizieren;
- wichtige Kriterien von Typografie und Layout erkennen und aufzählen;
- informative und verkaufsfördernde Schriftstücke zur Intensivierung des Gästekontaktes sowie Getränke- und Speisenkarten erstellen.

Verbinden Sie, während Sie dieses Kapitel bearbeiten, die neu erworbenen Erkenntnisse in Bezug auf Marketing und Webmarketing mit jenen aus „Betriebsorganisation, Tourismus und Marketing".

1 Der persönliche Kontakt mit den Gästen

Thomas fällt der Umgang mit Menschen eigentlich nicht schwer. Dennoch ist er noch aufgeregt, wenn sich Gäste an der Rezeption mit speziellen Fragen direkt an ihn wenden.

Was bedeutet dieser Ausspruch: „A hotel is a home away from home"?

In einem Hotel sind die Frontoffice-Mitarbeiterinnen und -Mitarbeiter die wichtigsten Personen, sind sie doch die ersten Vertreter des Betriebes, mit welchen der Gast in Kontakt kommt. Bei der direkten Kommunikation von Mensch zu Mensch wirkt eine Reihe von akustischen und visuellen Elementen zusammen. Das Urteil, das sich jeder Gast aufgrund des ersten Eindrucks macht, bestimmt sein weiteres Befinden und Verhalten.

Der Gästekontakt

Was tun Sie persönlich, um mit den Gästen ansprechenden Small Talk zu betreiben?

- **Vorbereitung der Ankunft:** Gäste, die das Gefühl haben, dass sie erwartet werden, fühlen sich wohler. Anreise und eine neue Umgebung verursachen Stress. Sehen Sie sich die Ankunftsliste und die Gästekartei daher gut an.
- **Check-in:** Stehen Sie auf, lächeln Sie, begrüßen Sie Ihren Gast mit Namen, vermitteln Sie Herzlichkeit. Fragen Sie nach der Anreise. Besprechen Sie mit den Gästen den Aufenthalt, denn informierte Menschen fühlen sich gut betreut. Erklären Sie dem Gast auch, dass seine Wünsche bei der Zimmerauswahl berücksichtigt wurden. Dies nimmt ihm das unangenehme Gefühl auf dem Weg zum Zimmer, ob seine Wünsche auch wirklich berücksichtigt wurden.
- **Betreuung während des Aufenthaltes:** Gäste schätzen das Gefühl, dass die Mitarbeiterinnen und Mitarbeiter des Hauses sich um sie kümmern.
- **Check-out:** Nehmen Sie sich Zeit, auch wenn es nicht immer leicht ist. Zu diesem Zeitpunkt besteht die letzte Möglichkeit, einen unzufriedenen Gast für sich zu gewinnen. Fragen Sie daher, ob alles zur Zufriedenheit war. Wenn nicht, bieten Sie Lösungsvorschläge an und danken Sie dem Gast für sein Feedback, sein Vertrauen und seine Offenheit. Machen Sie ihm auch einen weiteren Aufenthalt schmackhaft.
- **Nachsenden eines Good-bye-E-Mails** mit der Bitte um Bewertung des Aufenthalts auf Bewertungsplattformen, Onlinebuchungsplattformen und Social Media-Plattformen.
- **Gästekartei pflegen:** Sie ermöglicht es Ihnen, Ihre Gäste auch dann noch zu kennen, wenn diese schon vor einem Jahr abgereist sind.

Die Wirkung eines Gesprächs auf unseren Gesprächspartner wird nur zu 7 % durch den Inhalt, zu 38 % durch den Klang der Stimme und zu 55 % durch die Körpersprache bestimmt. Bereits die ersten 30 Sekunden des Gesprächs hinterlassen einen bleibenden Eindruck.

Tipps zur Kommunikation mit den Gästen

> „Im richtigen Ton kann man alles sagen. Im falschen Ton nichts: Das einzig Heikle daran ist, den richtigen Ton zu finden."
> George Bernard Shaw

- Sprechen Sie Ihre Gäste mit dem korrekten Titel und Namen an und sehen Sie ihnen in die Augen. Stellen Sie sich auf Ihre Gesprächspartner ein.
- Überlegen Sie vorher, was Sie vermitteln wollen. Gut informierte und gebildete Mitarbeiterinnen und Mitarbeiter sind die besten Vertreter des Unternehmens.
- Erklären Sie die Dinge in Ruhe, belehren Sie nicht. Das Suchen von Lösungen muss immer vor einem definitiven Nein stehen.
- Kommunikation ist keine Einbahnstraße. Hören Sie aktiv zu, fragen Sie.

Tragen Sie hier weitere für Sie besonders wichtige Gesprächsregeln ein:

- Machen Sie sich Ihre Körpersprache bewusst.
- Taktgefühl und Diskretion gehören zur Gesprächskompetenz.
- Achten Sie auf Ihre Wortwahl. Ihre Ausdrucksweise ist ein Spiegelbild Ihrer Persönlichkeit.
- Geben Sie Fehler zu, bleiben Sie aufrichtig.
- Sprechen Sie alle Gäste gleich an und behandeln Sie alle Gäste gleich höflich. Auch Kinder sind wichtige Gäste.
- Bringen Sie Ihren Humor ein.
- Ein spontanes Dankeschön wertet jede Kommunikation auf.
- Ihre Kommunikationsfähigkeit ist die Basis Ihres Berufs. Der gekonnte Umgang mit schwierigen Gästen zeichnet Sie aus.

Rhetorik ist die Kunst, das Richtige richtig vorzutragen – und das kann man üben!

Arbeitsaufgaben

1. Welche Dienstleistungen umfasst der Tourismus im Speziellen? Was geht über die üblichen Dienstleistungen hinaus?
2. Wovon hängt die Wirkung eines Gespräches ab?
3. Was heißt Rhetorik? Was können Mitarbeiterinnen und Mitarbeiter mit guter Rhetorik erreichen?
4. Nennen Sie mindestens sieben besonders wichtige Gesprächsregeln!
5. Stellen Sie sich folgende Situationen im Hotel vor – wie reagieren Sie, was sagen Sie? (Setzen Sie die Gesprächsregeln um):

Situation	Reaktion (wörtlich)
Sie begegnen einem Gast.	
Sie wollen einen Gast, der gerade mit einem anderen plaudert, etwas fragen.	
Sie servieren das Frühstück und betreten das Gästezimmer.	
Ein Ehepaar ist im Begriff, die Mäntel auszuziehen.	
Ein Herr und eine Dame nehmen an einem Tisch Platz. Sie sind in unmittelbarer Nähe.	
Sie erhalten einen Anruf für einen Gast, der beim Essen sitzt.	
Ein Gast hat Einkäufe gemacht und kommt schwer beladen in die Hotelhalle.	
Ein Gast steht schon seit einer Stunde bei Ihnen an der Rezeption und plaudert. Sie haben sehr viele dringende Arbeiten zu erledigen.	
Ein Gast lädt Sie auf ein Getränk ein.	
Zwei Gäste stehen in der Halle und suchen das Restaurant.	

Notizen

2 Erfolgreiches Telefonieren

Wenn Eva eingehende Anrufe entgegennimmt, ist sie sich bewusst, dass sie in diesem Moment zu 100 % das Unternehmen repräsentiert. Ein Gast, der das erste Mal anruft, macht sich aufgrund des Telefonats ein Bild des Hauses. Jede Mitarbeiterin und jeder Mitarbeiter muss sich das bei jedem Gespräch vor Augen führen.

Telefonanlage siehe Kapitel „Technische Ausstattung“, S. 32.

2.1 Das Telefonat als akustische Visitenkarte

Bei der direkten Kommunikation schaffen Sie Kontakte durch einen Händedruck, durch einen Blick oder durch ein freundliches Lächeln und verstärken Ihre Worte durch Ihre Mimik und Gestik. Beim Telefonieren sind Sie auf Ihre Worte angewiesen. Die Wirkung des Telefongespräches ist abhängig von der Stimme, der Sprechweise, dem Gesprächston, der Formulierung und dem Inhalt.

Das Telefonieren verursacht fixe Kosten (Anschluss- und Grundgebühren, AKM-Abgabe für die Musik in Warteschleifen) und variable Kosten (Gesprächsgebühren je nach Entfernung, Dauer, Anbieter und Tarif). Ein Telefonat muss daher stets gut überlegt und vorbereitet werden. Dies gilt für den privaten und selbstverständlich für den geschäftlichen Bereich.

AKM = staatlich genehmigte Gesellschaft der **A**utoren, **K**omponisten und **M**usikverleger.

2.2 Richtiges Telefonieren

Bevor Sie loslegen – Grundsätze für das erfolgreiche Telefonieren

- Machen Sie sich mit der Telefonanlage vertraut, um peinliche Situationen zu vermeiden.
- Bedenken Sie, nur 20 % des Gesagten werden am Telefon wahrgenommen.
- Machen Sie bei jedem Gespräch Notizen. Schreiben Sie den Namen eines jeden Anrufers auf und notieren Sie auch scheinbar unbedeutende Gespräche (siehe auch Mitteilungsblätter, S. 49).
- Lassen Sie Ihren Gesprächspartner zu Wort kommen. Machen Sie Pausen.
- Hören Sie aktiv zu. Vermeiden Sie Nebentätigkeiten.
- Paraphrasieren Sie, d. h., wiederholen Sie kurz, stimmen Sie zu, fragen Sie nach, damit der Anrufer weiß, dass Sie ihm zuhören.
- Nebengeräusche stören; Tippen, Essen und Rauchen werden am Telefon wahrgenommen.
- Achten Sie auf die Formulierung Ihres Gespräches. Verwenden Sie positive Reizwörter.
- Vermeiden Sie Füllwörter, vage Wörter, negative Reizwörter und Killerphrasen.
- Achtung vor Zuhörern beim Nennen von Namen oder Daten (Datenschutz)!
- Sie sind für Ihr persönliches Mise en Place verantwortlich: Halten Sie wichtige Informationsunterlagen sowie funktionierende Schreibgeräte, Kalender, wichtige Telefonnummern und Namen der Mitarbeiterinnen und Mitarbeiter bereit.
- Machen Sie **Telefontraining** und probieren Sie die Wirkung Ihrer Stimme aus.
- Lächeln Sie beim Telefonieren. Das macht Ihre Telefonstimme besonders angenehm und freundlich.

Ergänzen Sie!

Positive Reizwörter: ja, gerne, bitte, danke, selbstverständlich, Name des Gastes ...

Diese Formulierungen sind zu vermeiden:

Füllwörter: äh, mh, also, ok ...

Vage Wörter: vielleicht, eigentlich, könnte, soll ich ...

Die Kunst, positiv zu formulieren

Verwenden Sie positive Formulierungen, wie:

- Ja, bitte oder ja, gerne.
- Ich erledige das umgehend für Sie.
- Selbstverständlich schicke ich Ihnen die gewünschten Unterlagen noch heute zu.
- Ich freue mich, das für Sie vorbereiten zu können.
- Danke für Ihren Anruf.

Meist neigt man dazu, negativ zu formulieren und das auszudrücken, was nicht möglich ist. Dies kann man aber vermeiden. Hier ein paar Beispiele, wie es besser geht:

Beispiele für negative und positive Formulierungen

negativ	positiv
Herr Huber ist nicht zu sprechen.	Herr Huber ist für Sie wieder um 11:30 Uhr erreichbar. Darf er Sie zurückrufen?
Ich bin dafür nicht zuständig.	Dafür ist Frau Neubauer unsere Spezialistin. Ich verbinde Sie sofort mit ihr.
Das haben wir nicht.	Ich kann Ihnen folgendes Angebot machen.
Wir haben in dieser Zeit leider zu.	Für Sie haben wir von ... bis ... geöffnet.
Da kann ich nichts machen.	Ich werde mich für eine rechtzeitige Erledigung einsetzen.
Ich finde gerade die Unterlagen nicht.	Kleinen Moment bitte – nun habe ich alle Informationen für Sie griffbereit.
Da kann ich nichts dafür.	Ich verstehe Ihren Ärger. Darf ich Ihnen daher folgende Lösung anbieten?
Das ist gerade nicht möglich.	Spätestens morgen haben Sie Ihr gewünschtes Angebot. Ist das für Sie in Ordnung?
Keine Ahnung.	Ich werde mich für Sie informieren und Ihnen sofort Bescheid geben.
Sie haben mich falsch verstanden.	Damit wollte ich sagen, dass ...
Das ist ein Problem.	Dafür werden wir eine Lösung finden.

Incoming Calls – Sie werden angerufen

Der Ablauf eines Telefongesprächs darf nicht dem Zufall überlassen werden. Das Telefonieren ist ein wichtiges Instrument der Gästebetreuung und muss daher geübt werden.

Phasen eines Incoming Calls	
Anzahl der Klingelzeichen	■ Nach zwei, spätestens drei Klingeltönen abheben. ■ Warteschleifen sollten nicht länger als 30 Sekunden dauern. ■ Bei Problemen bei der Weiterleitung eine Rückrufmöglichkeit anbieten.

Negative Reizwörter: nein, nie, keine Ahnung ...

Killerphrasen: Sie haben mich falsch verstanden. Das haben wir nicht. Ich bin nicht zuständig ...

Ihre positive Stimmung kann Ihr Gesprächspartner wahrnehmen. Darum: Lächeln Sie beim Telefonieren.

Wussten Sie, dass ...

... nach 15 bis 20 Sekunden bereits 10 % der Anrufer auflegen (= drei bis fünf Mal läuten)?

... nach 20 bis 30 Sekunden 50 % der Anrufer auflegen (= fünf bis sieben Mal läuten)?

... nach 30 bis 50 Sekunden 80 % der Anrufer auflegen?

Begrüßung	■ Gruß (am Anfang stört Knacksen oder der ungewohnte Ton in der Leitung, also Zeit lassen und deutlich sprechen). ■ Name des Betriebes/der Abteilung. ■ Eigener Name/Funktion. ■ Name/Titel der Anruferin bzw. des Anrufers notieren (evtl. buchstabieren lassen).
Einsetzen positiver Kommunikations-elemente	■ Lächeln (dazu benötigt man zwölf Muskeln, für schlechte Laune 72). ■ Konzentration. ■ Aufrechte Körperhaltung. ■ Gehobene Umgangssprache.
Interesse zeigen, aktiv zuhören	■ Voraussetzung: exzellente Kenntnisse über den Betrieb, um gezielte Fragen stellen zu können. ■ Paraphrasieren. ■ Mitteilungsblatt (siehe S. 50) oder Telefonnotiz ausfüllen.
Zusammenfassung des Gesprächs	■ Unklarheiten ausräumen, Ergänzungen anführen. ■ Verkaufsförderung betreiben (z. B. Anfrage in Buchung umwandeln).
Danken	■ Für den Anruf – auch bei Nichtzustandekommen einer Geschäftsverbindung. ■ Weitere Zusammenarbeit anbieten.
Verabschiedung	■ Auf weitere Kommunikation bzw. Hilfe hinweisen. ■ Nette Wünsche, Gruß. ■ Der Anrufer legt als Erster auf. ■ Telefonnotiz mit Datum und Uhrzeit fertigstellen, **paraphieren** (Unterschriftskürzel anbringen).

Paraphrasieren = etwas verdeutlichend umschreiben; wiederholen.

Telefonnotizen werden mit der Korrespondenz abgelegt.

Outgoing Calls (Out calls) – Sie rufen an

Entspannen Sie sich für anstehende Telefonate, atmen Sie tief durch. Stellen Sie beide Beine auf den Boden. Konzentrieren Sie sich auf Ihr Gespräch.

Phasen eines Outgoing Calls	
Mit wem wollen Sie sprechen?	■ Titel, Name. ■ Abteilung.
Zeitpunkt	■ Wann rufe ich an (Arbeitszeit, Zeitzone etc.)? ■ Achtung vor Indiskretionen!
Schriftliche Vorbereitung	■ Unterlagen griffbereit (PC). ■ Fragen, Gründe, Argumente überlegen. ■ Mit welchen Einwänden ist zu rechnen? ■ Alternativen bei evtl. Einwänden überlegen.
Guter Einstieg	■ Positive Stimmung erzeugen (nicht übertreiben). ■ Positive Reizwörter einsetzen.
Unterlagen vorbereiten	■ Hotelinformationen, Zimmertypen, Preislisten. ■ Kalender, Zimmerplan. ■ Anreiseplan, Fahrplan. ■ Wichtige Telefonnummern und Adressen bzw. E-Mail-Adressen. ■ Ortsinformationen, Öffnungszeiten. ■ Veranstaltungsinformationen.

2.3 Anrufbeantworter und Mailbox

Auch im Kommunikationszeitalter ist nicht jeder jederzeit erreichbar. Die Technik ermöglicht jedoch, wichtige Nachrichten zu speichern. Stellen Sie sich rasch auf die geänderte Situation ein, wenn Ihr Gespräch in eine Mailbox umgeleitet wird, und hinterlassen Sie dort die notwendigen Informationen ohne Scheu.

Wichtige Hinweise für das Sprechen auf Band

- Warten Sie den Signalton ab.
- Nach dem Gruß und der Vorstellung (Betrieb, Name) nennen Sie den Grund Ihres Anrufs.
- Hinterlassen Sie immer die Rückrufnummer und geben Sie die Zeit Ihrer Erreichbarkeit an.
- Das Mitschreiben von langen Zahlen und Telefonnummern während des Abhörens ist nur dann möglich, wenn die Ziffernfolge bewusst langsam und Ziffer für Ziffer erfolgt. Nennen Sie auch die Vorwahl und gegebenenfalls die internationale Vorwahl.

Während des Geschäftsbetriebs soll kein Tonband eingesetzt werden, nur außerhalb der Saison. Es empfehlen sich Rufumleitungen, sollte die Rezeption einmal nicht besetzt sein (siehe dazu auch das Kapitel „Die Telefonanlage“, S. 32).

Was beachten Sie, wenn Sie einem Gast eine Mitteilung auf den Anrufbeantworter bzw. die Mailbox sprechen? Sprechen Sie eine Mitteilung auf Band und hören Sie Ihre Ansage ab.

2.4 Wichtige Telefonnummern in Österreich

Notrufnummern		Auskunft	
Feuerwehr	122	**Auskunft Inland**	11811
Polizei	133	**Auskunft Ausland**	11812
Rettung	144		
Vorwahlen			
Österreich (vom Ausland)	0043	**Klagenfurt**	0463
Bregenz	05574	**Linz**	0732
Eisenstadt	02682	**Salzburg**	0662
Graz	0316	**St. Pölten**	02742
Innsbruck	0512	**Wien**	01

Internationale Notrufnummer 112.

So werden zusammengesetzte Rufnummern laut Önorm korrekt geschrieben:
+43 4242 269 77

Wird die Landesvorwahl (+43) gewählt, so entfällt bei Städten und Orten die Ziffer Null.

2.5 Wichtige Kennzahlen für das Ausland

Staat	Kennzahl	Staat	Kennzahl	Staat	Kennzahl
B	0032	**GR**	0030	**PL**	0048
CH	0041	**GB**	0044	**RUS**	007
HR	00385	**H**	0036	**S**	0046
CZ, SK	0042	**I**	0039 (0)	**SF**	00358
D	0049	**IRL**	00353	**SLO**	00386
DK	0045	**L**	00352	**IL**	00972
E	0034	**N**	0047	**J**	0081
F	0033	**NL**	0031	**USA, CAN**	001
FL	00423	**P**	00351	**AUS**	0061

2.6 Buchstabiertabelle

	Deutsch	Englisch	Italienisch	Französisch	International
A	Anton	Alfred	Ancona	Anatole	Amsterdam
Ä	Ärger	–	–	–	–
B	Berta	Benjamin	Bologna	Berthe	Baltimore
C	Cäsar	Charles	Catania	Camille	Casablanca
Ch	Christine	–	–	–	–
D	Dora	David	Domodossola	Désiré	Danemark
E	Emil	Edward	Empoli	Eugène	Edison
F	Friedrich	Frederick	Firenze	François	Florida
G	Gustav	George	Genova	Gaston	Gallipoli
H	Heinrich	Harry	Hotel	Henry	Havanna
I	Ida	Isaac	Imola	Irma	Italia
J	Julius	Jack	Juventus	Joseph	Jerusalem
K	Konrad	King	Kilometro	Kléber	Kilogram
L	Ludwig	London	Livorno	Louis	Liverpool
M	Martha	Mary	Milano	Marcel	Madagaskar
N	Nordpol	Nellie	Napoli	Nicolas	New York
O	Otto	Oliver	Otranto	Oscar	Oslo
Ö	Österreich	–	–	–	–
P	Paula	Peter	Palermo	Pierre	Paris
Q	Quelle	Queen	Quadro	Quintal	Québec
R	Richard	Robert	Roma	Raoul	Roma
S	Siegfried	Samuel	Savona	Suzanne	Santiago
Sch	Schule	–	–	–	–
ß	scharfes S	–	–	–	–
T	Theodor	Tommy	Torino	Thérèse	Tripoli
U	Ulrich	Uncle	Udine	Ursule	Uppsala
Ü	Übel	–	–	–	–
V	Viktor	Victor	Venezia	Victor	Valencia
W	Wilhelm	William	Vu doppio	William	Washington
X	Xaver	X-ray	Xilofono	Xavier	Xanthippe
Y	Ypsilon	Yellow	Ipsilon	Yvonne	Yokohama
Z	Zürich	Zebra	Zara	Zoé	Zürich

2.7 Verhalten bei Reklamationen am Telefon

Siehe auch Kapitel „Beschwerdemanagement“, S. 76.

Schwierige Situationen erfordern Fingerspitzengefühl. Es geht niemals um Sieger und Verlierer, sondern um eine gemeinsame Konfliktlösung.

- Bleiben Sie sachlich und ruhig.
- Laden Sie Gäste, die sich im Haus befinden, zu einem persönlichen Gespräch ein.
- Vermeiden Sie Zuhörer bei einem Streitgespräch am Telefon.
- Drücken Sie Ihr Bedauern aus bzw. entschuldigen Sie sich, wenn ein Fehler passiert ist.
- Zeigen Sie Verständnis, hören Sie zu und machen Sie Notizen.
- Führen Sie eine Lösung herbei, die allen Beteiligten entgegenkommt.
- Danken Sie für das Vertrauen und die Offenheit.
- Setzen Sie Lösungen um und kontrollieren Sie die Ausführung.

Verwenden Sie positive Reizwörter und vermeiden Sie Killerphrasen (siehe S. 70)!

Exkurs: Richtiger Umgang mit Telefax (Fernkopiergerät)

Für den Austausch von Dokumenten gibt es auch immer noch Faxgeräte. Daher sei der Umgang damit kurz erwähnt.

- Es gelten dieselben Richtlinien wie bei der Gästekorrespondenz. Auch wenn die Nachricht noch so kurz ist, schreiben Sie eine persönliche Anrede und eine Grußzeile.
- Handschriften sind durch die Übertragung besonders schlecht lesbar!
- Verwenden Sie aus Gründen der Lesbarkeit weißes Papier und schwarze Schrift.
- Viele dunkle Stellen oder Ränder sowie viele Bilder verursachen einen hohen Tonerverbrauch beim Empfänger. Die Übertragungsqualität wird dadurch gemindert.
- Bei vertraulichen Nachrichten informieren Sie vorher den Empfänger, da Sie nicht sicherstellen können, wer Zugang zum Faxgerät hat.
- Fax an Gäste sofort – in einem Umschlag – weiterleiten.

Der Begriff „Fax" geht zurück auf die lateinische Bezeichnung „fac simile". Das bedeutet „getreue Nachbildung".

Siehe auch Kapitel „Technische Ausstattung", S. 33, und „Antwortkarte", S. 48.

Arbeitsaufgaben

1. Präsentieren Sie den Ablauf eines konkreten Telefonats.
2. Gestalten Sie eine Telefonnotiz. Stimmen Sie den Inhalt auf Ihren Lehrbetrieb ab.
3. Erstellen Sie eine Checkliste für Anrufe, die Sie tätigen wollen (W-Fragen, Unterlagen, Besprechungspunkte, Ergebnis etc.).
4. Führen Sie Telefonate in Form von Rollenspielen durch. Hören Sie den Kolleginnen und Kollegen zu und geben Sie Feedback. Hier finden Sie ein Beispiel. Stimmen Sie weitere Telefonate auf Ihren Lehrbetrieb ab.

Anruferin/Anrufer	Rezeptionistin/Rezeptionist
■ Dr. Nora Stern (Gatte Klaus) ■ DZ mit Zusatzbett oder Apartment ■ 1 Kind (Enkelin Klara, 4 Jahre) ■ 23.3.–4.4. ■ 1110 Wien, Sedlytzkygasse 10/8/7 ■ Tel. 01 231 348 85, office_stern@aon.at ■ Evtl. Kinderbetreuung ■ Interesse an kulturellen Angeboten	Sie arbeiten im Lehrbetrieb und beantworten das Telefonat: ■ Stimmen Sie die Angaben auf den Lehrbetrieb und die Umgebung ab. ■ Der gewünschte Termin ist frei. ■ Beachten Sie alle Punkte, die beim Telefonieren wichtig sind. ■ Führen Sie die Reservierung durch und achten Sie auf die wesentlichen Inhalte.

5. Geben Sie das deutsche und das internationale Buchstabieralphabet wieder. Buchstabieren Sie den Namen Kieran Goss in beiden Varianten.
6. Überlegen Sie, was Sie in folgenden Situationen sagen. Spielen Sie diese Szenen durch und überlegen Sie gemeinsam die beste Lösung:

Was sagen Sie, wenn ...
... der Anrufer einen komplizierten Namen hat? ... der Anrufer japanisch spricht? ... Sie zwei Gespräche gleichzeitig in der Leitung haben?

Notizen

Ihre Gäste möchten auch am Telefon gut beraten werden

... der Anrufer eine Mitarbeiterin sprechen möchte, die gerade nicht erreichbar ist?
... Sie den Anrufer in das Office weiterverbinden müssen?
... Sie sich erst informieren und dann den Anrufer verständigen müssen?
... der Anrufer eine Reklamation hat und ins Telefon schreit?
... der Anrufer um ein Prospekt ersucht?
... der Anrufer die Chefin sprechen möchte, diese aber gerade in einer wichtigen Sitzung ist?
... der Gast die Reservierung storniert (die Anreise wäre übermorgen)?
... der Anrufer sagt, die Preise seien sehr hoch?
... der Gast unbedingt dasselbe Zimmer wie beim letzten Aufenthalt möchte, dies jedoch nur mit Übersiedlung eines anderen Gastes möglich ist?

7. Entwerfen Sie eine Faxvorlage für Ihren Lehrbetrieb.

3 Beschwerdemanagement

Sich echauffieren = sich aufregen.

Ein aufgeregter Mann eilt in der Rezeption auf Thomas zu und echauffiert sich, dass das Taxi, das er bestellt hat, nicht da ist, er aber seinen Abflug nicht versäumen will. Während Thomas noch überlegt, wie er antworten kann, rettet ihn die Frontoffice Managerin aus der Situation, beruhigt den Gast und teilt ihm mit, dass der Chauffeur zur Verfügung steht, falls das Taxi in zwei Minuten nicht eingetroffen ist. Thomas ist froh, dass sich die Situation so leicht klären ließ, und hofft, bei Beschwerden in Zukunft auch die richtigen Lösungen anbieten zu können.

Siehe auch Kapitel „Blogs und Hotelbewertungen“, S. 173.

Der Trend zum Qualitätstourismus wird sich in Zukunft verstärkt durchsetzen. Im Gegensatz zu einem Produkt ist die Dienstleistung nicht greifbar. Eine nicht entsprechende Dienstleistung kann nicht umgetauscht werden. Es sind somit jene Bereiche von besonderer Bedeutung, wo die Mitarbeiterin bzw. der Mitarbeiter direkt mit dem Gast in Kontakt gelangt. Hier wird Freundlichkeit, Hilfsbereitschaft, Kompetenz und besondere Sensibilität verlangt.

Sensibilität = Feingefühl, Fingerspitzengefühl.

3.1 Der Einwand

Einwände sind Grundbestandteile jedes Verkaufsgesprächs. Der Gast wägt Vor- und Nachteile ab, vergleicht mehrere Angebote. Durch gezielte Fragen und ausführliche Information können Sie unentschlossene Interessenten als Gäste gewinnen.

Wie entscheiden sich die Gäste spontan?
20 % Ja-Sager
70 % Unentschlossene
10 % Nein-Sager

Scheineinwände hingegen signalisieren, dass keine echten Absichten vorhanden sind. Zum Beispiel: „Ich muss erst meine Frau fragen.“ Solche Scheineinwände entkräften Sie mit konkreten Abschlussangeboten: „Darf ich Sie um Ihren Namen und die Adresse bitten?“ „Wann beabsichtigen Sie zu kommen?“ „Darf ich das Zimmer für Sie unverbindlich reservieren?“ ...

3.2 Die Beschwerde

Beschwerden sind im Gegensatz zu Einwänden tatsächliche Probleme, Fehler oder Missgeschicke. Während der Gast eine entsprechende Ausstattung als Selbstverständlichkeit erwartet, ist die Dienstleistung für ihn von entscheidender Bedeutung. Nicht nur die fachliche Kompetenz einer Mitarbeiterin, eines Mitarbeiters ist von Relevanz, noch wichtiger sind die emotionalen Komponenten, die Freundlichkeit oder die häufig zitierte Gastlichkeit.

Jede Beschwerde ist ein Geschenk, ...

... weil es fünf Mal so viel kostet, einen neuen Gast zu gewinnen, als einen Stammgast zu behalten.
... weil nur ein Gast von 25 unzufriedenen Gästen reklamiert.
... weil schlechte Erfahrungen viel öfter weitererzählt werden als gute.
... weil der Gast hilft, Schwachstellen aufzuspüren und die Qualitätsentwicklung des Betriebes voranzutreiben.
... weil gut bearbeitete Beschwerden eine starke Bindung zwischen dem Gast und dem Hotel erzeugen.

Zur Beschwerdekultur eines Unternehmens gehört die positive Einstellung aller Mitarbeiterinnen und Mitarbeiter zu Reklamationen. Durch gezielte Schulungen sollen alle mit der Beschwerdebehandlung vertraut sein. Gemeinsame Besprechungen helfen, die Informationen weiterzugeben und Fehler zu vermeiden.

Beschwerden müssen als Chance verstanden werden – Chance im doppelten Sinne, denn es gilt, den unzufriedenen Kunden vor Verlassen des Hauses wieder zufriedenzustellen und gleichzeitig aus seinen Erfahrungen zu lernen.

Grundregeln zum Verhalten bei Beschwerden

- Führen Sie heikle Gespräche nicht vor Dritten.
- Bieten Sie dem Gast einen Platz an (im Sitzen schreit es sich schlecht).
- Drücken Sie Ihr Bedauern aus bzw. entschuldigen Sie sich, wenn ein Fehler passiert ist.
- Hören Sie zu, machen Sie Notizen.
- Zeigen Sie Verständnis, nehmen Sie den Gast ernst.
- Trennen Sie Person und Anliegen, fühlen Sie sich nie persönlich angegriffen.
- Stellen Sie Fragen, verfallen Sie nicht in Gegenargumentation und vermeiden Sie negative Reizwörter und Killerphrasen.
- Reagieren Sie sofort, führen Sie eine Lösung herbei (verärgerte Gäste machen viel Negativwerbung; Gäste hingegen, deren Beschwerde positiv behandelt wurde, fühlen sich meist außerordentlich gut betreut – so wird die Beschwerde zur Chance).
- Bei berechtigten Beschwerden eine Entschädigung/Wiedergutmachung anbieten.
- Für unberechtigte Beschwerden eine Möglichkeit wählen, bei der der Betrieb keinen finanziellen Schaden erleidet.
- Führen Sie eine Lösung herbei, die allen Beteiligten entgegenkommt.
- Wiederholen Sie die Problemlösung.
- Setzen Sie die Lösung um und kontrollieren Sie die Ausführung.
- Danken Sie für das Vertrauen, die Offenheit und die Mitarbeit – auch wenn es schwerfällt.

Ein unzufriedener Gast teilt negative Erlebnisse sieben bis zwölf Personen mit, ein zufriedener nur fünf bis acht Personen. Nach einer positiv erledigten Reklamation sprechen Gäste mit bis zu 20 Personen über ihr erfreuliches Erlebnis.

Warum Unternehmen Kunden verlieren:
68 % wegen mangelnder Servicequalität.
10 % sind unzufrieden.
9 % wegen des Preises.
5 % erhalten eine anderweitige Empfehlung.
4 % lieben Abwechslung.
1 % stirbt.

Eine Beschwerde steht für 25 weitere Beschwerden von Gästen, die nichts gesagt haben.

Welche Aufmerksamkeiten bieten Sie zur Wiedergutmachung an?

- Fragen Sie nach und kontrollieren Sie, ob der Beschwerdegrund beseitigt wurde.
- Beugen Sie künftigen Fehlern vor. Fehler sind dazu da, aus ihnen zu lernen und sie nicht noch einmal zu machen.

„Gäste sind die besseren Mitarbeiter – sie sind eine Vorbeugung für die Entstehung von blinden Flecken." Diskutieren Sie, was mit dieser Aussage gemeint ist.

Zufriedene Kunden erzählen es weiter, wenn ihre Beschwerde positiv erledigt wurde, und sie kommen auch wieder, weil sie sich gut betreut fühlen. Daher sollen Kosten, die durch eine Reklamation entstehen, nicht als Verlust, sondern als Werbung betrachtet werden.

Aktives und passives Beschwerdemanagement

Beim passiven Beschwerdemanagement bereitet sich ein Unternehmen darauf vor, wie mit eingehenden Beschwerden umgegangen wird. Beim aktiven Beschwerdemanagement dagegen geht ein Unternehmen einen entscheidenden Schritt weiter: Es fordert aktiv Reklamationen ein.

Instrumente für aktives Beschwerdemanagement

Point of Sale (POS) = ein für die Werbung zu nutzender Ort, an dem ein Produkt verkauft wird.

Bewertungskarten oder Fragebögen werden am **Point of Sale** (POS) aufgelegt, Telefon-Hotlines, Feedback-Formulare im Internet, Service-Fax und spezielle E-Mail-Adressen eignen sich ebenso dazu, Feedback einzuholen.

Besonders wichtig ist es, im Rahmen von Beschwerde- und Qualitätsmanagement die **Bewertungsportale im Internet** zu kontrollieren und daraus als Betrieb Konsequenzen zu ziehen und Verbesserungen durchzuführen. Hotelbeurteilungsseiten werden von 52 % aller Gäste zur Urlaubsvorbereitung für die Entscheidungsfindung herangezogen. Dabei werden bis zu 20 Bewertungen gelesen, bevor gebucht wird.

Der Fragebogen als Instrument aktiven Beschwerdemanagements

Corporate Design (CD) = gleichartige Gestaltung aller Produkte eines Unternehmens als Ausdruck und Bestandteil der Corporate Identity (siehe S. 88).

- Da die meisten Gäste glauben, es wäre unhöflich oder unbequem sich zu beschweren, sollten genau diese Zweifel aus dem Weg geräumt werden. Die Gestaltung eines Fragebogens löst dieses Problem.
- Die Integration in das bestehende **Corporate Design** des Betriebs ist ein unbedingtes Muss, damit der Beschwerde eine Selbstverständlichkeit gegeben wird.
- Es sollte dem Gast vor allem leicht gemacht werden, den Fragebogen zu lesen und auszufüllen.
- Je freundlicher die Gestaltung ist, desto glaubwürdiger ist auch die Absicht des Hotels, diesen Fragebogen tatsächlich zur Kenntnis zu nehmen und die Schwachpunkte zu beseitigen.
- Es sollte mit dem Fragebogen die Freundlichkeit der Mitarbeiterinnen und Mitarbeiter aller Abteilungen erfragt werden.
- Ein Anreiz, den Fragebogen auszufüllen, könnte eine Belohnung sein. Anreize sollten allerdings nicht materieller Art sein.
- Bedanken Sie sich für die Mühe der Mitarbeit. Sprechen Sie den Gast persönlich an (siehe Briefbeispiel, S. 79).
- Stellen Sie am Ende des Fragebogens die Frage, ob der Gast wiederkommt bzw., ob er den Hotelbetrieb weiterempfehlen würde. Das stellt ihn vor eine direkte Entscheidung, die ihm in Erinnerung bleibt.
- Geben Sie dem Gast die Gelegenheit, sich von den Neuerungen und Verbesserungen zu überzeugen.

Beispiel Fragebogen mit persönlicher Ansprache

THERMENHOF PAIERL
BAD WALTERSDORF

Familie
Eva und Peter Wölfl
Zimmer Nr.: 508

Bad Waltersdorf, 31. Dezember 20..

Guten Tag, Familie Wölfl!

Schön, dass Sie Ihre Urlaubstage bei uns im Hotel Thermenhof Familie Paierl verbringen.

Heute wenden wir uns mit einer Bitte an Sie. Nehmen Sie sich etwas Zeit ... und lassen Sie uns wissen, wie es Ihnen bei uns gefällt, indem Sie den beiliegenden Gästefragebogen beantworten.

Ihre ganz persönliche Meinung ist wichtig für uns! Jede Kleinigkeit zählt, ... denn Ihre Anregungen sind eine weitere Chance für uns.

Geben Sie bitte den Fragebogen an der Rezeption ab. Oder ... wenn Sie lieber anonym bleiben möchten ... werfen Sie das ausgefüllte Blatt in den Postkasten an der Rezeption.

Vielen Dank für Ihre Unterstützung!

Gerlinde, Erwin und Dominique Paierl

Ihre Familie Paierl & das Thermenhof Team

Ihre Erwartungen wurden ☐ **übertroffen** ☐ **erfüllt** ☐ **nicht erfüllt**

Würden Sie unser Haus auch Freunden empfehlen? ☐ **Ja** ☐ **Nein**

1. **Anschrift von Freunden:**
   Name: ______
   Straße: ______
   PLZ/Ort/Land: ______

2. **Anschrift von Freunden:**
   Name: ______
   Straße: ______
   PLZ/Ort/Land: ______

Persönliche Anregungen oder Ideen von Ihnen:
______
______

Was würden Sie im Hotel Thermenhof Familie Paierl noch gerne vorfinden?
______

Was gefällt Ihnen ganz besonders im Hotel Thermenhof Familie Paierl?
______

Wodurch wurden Sie auf unser Haus aufmerksam?
☐ Freunde ☐ Inserat (welches) ______
☐ Zufall ☐ Prospekt (welches) ______
☐ Reisebüro ☐ Sonstiges ______

Was war der Grund für Ihre Buchung? ______

Für Ihre Beurteilung danken wir Ihnen recht herzlich!
Ihr Hotel Thermenhof Team und Familie Paierl

Erwin und Gerlinde

THERMENHOF PAIERL
BAD WALTERSDORF

Liebe Gäste!

W **W**arum haben Sie sich für einen Aufenthalt im Hotel Thermenhof entschieden? **W**ar es das **W**ochenprogramm, die **W**einverkostung oder die freundliche Information über den Thermenhof? Was meinen Sie zu unserer Philosophie?

E **E**nergie tanken, **E**ntspannen, Verwöhnen lassen und sich dabei so richtig wohlfühlen… konnten Sie das?

L **L**ust auf Sport und dabei **L**achen – da hat man Spaß, denn Sport ist gesund und dazu zählen Gymnastik, **L**aufen, Tennis, Radfahren… Waren Sie dabei? Und wie waren Sie mit dem Angebot zufrieden?

L **L**eichte Küche – Buffets – Kuchen und Kaffee… haben auch Ihnen unsere Well-In Gerichte zugesagt?

I **I**nkludiert sind alle alkoholfreien Getränke. Damit wir Ihre **i**ndividuellen Wünsche im Speziellen erfüllen können, ist es uns ein großes Anliegen, Ihre Meinung zu hören.

N **N**äheres im Detail…

Ich bin ☐ ein Stammgast ☐ das erste Mal im Haus

Wertung: **** exzellente Leistung
*** sehr gute Leistung
** gute Leistung
* weniger gute Leistung

Zimmer Nr.: ____ Abreise: ______

	*****	***	**	*	Anregungen
Das Restaurant- und Serviceteam					
Freundlichkeit der Mitarbeiter	☐	☐	☐	☐	______
Aufmerksamkeit der Mitarbeiter	☐	☐	☐	☐	______
Fachliche Beratung der Mitarbeiter	☐	☐	☐	☐	______
Wer hat sich besonders um Sie bemüht? ______					
Unsere Hauben-Küche					
Angebot und Abwechslung der Speisen	☐	☐	☐	☐	______
Geschmack der Gerichte	☐	☐	☐	☐	______
Buffetangebot	☐	☐	☐	☐	______
Das Team an der Rezeption					
Herzlichkeit der Mitarbeiter	☐	☐	☐	☐	______
Hilfsbereitschaft und Flexibilität	☐	☐	☐	☐	______
Empfang bei der Ankunft	☐	☐	☐	☐	______
Kofferhilfe angeboten?	☐	☐	☐	☐	______
Wer hat sich besonders um Sie bemüht? ______					
Die Etage					
Ausstattung des Zimmers	☐	☐	☐	☐	______
Sauberkeit im Zimmer	☐	☐	☐	☐	______
Freundlichkeit und Hilfsbereitschaft	☐	☐	☐	☐	______
Wer hat sich besonders um Sie bemüht? ______					
Technische Gebrechen					
Werden schnell behoben?	☐	☐	☐	☐	______
Zu Ihrer Zufriedenheit gelöst?	☐	☐	☐	☐	______
Was war defekt? ______					
Cardio und Fitnessbereich					
Ausstattung unseres Fitnessbereichs	☐	☐	☐	☐	______
Information über die richtige Anwendung	☐	☐	☐	☐	______
Sauberkeit der Anlage	☐	☐	☐	☐	______

	*****	***	**	*	Anregungen
Therapie- und Massageabteilung					
Beratung an der Wellnessrezeption	☐	☐	☐	☐	______
Freundlichkeit der Mitarbeiter	☐	☐	☐	☐	______
Beratung	☐	☐	☐	☐	______
Fachliches Können	☐	☐	☐	☐	______
Musikberieselung	☐	☐	☐	☐	______
Wer hat sich besonders um Sie bemüht? ______					
Kosmetikabteilung					
Freundlichkeit der Mitarbeiter	☐	☐	☐	☐	______
Beratung	☐	☐	☐	☐	______
Fachliches Können	☐	☐	☐	☐	______
Musikberieselung	☐	☐	☐	☐	______
Wer hat sich besonders um Sie bemüht? ______					
Bade- und Freizeitbereich					
Sauberkeit	☐	☐	☐	☐	______
Ausstattung der Thermalanlage	☐	☐	☐	☐	______
Ruhe und Erholung	☐	☐	☐	☐	______
Solarium	☐	☐	☐	☐	______
Ausstattung der Saunaanlage	☐	☐	☐	☐	______
Unser Aktivprogramm					
Abwechslung des Programmes	☐	☐	☐	☐	______
Freundlichkeit der Trainerin	☐	☐	☐	☐	______
Fachliche Kompetenz	☐	☐	☐	☐	______

Ich wünsche mir mehr ☐ Aerobic ☐ Wirbelsäulengymnastik
☐ Entspannung ☐ Wassergymnastik

Sonstiges: ______

Bitte kreuzen Sie an, wie Sie unser Haus empfunden haben.
♥-lichen Dank!

Schätzen Sie die Bedeutung dieses Begleitschreibens zum Fragebogen ein.

Wodurch können Sie Gäste ermutigen, Schwachstellen im Betrieb aufzuzeigen?

In einer angenehmen Atmosphäre – wie hier am Schreibtisch im Gästezimmer – ist ein Fragebogen rasch ausgefüllt

Anstelle des Wortes Beschwerde oder Reklamation empfiehlt es sich, eine positive Formulierung zu verwenden, z. B. Verbesserungsvorschlag. Finden Sie weitere:

______
______
______
______

Antworten Sie einem Gast, der sich die Mühe machte, den Fragebogen auszufüllen und Anregungen für die Qualitätsverbesserung zu geben.

Erstellen Sie einen Fragebogen für Ihren Lehrbetrieb.

Qualitätsmanagement: Korrektur- und Vorbeugemaßnahmen

Alle Beschwerden sind zu protokollieren. Im Protokoll wird zwischen **einmaligen Beschwerden** und **Beschwerden, die sich wiederholen** (z. B. technische Gebrechen, Beschwerden über eine bestimmte Mitarbeiterin bzw. einen bestimmten Mitarbeiter), unterschieden.

Diese Beschwerden müssen einer dauerhaften Lösung zugeführt werden (z. B. mehrfache Beschwerde wegen mangelhaften Frühstücksgebäcks: Ein neuer Lieferant oder ein anderes Backsystem ist zu suchen. Oder: schlecht funktionierende Lüftung im Bad: Die Lüftung ist zu reinigen bzw. zu servicieren).

Notizen

Arbeitsaufgaben

1. Warum ist ein professionelles Beschwerdemanagement so wichtig für den Betrieb?

2. Finden Sie mithilfe des Kryptogramms wichtige Grundregeln zum Umgang mit Beschwerden heraus:

1	2	3	4	5	6	7	8	9	10	11	12	13	14	15	16	17	18	19	20	21	22	23	24	25
								G				V												

15 18 24 7 11 14 18 11   25 3 18   25 3 6 10   19 Ü 22   24 7 25

V/13 18 22 8 22 7 23 18 11 .   25 8 18 2 2 18 11   25 3 18   19 22 7 -

G/9 18 11 .   10 Ö 22 18 11   25 3 18   1 23 .   15 2 18 3 15 18 11

25 3 18   10 Ö 19 2 3 6 10   23 11 24   25 7 6 10 2 3 6 10 .

19 Ü 10 22 18 11   25 3 18   10 18 3 14 2 18   G/9 18 25 16 22 Ä -

6 10 18   11 3 18   13 5 22   7 11 24 18 22 18 11   G/9 Ä 25 -

8 18 11 .   15 18 10 18 15 18 11   25 3 18   24 18 11   G/9 22 23 11 24

24 18 22   22 18 14 2 7 20 7 8 3 5 11 .   15 3 18 8 18 11

25 3 18   18 3 11 18   12 3 18 24 18 22 G/9 23 8 20 7 6 10 23 11 G/9

7 11 .   15 18 24 7 11 14 18 11   25 3 18   25 3 6 10   15 18 3 20

G/9 7 25 8   19 Ü 22   24 3 18   5 19 19 18 11 10 18 3 8 .

G/9 Ä 25 8 18   25 6 10 Ä 8 1 18 11   16 5 25 3 8 3 V/13   18 22 -

2 18 24 3 G/9 8 18   22 18 14 2 7 20 7 8 3 5 11 18 11 .   1 23 -

19 22 3 18 24 18 11 18   G/9 Ä 25 8 18   12 18 22 15 18 11   19 Ü 22

24 18 11   15 18 8 22 3 18 15 !

3. Überlegen Sie, was Sie in folgenden Situationen sagen, und spielen Sie die Gespräche mit Ihrer Kollegin bzw. Ihrem Kollegen in Rollenspielen durch. Reagieren Sie so, dass der Gast sich verstanden fühlt. Beachten Sie die Grundregeln für den Umgang mit Beschwerden:

a) Frau Meyer beschwert sich, weil der Koch am Buffet ein bestimmtes Gericht – auf welches sie sich so freute – nicht mehr ergänzt hat.

b) Herr Fox empört sich, weil die WC-Spülung in seiner Suite nicht aufhört zu fließen. Das Geräusch ist für ihn unerträglich.

c) Familie Maienburg beschwert sich über eine italienische Familie, die sehr laut ist – und das zu später Stunde!

d) Ihr Stammgast, Herr Dr. Stern, ist passionierter Zigarrenraucher. Das Ehepaar Berger beschwert sich über den Gestank in der Bar. (Rauchen ist dort erlaubt.) Finden Sie eine Lösung für Familie Berger.

e) Frau Mag. Kaiser hat um einen Massagetermin gebeten. Jetzt steht sie vor geschlossenen Türen. (Sie haben in der Hektik der Abreisen vergessen, diesen Termin einzutragen.)

f) Familie Waldheimer empört sich lautstark vor anderen Gästen, weil sie nicht dasselbe Apartment wie im Vorjahr erhalten hat. (Bei der Reservierung wurde nichts dergleichen vereinbart.)

4. Hier finden Sie weitere Beschwerdegründe – wie reagieren Sie darauf?

- Laute Zimmernachbarn
- Unpassendes Benehmen anderer Gäste in der Bar
- Kein Parkplatz vor dem Hotel
- Garagenplatz gebucht – nicht erhalten
- Zu kühle Zimmertemperaturen
- Poolwasser zu kalt
- Lange Wartezeiten im Restaurant
- Magenbeschwerden nach dem Essen
- Wichtiger Anruf wurde nicht weitergeleitet
- Sprachprobleme (japanische Gäste)
- Weckruf wurde nicht durchgeführt; Gast hat wichtigen Termin versäumt
- Fernsehgerät ist defekt
- Internetanschluss funktioniert nicht
- Lange Wartezeit bei Zimmerservice
- Haare in der Dusche
- Klimaanlage zu laut
- Lärm dringt durch Verbindungstüre
- Keine Kinderbetreuung
- Kinderbetreuung – Probleme mit dem Kind
- Schlechtes Wetter
- Minibar nicht nach Wunsch bestückt
- Zu hohe Zimmerpreise
- Keine aktuellen Tageszeitungen

5. Schauen Sie im Internet in den verschiedenen Bewertungsportalen nach, wie Ihr Lehrbetrieb positioniert ist. Leiten Sie daraus eventuelle konkrete Verbesserungsvorschläge ab.

Ihr Schlüssel zum Erfolg:

- Entschuldigung/Dank
- Auf den Gast eingehen
- Reklamation protokollieren
- Lösung anbieten
- Reklamation bearbeiten/weiterleiten
- „Ich werde mich darum kümmern.“

Notizen

4 Schriftliches Informationsmanagement

Thomas ist damit beschäftigt, Gästeaussendungen fertigzustellen. Interessiert betrachtet er die ansprechenden Briefe. Wie werden die Gäste darauf reagieren? Er weiß von einer Berufsschulkollegin aus der Ferienhotellerie, dass diese Arbeit mehrmals im Jahr fällig ist.

Siehe auch Kapitel „Webmarketing", ab Seite 161.

Der Wettbewerbsdruck bedient Schnäppchenjägerinnen und -jäger (sogenannte „Smart Shopper"), die dadurch in Preisportalen das jeweils beste Preis-Leistungs-Verhältnis suchen und finden.

Der Gast des 21. Jahrhunderts kann aus unzähligen Angeboten – sofern sie ihn erreichen – wählen. Er wird dabei vor allem das **Preis-Leistungs-Verhältnis** kritisch hinterfragen. Das Hotel mit allen dazugehörigen Dienstleistungen kann nicht wie andere Produkte vorher ausprobiert werden, daher muss der gesamte Auftritt eines Hauses nach außen so gestaltet sein, dass der Gast sich ein umfassendes Bild machen kann. Durch eigene Reiseerfahrungen hat er darüber hinaus genügend Vergleichsmöglichkeiten, was den **Wettbewerbsdruck** für die Hotellerie erhöht.

Um hier bestehen zu können, muss das Unternehmen absatzfördernde Maßnahmen betreiben. Diese sind ein Teil des **Marketings.** Der Unternehmer benötigt dazu Marketinginstrumente, die auf die jeweilige Dienstleistung aufmerksam machen, das **Interesse der Gäste wecken** und den Verkauf fördern. Zu den Marketinginstrumenten gehören Produkt- und Leistungspolitik (Angebotsgestaltung und Weiterentwicklung), Preispolitik, Distributionspolitik sowie die Kommunikationspolitik.

Distributionspolitik = Planung und Abwicklung der Absatzwege, z. B. über Reisebüros oder direkt zu den Gästen.

Die Kommunikationspolitik – Werbung, Verkaufsförderung und Öffentlichkeitsarbeit – umfasst alle Maßnahmen der Bekanntmachung des Angebots. Werbung dient dazu, mögliche Kunden über das eigene Angebot zu informieren und von den Vorteilen zu überzeugen. Zu den Werbemitteln in der Hotellerie und Gastronomie zählen die **Gästekorrespondenz, Speisenkarten, Menü- und Getränkekarten, Tages- und Wocheninformationen, die Hauszeitung etc.**

Der direkte Verkauf – der Verkauf direkt an die Gäste – stellt das wichtigste Marketinginstrument dar. Hier lautet die zentrale Frage: **Wie erreiche ich den Gast?** Eine Antwort darauf gibt Ihnen dieses Kapitel.

Siehe dazu auch „Betriebsorganisation, Tourismus, Marketing", Kapitel „Marketing".

4.1 Arten schriftlicher Informationen

Gästebezogene Korrespondenz, Mailings und schriftliche Informationen

- Anfrage des Gastes
- Angebot
- Reservierung durch den Gast
- Reservierungsbestätigung
- Änderungsvorschläge, Absage, Stornierungsbestätigung
- Anzahlungsbestätigung etc.
- Schriftverkehr zu Reklamationen
- Spezielle Angebote für diverse Zielgruppen, Zeiträume etc.
- Geburtstagswünsche, Weihnachtsgrüße etc.
- Mails im Rahmen der Conciergedienste (Besorgungen etc.)
- Follow-up und Mails mit der Bitte um Bewertung auf Hotelbewertungsplattformen
- Informationen zur Gästebetreuung (spezielle Programme, Gästemappe etc.)
- Speisen- und Getränkekarten
- Gästezeitung, Morgenpost
- Sonstige Werbemittel: Plakate, Ankündigungstafeln, Informationsblätter etc.

Werden Angebote des Hotels von Gästen nicht angenommen oder stellen Gäste häufig gleichlautende Fragen, so kann der Grund unter anderem darin liegen, dass die Informationen falsch aufbereitet wurden.

Korrespondenz mit Geschäftspartnern

- Reisevermittler
- Reiseveranstalter
- Kartenbüros
- Lieferanten
- Firmen
- Touristische Organisationen
- Onlinebuchungsplattformen (Reservierungssysteme, z. B. hrs.de)
- Bewertungsplattformen (z. B. www.tripadvisor.com)

4.2 Aktiver Verkauf durch gezielte Information

Schriftliche Information ist Werbung für den Betrieb mit den Zielen Kundenbindung und Umsatzsteigerung. Professionelles Texten ist ein Aufruf zur Reaktion. Durch gezielte Informationen wecken Sie Kundenwünsche.

Mithilfe der AIDA-Regel lassen sich Botschaften so aufbauen, dass sie bei der Leserin bzw. beim Leser die gewünschte Wirkung erzielen (siehe S. 105).

Die Gästekorrespondenz stellt die schriftliche Kommunikation dar, von der eine Reaktion mit messbarem Erfolg ausgehen soll, indem der Gast bucht.

Schriftstücke verursachen Kosten, z. B. Mitarbeiterlohn, Hardware, Software, Papier, Druckerfarbe, Energie. Reagieren die Gäste nicht darauf, sind Zeit und Geld verloren.

Beispiele für professionelle Texte und entsprechende Gästereaktion

Speisenkarte	Angebot	Animation
↓	↓	↓
Der Gast bestellt.	Der Gast bucht.	Der Gast nimmt teil.

Welche Texte verfassen Sie in Ihrem Lehrbetrieb? Welche Reaktionen sollen sie bei Gästen auslösen?

Folgende Grundregeln gelten für alle Texte, die den Verkauf fördern

- Der professionelle Text ist ein Gespräch, ein schriftlicher Dialog.
- Das Verkaufsgespräch muss die Motive und Wünsche des Gastes ansprechen, d. h. zielgruppenorientiert sein. Setzen Sie die Brille der Empfänger Ihrer Botschaften auf.
- Der Text ist verantwortlich für den Eindruck und die Stimmung des Betriebes. Corporate Wording ist zu berücksichtigen.
- Die Leserin bzw. der Leser will in kürzester Zeit viel Information. Erhöhen Sie die Lesbarkeit durch kurze Sätze.
- Machen Sie Absätze und Zwischentitel. So bleibt die Leserin bzw. der Leser motiviert, einen längeren Text zu lesen.
- Verwenden Sie die Sprache der Zielgruppe. Eine Identifikation mit der Werbebotschaft wird bei Leserinnen und Lesern nur erreicht, wenn sie ihr Sprachmuster wiederfinden. Verwenden Sie möglichst keine Fremdwörter, vermeiden Sie Fachausdrücke und Floskeln.
- Ein gutes Layout und entsprechende Typografie wirken verkaufsfördernd.
- Die tadellose Rechtschreibung und einwandfreie Grammatik bilden das Fundament eines jeden Schriftstückes.
- Lesen Sie den Text laut und überlegen Sie, ob Sie das auch in einem persönlichen Gespräch sagen würden.
- Formulieren Sie positiv. Vermeiden Sie negative Formulierungen wie nur, kein, nichts, schlecht, leider. Heben Sie Vorteile hervor.
- Schreiben Sie aktiv. Möglichkeitsformen stellen die Absichten in Frage. Vermeiden Sie daher Wörter wie sollte, könnte, würde, vielleicht.

Corporate Wording = einheitliches schriftliches Auftreten des Unternehmens nach außen. Dadurch wird gewährleistet, dass die von Mitarbeiterinnen und Mitarbeitern verfassten Texte den Unternehmenswerten entsprechen und auch gesetzlich korrekt sind. Das Corporate Wording ist Teil der Corporate Identity.

- Mails müssen so formatiert sein, dass jeder Empfänger sie problemlos empfangen und öffnen kann (Logos, Grafiken, Schriften, Attachments, Datengröße etc.)
- Stellen Sie die Vorteile für die Gäste in den Mittelpunkt. Sprechen Sie die Gäste direkt an.
- Entwickeln Sie eine unverwechselbare Werbebotschaft, einen USP. Produkte/Dienstleistungen, die sich kaum voneinander unterscheiden, erhalten durch einen Zusatznutzen (Sonderleistung, Imagegewinn) einen Verkaufsvorteil.

USP = Unique Selling Proposition; einzigartiges Verkaufsargument, das ein Produkt ausmacht.

- Genauso wie der emotionale Einstieg sind Hervorhebungen und das Ende von Schriftstücken wichtig. Das PS wird von Leserinnen und Lesern besonders beachtet!
- Bilder und Grafiken veranschaulichen die schriftliche Kommunikation.
- Die Wirtschaftlichkeit ist immer im Auge zu behalten. Aufwand und Ertrag müssen – wie bei allen unternehmerischen Aktivitäten – in sinnvollem Verhältnis stehen.
- Für den Gast soll ein Erlebnis vermittelt werden.

Verneinungen in Ihren Formulierungen lösen im Gehirn des Zuhörers genau das aus, was Sie vermeiden wollten. Ein Beispiel: Denken Sie eine Minute lang **nicht** an ein rotes Telefon ...

Das macht Texte leichter lesbar

- Kurze Sätze:
  - Briefe = maximal 12 Wörter pro Satz.
  - Werbetexte = maximal 4–5 Wörter pro Satz.
- Möglichst keine Fremdwörter und Fachausdrücke verwenden, Floskeln vermeiden.
- Vier- und mehrsilbige Wörter vermeiden (Trennen von zusammengesetzten Hauptwörtern, wenn es der Lesbarkeit dient: z. B. Lottoannahmestelle = Lotto-Annahmestelle).
- „Ballast" abwerfen, unnötige Füllwörter (z. B. doch, aber, auch) vermeiden.
- Zeitwörter statt Hauptwörter verwenden.
- Das Wort „Mitteilen" vermeiden! Einfach weglassen.
- Hilfszeitwörter vermeiden (z. B. müssen, können, dürfen).
- Möglichkeitsformen vermeiden (z. B. müssten, dürften, sollten).
- Wörter auf „-end" weglassen.
- „Sie"-bezogene Sätze und Fragen statt „wir"-bezogene verwenden.

Siehe dazu auch: „Die Kunst, positiv zu formulieren", S. 71.

Betrachten Sie den Leseverlauf und diskutieren Sie, worauf die Leserin bzw. der Leser achtet.

Leseverlauf

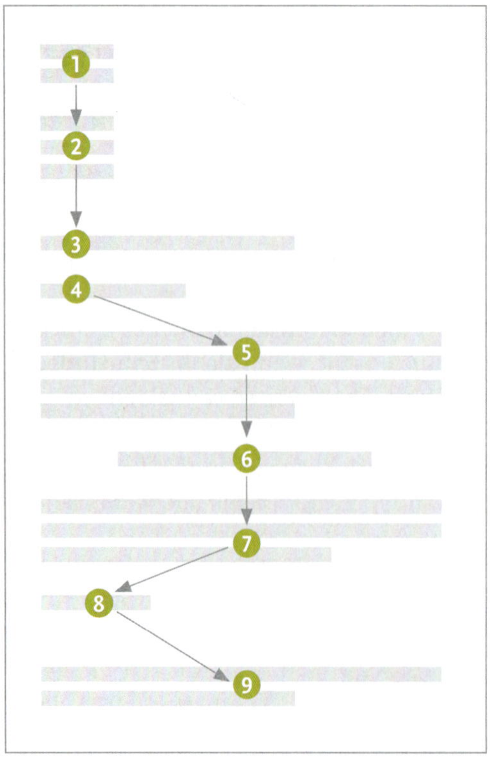

Diese Darstellung zeigt, welche Briefteile für den Leser in welcher Reihenfolge Bedeutung haben:

1. Absender
2. Empfänger
3. Betreff
4. Anrede
5. Briefeinstieg (nur die ersten zwei Zeilen!)
6. Hervorhebungen im Hauptteil
7. Briefausstieg (nur die letzten zwei Zeilen!)
8. Unterschrift des Absenders
9. PS (Postskriptum) wird nur im Werbebrief verwendet, hat dort aber eine besondere Bedeutung

Erst wenn die Inhalte in den angeführten Briefteilen die Adressaten interessieren, beginnen sie, den Brief mit erhöhter Aufmerksamkeit von vorne zu lesen. Bauen Sie daher Ihre Briefe so auf, dass die für die Leserinnen und Leser wesentlichen Inhalte dort stehen, wo sie beim ersten Überfliegen schon wahrgenommen werden.

Checkliste für die Erstellung eines Mailings

Inhalt	✓	✗
1. Ist der Briefkopf vollständig?		
2. Habe ich beim Aufbau des Briefes die Önorm berücksichtigt?		
3. Ist die Anschrift (Anrede ~ 6,5 cm) richtig und vollständig?		
4. Ist das Datum rechtsbündig? Muss der Ort angeführt sein?		
5. Woraus besteht die Anrede? Sind die Titel richtig geschrieben?		
6. Erwecke ich in der Einleitung die Aufmerksamkeit des Lesers?		
7. Wurden dem Gast kurz interessante Informationen übermittelt?		
8. Preisauszeichnung: Preis pro Person/Zimmer? Art der Verpflegung? Inklusive aller Abgaben? Orts- und Nächtigungstaxe ersichtlich?		
9. Ist eine Kurzbeschreibung inkludierter Leistungen vorhanden?		
10. Wurde auf eine Buchungserleichterung (z. B. eine E-Mail-Adresse oder Antwortkarte) hingewiesen?		
11. Gibt es einen Termin für die Vorreservierung?		
12. Ist der Schlusssatz motivierend und persönlich und enthält er eine Buchungsaufforderung?		
13. Wird der Gast direkt angesprochen?		
14. Gibt es am Briefende einen USP?		
15. Habe ich den Brief unterschrieben?		
16. Habe ich die KISS-Regel angewandt?		
17. Wurde eine Rechtschreibprüfung durchgeführt?		
18. Habe ich Zahlen bis zwölf ausgeschrieben?		
19. Habe ich Abkürzungen vermieden (z. B. inkl.)?		
20. Entspricht die Textgestaltung dem Stil des Hauses?		
21. Wirken Layout und Typografie verkaufsfördernd?		
22. Habe ich positiv und aktiv formuliert?		
23. Würde ich diese Wörter auch in der Umgangssprache verwenden?		
24. Verwende ich die Sprache der Zielgruppe?		
25. Habe ich die Sätze nach Füllwörtern und Wortwiederholungen untersucht und diese entfernt?		
26. Habe ich lange „Schachtelsätze" vermieden?		
27. Habe ich Leersätze (= Sätze ohne Information) vermieden?		
28. Habe ich einen persönlichen Brief gestaltet und den Eindruck eines Serienbriefes vermieden?		

Für E-Mails und Newsletter-Mailings zu beachten

- Beim Versand von E-Mails und Newsletter-Mailings ist laut Mediengesetz ein vollständiges Impressum vorgeschrieben mit Firmenname bzw. Name der Person, Anschrift, Daten zur Kontaktaufnahme (E-Mail-Adresse, Telefonnummer) sowie, wenn vorhanden, die Firmenbuchnummer und das Firmenbuchgericht. Bei E-Mails ist dies üblicherweise Bestandteil der Signatur.
- Wichtig ist es, dass man für Aussendungen konkrete Ansprechpartnerinnen bzw. Ansprechpartner hat, damit Mails nicht ungelesen in irgendwelchen office@-Postfächern verkommen.

Verfassen Sie einen Angebotsbrief und achten Sie dabei auf die Grundregeln zur Erstellung verkaufsfördernder Texte und auf die richtige Textgestaltung.

Jeder Brief ist **vor** dem Drucken nach der Checkliste zu kontrollieren.

Markieren Sie die Punkte auf der Checkliste, die Sie im Brief berücksichtigt haben.

Lesen Sie den Brief Ihrer Kollegin bzw. Ihres Kollegen und geben Sie ein fundiertes Feedback.

Siehe auch Kapitel „Der Newsletter als Marketinginstrument", S. 166.

- Bei Aussendungen von Newslettern ist der Hinweis zu vermerken, dass, falls der Erhalt von Newslettern nicht erwünscht ist, dieser abbestellt werden kann.
- Wird Bildmaterial in Mails verwendet, sollten diese mit Webauflösung abgespeichert sein, damit das Gesamtdatenvolumen eines Mails unter 1 MB liegt. Eine andere Möglichkeit ist es, den Newsletter mit Links zu gestalten, unter denen das entsprechende Bild- und Informationsmaterial zu finden ist.
- Bei der Gestaltung der Inhalte ist das Urheberrechtsgesetz zu beachten (Zitate, Textausschnitte, Bilder etc.).

4.3 Typografie und Layout

Die Grenze zwischen Typografie und Layout verläuft fließend. Unter **Typografie** versteht man die Lehre und Form von Schriftzeichen. Der moderne Begriff **Layout** beschreibt die Verteilung von Textblöcken, Grafiken, Bildern etc. auf einer Seite.

Über das Auge werden dem Gehirn unsere Erfahrungen weitergeleitet. Beim Betrachten unserer Umwelt – in diesem Fall von Schriftstücken – werden wir durch unsere Empfindungen beeinflusst. Gerade der erste Eindruck eines Textes ist oft entscheidend, die visuelle Erscheinungsform trägt wesentlich dazu bei, ob ein Text überhaupt registriert und in der Folge gelesen wird.

Desktop-Publishing (DTP) = die Kreation und Produktion von Druckerzeugnissen unter Zuhilfenahme eines Computers und einer geeigneten Layout-Software.

Durch den Einsatz eines **Computers** mit der entsprechenden Software und immer besser werdenden Druckern haben wir ungeahnte Möglichkeiten zum Desktop-Publishing. Darin liegt auch Gefahr. Es ist daher besonders wichtig, sich mit Typografie und Layout auseinanderzusetzen, wollen Sie mit den Texten auch eine entsprechende Reaktion der Gäste bewirken.

Grundregeln

Allgemein

Täglich werden Sie mit Drucksorten überhäuft. Achten Sie auf die Wirkung und sammeln Sie gute Musterbeispiele als Anregungen für Ihre Arbeit.

- Beachten Sie das Corporate Design. Eine einmal gewählte Grundgestaltung muss sich in allen schriftlichen Kommunikationsmedien – vom Briefpapier bis zur Speisenkarte – fortsetzen.
- Die Papierwahl wirkt sich auf das Layout aus und hängt vom Logo, Verwendungszweck und beabsichtigten Farbeinsatz ab.
- Bilden Sie Gruppen und lassen Sie Freiräume. Das Auge reagiert extrem empfindlich auf ein überladenes Leseangebot.
- Der Ausrichtung des Textes sind keine Grenzen gesetzt. Achten Sie jedoch darauf, eine Form beizubehalten. Ausrichtungen sind z. B. links- oder rechtsbündig, Zentrierung und Blocksatz. Entstehen beim Blocksatz trotz vernünftiger Silbentrennung zu große Abstände, ist der Flattersatz vorzuziehen.
- Achten Sie auf genügend Rand.
- Ein zu großer Zeilenabstand vermindert die Lesbarkeit.
- Zeilenlängen spielen je nach Schriftgröße und Textmenge eine große Rolle. 60 bis 70 Zeichen pro Zeile sind die obere Grenze.
- Bilder und Grafiken werden schneller erfasst, sind glaubwürdiger als Texte und haben eine stärkere emotionale Wirkung.
- Weniger ist mehr! Zu viel Text, zu viele Schriftarten, zu viele Grafiken oder Bilder verderben die Lust am Schauen und Lesen.
- Verwenden Sie in E-Mail-Nachrichten Standardschriften, damit der Empfänger die Nachricht öffnen und lesen kann.
- Wenn Sie Bildmaterial in E-Mails einbauen, achten Sie darauf, dass die Auflösung der Bilder für das Web angepasst (komprimiert) ist, damit keine unnötig große Datenmenge entsteht.

Überprüfen Sie in Zeitungstexten die Zeilenlänge der Meldungen.

Schrift

- Wichtigstes Kriterium ist die Lesbarkeit.
- Die Schriftart hängt vom Inhalt ab. Schrifttypen erzeugen verschiedene Stimmungen: runde Schrift = lebendig; eckige Schrift = ernst, würdevoll; verzierte Schrift = verspielt, träumerisch etc.
- Halbfette Schrift ist die lesefreundlichste für Überschriften und Slogans.
- Fette, magere und kursive (schräge) Schriften beeinträchtigen die Lesbarkeit, daher nur als Hervorhebung einzelner Wörter oder Wortgruppen verwenden.
- Schriften gleicher Stilrichtungen können gemischt werden. Auch hier gilt: Weniger ist mehr. Meist sind zwei Arten ausreichend.
- Die Schriftgröße hängt von der Schrifttype und dem Leseabstand ab. Zehn bis zwölf Punkt (1 pt = 0,353 mm) reichen für eine normale Lektüre. Schaugrößen für Titel von Magazinen (Wochenpost), Plakaten, Ankündigungen beginnen ab 14 Punkt.
- Gesperrter Text wird deutlich schlechter lesbar und stört den Lesefluss.
- Unterstreichungen stammen aus der Zeit der alten Schreibmaschinen, sie stören das Schriftbild. Verwenden Sie daher alternative Hervorhebungen.
- Längere Texte in Versalien und Texte in Schreibschriftversalien sind beinahe unlesbar.
- Es gibt Schriften mit oder ohne Serifen (Times New Roman [mit Serifen] oder Arial [ohne Serifen]). Für den täglichen Schriftverkehr ist eine serifenlose Schrift zu empfehlen, da sie klarer und damit leichter lesbar ist.

Beispiele für Schriftarten und Schriftgrößen

Probe	**Probe**	**Probe**
Innsbruck	Schriftschnitt	eng
Innsbruck	*Schriftschnitt*	*italic*
Innsbruck	Schriftschnitt	book
Innsbruck	*Schriftschnitt*	*Calligraphy*
Innsbruck	Schriftschnitt	breit

Farbe, Effekte

- Jeder kann Gefühle und Eigenschaften mit Farben verbinden. Auch Menschen mit verschiedenen Lieblingsfarben erleben die gleiche Wirkung der Farben. Egal, ob man z. B. Rot mag oder nicht, es werden damit die gleichen Assoziationen verbunden. Dies wird auch bei Texten (vor allem in der Werbung) genützt.
- Schwarze Schrift auf gelbem Grund hat die beste Fernwirkung, weil sie sich tags und nachts deutlich abhebt.
- Auf einem dunklen Untergrund ist eine weiße Schrift optimal, das ist ein Hell-Dunkel-Kontrast, der das Auge nicht irritiert.
- Auf einem hellen Untergrund wirkt schwarze Schrift am besten.
- Zwei bunte Farben konkurrieren miteinander, die Schrift beginnt zu flimmern.
- Fernwirkung und Nahwirkung haben unterschiedliche Gesetzmäßigkeiten, weil unterschiedliche Informationen übermittelt werden. Informationen, die schon von Weitem erkannt werden sollen, müssen kurz sein und aus bekannten Zeichen bestehen, für deren Entschlüsselung ein Blick genügt.
- Texte, die aus der Nähe gelesen werden, sind meist längere Texte mit neuen Informationen. Wenn ein Text längere Aufmerksamkeit erfordert, sind alle Farbkontraste störend, weil sie das Auge irritieren. In direkter Nähe wirken alle Farben stärker. Was in der Ferne angenehm wirkt, ist nah unangenehm grell.
- Effekte wie kleine Symbole, Piktogramme und Sonderzeichen werden rasch erfasst.
- Wählen Sie solche Elemente, die den Betrachter positiv beeinflussen (z. B. eine kleine Sonne).

Welche Schriftarten eignen sich für diese Texte?

- Kindermenü
- Galadiner
- Einladung zum Hüttenausflug
- Oldtimer-Ausstellung

Wussten Sie, dass ...

... das VERSALIEN sind?
... das gemeine sind?
... das KAPITÄLCHEN sind?
... das g e s p e r r t ist?
... das Serifen sind?

Serifen = kleine, abschließende Querstriche am oberen oder unteren Ende von Buchstaben.

Diskutieren Sie die Lesbarkeit dieser Schriften und Schriftgrößen. Welche Stimmungen erzeugen sie? Welche Textgattung assoziieren Sie damit?

Überlegen Sie, welche Schriftstücke Sie beim Sortieren Ihrer Post als wichtig, als weniger wichtig und als Wegwerfpapier betrachten.

Suchen Sie passende Symbole und Piktogramme, die Sie in Ihren Texten verwenden können, und erstellen Sie einen kleinen Beispielkatalog.

Farbe und Lesbarkeit

Schwarze Schrift auf gelbem Grund hat die beste Fernwirkung.

Schwarze Schrift auf weißem Grund hat die beste Nahwirkung.

Fernwirkung und Nahwirkung gelten für verschiedene Arten von Informationen. Fernwirkung ist wichtig für ...

... Informationen wie Verkehrszeichen: für kurze Informationen, deren Bedeutung bekannt ist.

Fernwirkung spielt keine Rolle bei längeren Texten mit unbekannten Informationen. Sie müssen immer aus der Nähe gelesen werden. Dabei wirken Farben störend.

Viele glauben, rote Schrift hätte einen besonders hohen Aufmerksamkeitswert, tatsächlich aber werden rot gedruckte Texte weniger gelesen als schwarz-weiß gedruckte. Rot Gedrucktes erweckt heute den Eindruck unwichtiger Werbung.
Dagegen wirkt schwarz-weiß Gedrucktes seriös und informativ.

Je geringer der Helligkeitskontrast von Schrift und Untergrund, desto geringer die Lesbarkeit.

Je farbiger ein Text, desto schwieriger ist er zu lesen, desto unwichtiger erscheint die Information.

Betrachten Sie die Bilder, die in den verschiedenen Prospekten zu finden sind, kritisch und diskutieren Sie die Wirkung.

Grafik und Bilder

- Bilder aktivieren und erhöhen die Aufmerksamkeit des Betrachters.
- Der natürliche Widerstand des Menschen für alles Neue ist beim Bild wesentlich geringer als beim geschriebenen Wort.
- Bilder werden vor dem Text und vor allem länger als dieser betrachtet.
- Sie sind besser dazu geeignet, Emotionen zu vermitteln.
- Besonders in der Tourismuswirtschaft sind Fotos einzusetzen, da sie die Glaubwürdigkeit erhöhen.
- Der Botschaftsinhalt des Bildes muss klar hervorgehen.
- Auf Bildern sind Urlauber professionellen Models vorzuziehen, da die Bilder authentisch und nicht inszeniert wirken dürfen.
- Das Alter der fotografierten Personen muss der Zielgruppe entsprechen!
- Situationen im Hotel oder im Ort sind so zu präsentieren, wie sie der Gast tatsächlich vorfinden und miterleben kann.
- Auch für Bilder gilt: Unnötiges weglassen!
- Im Allgemeinen verlangt ein Bild nach einer Bildunterschrift. Sagen Sie in ihr etwas Wichtiges, denn Bildunterschriften werden bevorzugt gelesen.
- **Ein** gutes Bild sagt mehr als drei mittelmäßige.
- Bei allen Möglichkeiten – ein Zuviel schmälert die Prägnanz der Werbebotschaft.
- Beachten Sie immer die Urheberrechte!

> „In den Augen der Gesellschaft sind wir nicht das, was wir sind, sondern das, wofür wir gehalten werden!"
> PAUL LAZARSFELD, SOZIOLOGE (1901–1976)

Welche bekannten Marken fallen Ihnen spontan ein?

Corporate Identity – CI

Bei Corporate Identity – der **Unternehmensidentität** – handelt es sich um ein nach innen und außen **einheitliches Erscheinungsbild** eines Unternehmens. Diese Identität drückt sich aus im Unternehmensleitbild, in Namen, Logos, Symbolen, Farben, Schriften und den Umgangsformen.

CI kann nicht über Nacht eingeführt werden, sie entwickelt sich durch einen langfristigen Prozess, den alle Mitarbeiterinnen und Mitarbeiter mittragen.

Durch das CI werden Unverwechselbarkeit, schnelle Erkennbarkeit, Selbstdarstellung und gutes Image angestrebt. Stellt sich alles, womit Sie mit Ihren Gästen kommunizieren (Service, Rezeption, Büro, Produkte, Prospekte etc.), als unverwechselbares Gesamtbild dar, dann werden Sie sich positiv von Ihren Mitbewerbern unterscheiden. Außerdem führt ein unverwechselbares, bekanntes Logo zu Kundenbindung.

Unter den Begriff CI fallen unter anderem ein einheitliches **Corporate Design (CD)** und das sogenannte **Corporate Wording** – also die formale und inhaltliche Gestaltung des Gesamtauftrittes nach außen (siehe auch „Grundregeln für Texte“, S. 83).

> CI ist das Selbstbild, so sieht sich der Betrieb. Image ist das Fremdbild eines Unternehmens, so sieht die Öffentlichkeit den Betrieb.

Public Relations – PR

Der Begriff Public Relations bezeichnet die **Öffentlichkeitsarbeit** eines Unternehmens. Es geht dabei um die **planmäßige Gestaltung der Beziehungen zwischen dem Unternehmen und der Öffentlichkeit** (Kunden, Banken etc.). In diesen Bereich fallen Presseaussendungen, Tage der offenen Tür, Messen, Einladungen an Medienvertreter und Aktionen, die das Unternehmen auf möglichst positive Art bekannt machen.

Tipps zum Verfassen von Pressemitteilungen

- Seitenlayout:

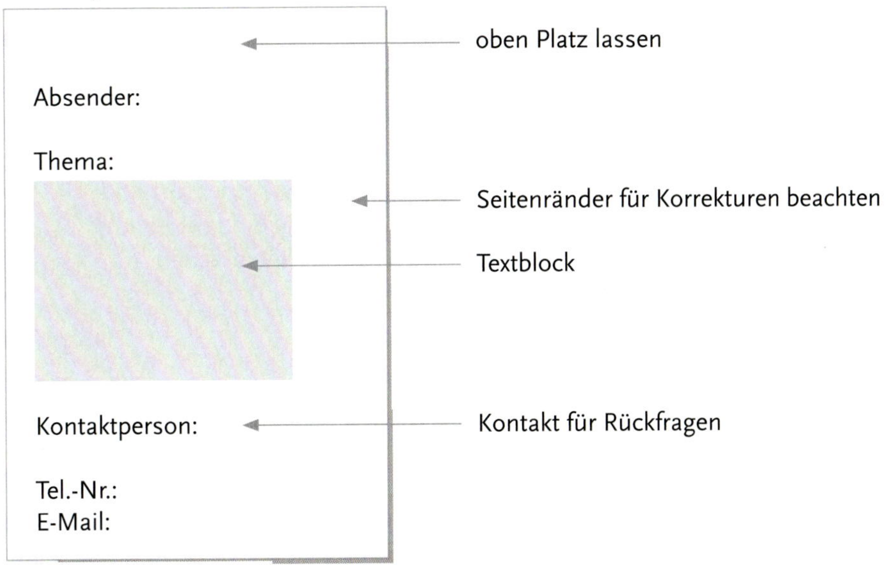

- Überlegen Sie, wen Sie ansprechen möchten.
- Wählen Sie eine eindeutige, informative Headline (Kopfzeile).
- Wichtige Informationen kommen zuerst.
- Halten Sie sich an die **KISS-Regel:** Keep it short and simple.
- Der Pressetext beantwortet immer folgende sechs **W-Fragen:** Wer? Was? Wo? Wann? Wie? Warum?
- Vermeiden Sie unbekannte Fachausdrücke und Fremdwörter.
- Zu jedem Bild gehört eine Legende (ein Bildtext).
- Planen Sie einen sinnvollen Zeitrahmen vor bzw. nach der Aktion – die Redaktion benötigt ausreichend Zeit für den Druck.

Beispiele Hotellogos

R. REITER'S

Radisson SAS HOTELS & RESORTS

Kempinski HOTELIERS SINCE 1897

Alpenrose

Das Logo ist die „Marke“ des Hotels. Es ist auf allen Unterlagen – vom Briefpapier über die Informationsmappe bis zur Homepage – und auch als Schriftzug am Hoteleingang ist es zu finden.

Suchen Sie in Tageszeitungen nach PR-Artikeln und besprechen Sie die Inhalte. Welche PR-Aktionen führt Ihr Lehrbetrieb durch? Zeigen Sie Beispiele.

Erstellen Sie eine Pressemitteilung an die Regionalzeitung für eine Veranstaltung Ihres Lehrbetriebs.

Beim Versand von Pressemeldungen oder anderen PR-Texten per E-Mail gelten die gleichen Bestimmungen wie für den Versand von Newslettern und E-Mails (siehe S. 85 und 166) sowie die Grundregeln zur Textgestaltung (siehe S. 83).

4.4 Erstellung von Speisen-, Menü- und Getränkekarten

Speisen- und Menükarten

Im Inhalt der Speisen- und Menükarten müssen sich der individuelle Charakter und die Leistungsfähigkeit eines Betriebs widerspiegeln. Als Grundlage für die Erstellung von Karten werden die bewährten Grundsätze zur Erstellung eines Menüs herangezogen. Die Menüplanung liegt in der Hand der Küchenchefin bzw. des Küchenchefs. Sie bzw. er informiert die Mitarbeiterinnen und Mitarbeiter der Rezeption über die aktuellen Karten, die zu erstellen sind.

Folgende Karten werden unterschieden:

- **Standardkarte oder À-la-carte-Karte:** Anzahl und Auswahl der Speisen, die in dieser Karte angeführt sind, bleiben über einen bestimmten Zeitraum fix.
- **Tageskarte:** Die Tageskarte bereichert die Standardkarte mit täglich wechselnden Gerichten. Sie orientiert sich am saisonalen Angebot und ist meist ein Beiblatt, das in der Standardkarte täglich ausgetauscht wird.
- **Spezialitätenkarte:** Die Spezialitäten des Hauses werden in dieser Karte extra angeboten. Dieses Angebot kann aber auch in die Standardkarte integriert sein.
- **Saisonkarte:** Ähnlich der Tageskarte, nur für einen längeren Zeitraum gültig, kann mit einer Saisonkarte ein der Jahreszeit entsprechendes Zusatzangebot offeriert werden.
- **Menüangebote:** Zusammengestellte Menüs werden in dieser Karte entweder für die Mittags- oder Abendzeit angeboten. Für Mittagsmenüs gilt für die Zusammenstellung, dass sie nicht zu umfangreich, bekömmlich und rasch zu servieren sind, z. B. Businesslunch. Abendmenüs hingegen können aufwendiger sein, da die Gäste abends dem Essen mehr Zeit widmen können.
- **Abendkarten:** Darin sind spezielle Abendgerichte vermerkt bzw. wird sie dann verwendet, wenn die umfangreichere Standardkarte zu später Stunde nicht mehr ausgegeben wird. Sie kann aber auch ähnlich der Spezialitätenkarte besondere kulinarische Highlights der Küche zusätzlich anbieten, z. B. für Gäste, die spätabends nach einem Theater- oder Konzertbesuch noch eine feine Kleinigkeit genießen möchten.

> Welche Karten ein Betrieb anbietet, hängt von der Betriebsart und den Gästezielgruppen ab. Die Karten müssen – im Sinne einer umfassenden CI – dem Betrieb und seinem Auftritt entsprechen.

Aufbau einer Speisenkarte

Eine gut aufgebaute Speisenkarte erleichtert den Gästen die Auswahl

Vorspeisen	■ Kalt
Suppen	■ Klar ■ Gebunden ■ Spezialsuppen
Vorspeisen	■ Warm
Fischgerichte	■ Süßwasserfisch ■ Meeresfisch ■ Meeresfrüchte
Fleischgerichte	■ Fertige Tellergerichte ■ Frisch zubereitete Speisen ■ Schlachtfleisch (Rind, Kalb, Schwein, Lamm) ■ Geflügel (Hausgeflügel, Wildgeflügel) ■ Wild

Vegetarische Gerichte	■ Getreide ■ Gemüse ■ Salate
Beilagen	■ Kartoffeln, Getreide, Reis, Knödel ■ Gemüse ■ Salate
Desserts	■ Warme Süßspeisen ■ Kalte Süßspeisen ■ Eis und Desserts mit Eis
Käse	■ Frischkäse ■ Milde Käsesorten ■ Würzige Käsesorten ■ Oder: Einteilung der Käsesorten nach Herkunftsländern

Speisenkarten können auf Speisenkartenständern präsentiert werden

Inhalte einer Speisenkarte

Das sollte – abgesehen vom Speisenangebot – in jeder Speisenkarte zu finden sein:

- Name und Adresse des Betriebs
- Öffnungszeiten, Ruhetage, Betriebsurlaube
- Telefon- und Faxnummer, E-Mail-Adresse und Website, Ansprechperson und Reservierungsmöglichkeit
- Verkaufspreise inklusive gesetzlicher Abgaben und Steuern sowie eventuell Gedeckpreis (Kuvert)
- Zeitangaben für Speisen mit längerer Zubereitungszeit sowie Gewichtsangaben (z. B. bei Steak oder Fisch)
- Hinweise auf verschiedene Veranstaltungsmöglichkeiten, Räumlichkeiten (z. B. Logen für zwei, Café-Lounge, Ballsaal), Spezialitätenwochen, Zusatzangebote etc.
- Getränke- und Weinempfehlungen
- USPs, z. B. Weine aus eigenem Anbau, Fisch aus eigener Zucht
- Chronik oder Philosophie des Hauses
- Vorstellung der Besitzer und des Küchen- und Serviceteams
- Vorstellung der wichtigsten Lieferanten der Region, wenn diese für Qualität sprechen
- Gesetzliche Bestimmungen

Kuvert = Brot, Butter und Stoffserviette. Dafür wird ein Kuvertpreis verrechnet.

! Es gilt die Preisauszeichnungspflicht, das heißt, es muss erkenntlich sein, dass die Preise in Euro angegeben sind und dass es sich um Inklusivpreise handelt.

Faktoren der Speisen- und Menüplanung sowie der Kartengestaltung

Zum Erstellen einer Speisenkarte bzw. bei der Menüplanung sollten folgende Faktoren berücksichtigt werden:

Gästekreis, Gästezielgruppe	Touristen, Geschäftsleute, Jugendliche, Senioren etc.
Verkehrsfrequenz und Besucherfrequenz	Unter Berücksichtigung der Lage des Hauses und der Öffnungszeiten
Gasträume	Anzahl, Art und Atmosphäre
Lager- und Arbeitsräume	Anzahl, Größe, Fassungsvermögen
Küche und Küchenbrigade	Größe der Räume sowie Umfang der Brigade und Ausbildungsgrad der Mitarbeiterinnen und Mitarbeiter
Anlässe	Hochzeit, Businesslunch etc.
Tageszeit/Jahreszeit	Mittag- oder Abendessen, saisonale bzw. regionale Angebote etc.
Menüplanung bzw. Kartengestaltung	Vgl. „Gastronomische Fachkunde“

Am besten führt man eine Marktanalyse durch, um Faktoren wie Gästezielgruppe und Verkehrs- sowie Besucherfrequenz zu ermitteln.

Möglichkeiten der Warenbeschaffung, Wirtschaftlichkeit	Bei der Speisen- und Menüplanung müssen die Kosten – sowohl der Wareneinsatz als auch die Personalkosten – im Auge behalten werden. Eine realistische Preisgestaltung setzt eine gute Kalkulation voraus.

Schreibweise auf Menü- und Speisenkarten

Sprachen sollen nicht vermischt werden	
☺ Püree	☹ Purée
Sammelbegriffe sind unbedingt zu vermeiden	
☺ Semmelknödel ☺ Serviettenknödel ☺ Kartoffelknödel	☹ Knödel
☺ Gurkensalat ☺ Häuptelsalat ☺ Tomatensalat ☺ Gemischte Blattsalate mit Joghurtdressing	☹ Salat
Auf österreichischen Speisen- und Menükarten sind österreichische Bezeichnungen zu verwenden	
☺ Knödel	☹ Klöße
☺ Karfiol	☹ Blumenkohl
Abkürzungen sind unbedingt zu vermeiden	
☺ Wiener Zwiebelrostbraten	☹ Wr. Zwiebelrostbraten
☺ Gemischtes Eis	☹ Gem. Eis
Beilagen, die aus mehreren Stücken bestehen, müssen in der Mehrzahl angegeben sein	
☺ Petersilienkartoffeln	☹ Petersilienkartoffel
☺ Champignons	☹ Champignon
In Aneinanderreihungen und bei Zusammensetzungen von Wortgruppen setzt man Bindestriche zwischen die einzelnen Wörter	
☺ Erdäpfel-Lauch-Suppe	☹ Erdäpfel-Lauchsuppe

Die Karte soll auch bei gedämpftem Licht gut lesbar sein

Weitere Tipps für qualitativ hochwertige Menü- und Speisenkarten

- Überprüfung auf korrekte Rechtschreibung.
- Fachausdrücke verständlich und Produkte ansprechend beschreiben (gartenfrische Blattsalate statt grüner Salat).
- Missverständnisse vermeiden. Kann z. B. ein Gast „Lachs-Kaviar" so verstehen, als umfasse das Angebot „Lachs" und „Kaviar" und nicht nur Eier vom Lachs?
- Überprüfung auf gute Lesbarkeit auch im Halbdunkeln und bei Kurzsichtigkeit (Schriftart, Schriftgröße, Schriftfarbe, Untergrund; siehe dazu auch Kapitel „Typografie und Layout", S. 86).
- Hervorhebungen machen (Spezialitäten, USPs etc.).
- Preise rechtsbündig schreiben, das bietet dem Gast die beste Orientierung beim Lesen.
- Die Karte soll sauber, handlich, abwaschbar, haltbar und strapazierfähig sein und optisch zum Betrieb passen. Verschmutzte, kaputte oder unansehnliche Karten sollen sofort aus dem Verkehr gezogen werden – eine rasche Reproduktion soll kein Problem sein.
- Die Anzahl der Karten ist nach der Anzahl der Sitzplätze zu berechnen.

> „Die Frische der Speisen kannst du schon an der Frische der Speisenkarte erahnen. Ein sauberes Blatt Papier ist mir als Gast lieber als eine von vielen Hunderten Hungrigen abgegriffene Pergamentmappe."
>
> Eva Rossmann, Schriftstellerin und Köchin

- Ein Hinweis, dass Karten zum Selbstkostenpreis erworben werden können oder mitgenommen werden können, kann vermeiden, dass Gäste sie nur deshalb einfach mitnehmen, weil sie sich nicht trauen, nach dem Preis zu fragen. Verkaufte Speisenkarten oder Mitnahmekarten sind eine gute Werbung.

Halten Sie anderssprachige Karten bereit.

Arten von Menükarten

Menükarten werden bei Veranstaltungen wie Banketten, Hochzeiten oder Firmenfeiern aufgelegt. Sie vermitteln den Eindruck gehobener Tischkultur.

Welche Sprachen sind in Ihrem Lehrbetrieb gefragt?

Menükarten kommen aber auch in der (Ferien-)Hotellerie bei Halb- und Vollpensionen zum Einsatz. Sie werden bei Wahlmenüs bereits beim Frühstück aufgelegt, damit die Gäste ihr Menü zusammenstellen können.

Nach dem formalen Aufbau unterscheidet man:

- **Klassische Form:** Die Speisen und Getränke werden zentriert untereinander geschrieben. Die einzelnen Speisenfolgen sind deutlich (z. B. durch Zeichen) getrennt.

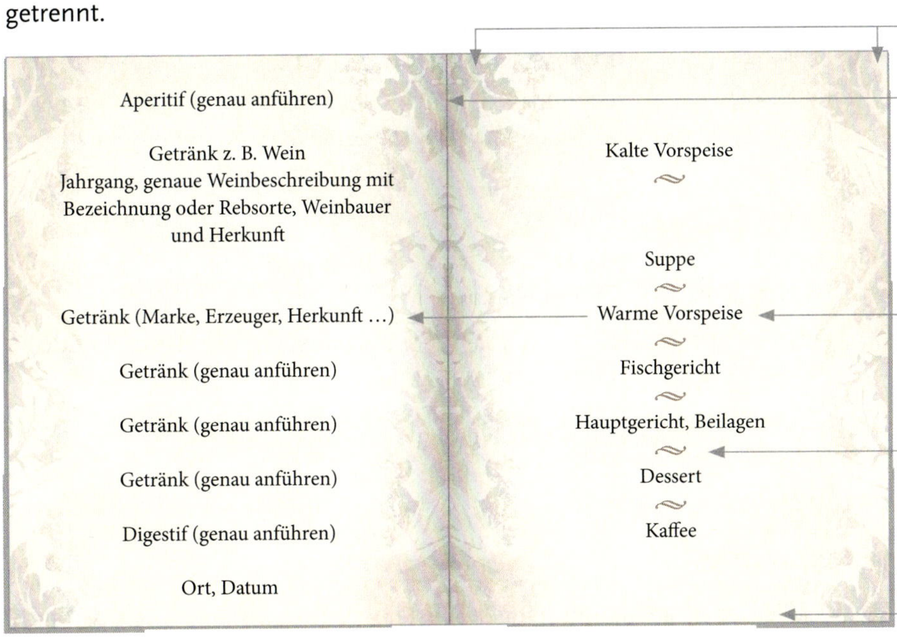

- **Moderne Form:** Die Speisen und Getränke werden linksbündig geschrieben und können durch Zeichen getrennt werden.

Man kann auch eine einfache Menükarte erstellen. Dafür werden untereinander zuerst die Speisen, anschließend die Getränke aufgelistet. Ort, Datum und Anlass vervollständigen die Karte.

Gestalten Sie einen Umschlag für eine Menükarte, die den Stil Ihres Ausbildungsbetriebs widerspiegelt.

Diese Menükarten werden gefaltet und als Einlageblatt in vorbereitete Umschläge mit Firmen-, Menü- oder Anlassaufdruck (z. B. Hochzeit) eingelegt.

Folgende Menüreihenfolge ist beim Aufbau der Menükarte zu beachten

	Deutsch	Français	English	Italiano
1	Gaumenfreuden, Appetithappen, Mundbissen	Amuse-Bouche	Appetizer	Stuzzichino
2	Kalte Vorspeise	Hors d'œuvre froid	Starter, First Course	Antipasto (freddo)
3	Suppe	Potage	Soup	Minestra
4	Warme Vorspeise	Hors-d'œuvre chaud	Hot Entree	Primo Piatto
5	Fisch, Meeresfrüchte	Poisson, Fruits de Mer	Fish, Seafood	Pesce, Frutti di Mare
6	Sorbet/ Eisgetränk	Sorbet	Sherbet, Sorbet	Sorbetto
7	Hauptgang – Fleischgang	Rôti/Grosse Pièce/Relevé	Main Course	Secondo Piatto/ Carne/Arrosto
7a	Beilagen/ Gemüse/Salat/ Garnitur	Garniture	Side Dishes/ Vegetables/ Salad/Garnish	Contorno/ Verdura
8	Käse	Fromage	Cheese	Formaggio
9	Warme Süßspeise	Dessert/ Entremets chaud	Hot Dessert	Dolce caldo
10	Kalte Süßspeise	Dessert/ Entremets froid	Cold Dessert	Dolce freddo
11	Kaffee – Kleine Näschereien	Café – Petits Fours	Coffee – Cookies, Biscuits	Caffè – Pasticcini

Stellen Sie ein viergängiges Abendmenü passend zu Ihrem Ausbildungsbetrieb zusammen und beachten Sie dabei die Saison. Geben Sie dazu Getränkeempfehlungen und gestalten Sie das Einlageblatt je nach Stil des Umschlags klassisch oder modern.

Stellen Sie die Karte schließlich zusammen und beurteilen Sie gemeinsam in der Klasse das Ergebnis.

Getränkekarten

Wie bei allen anderen Karten hängen Gestaltung und Umfang auch bei der Getränkekarte von der Art des Betriebs ab. In jedem Fall soll sie als Visitenkarte des Betriebs ansprechend und originell gestaltet sein. Sie muss ein gutes Getränkeangebot aufweisen, das systematisch gegliedert ist.

Eine gute Getränkekarte zeichnet sich durch einen **übersichtlichen Aufbau** aus. Die einzelnen Getränkegruppen werden getrennt angeführt. Bei allen Getränken mit Ausnahme von Tee und Kaffee muss hervorgehen, auf welche Menge sich der Preis bezieht. Die gesetzlichen Bestimmungen sind einzuhalten.

Aufbau der Getränkekarte	
Aperitifs	▪ Südweine (Sherry, Portwein etc.) ▪ Wermut ▪ Bitters ▪ Anisées ▪ Pre-Dinner-Cocktails (trockene Cocktails)
Weine	▪ Aufbau siehe Weinkarte, S. 95
Bier	▪ Offenes Bier vor Flaschenbier ▪ Inländisches vor ausländischem Bier
Alkoholfreie Getränke	

Ein umfangreiches Getränkeangebot soll dem Gast mit einer ansprechenden Getränkekarte schmackhaft gemacht werden

Heißgetränke	■ Kaffee ■ Tee ■ Schokolade ■ Milchmischgetränke
Digestifs	■ Brände ■ Liköre ■ After-Dinner-Cocktails

Gesetzlich vorgeschriebene Vermerke auf Getränkekarten
- Preisangabe
- Ausschankmenge
- Verweis auf Inklusivpreise

Die Weinkarte

Gute Weine sind immer eine harmonische Ergänzung zu einem exquisiten Essen. Daher muss sich das Weinangebot auch am Speisenangebot orientieren. Die Weinkarte ist aber ebenso an der Nachfrage der Gästezielgruppe auszurichten. Den Schwerpunkt sollen inländische Weine bzw. eine persönliche Selektion der Sommelière bzw. des Sommeliers bilden.

Aufbau und Gliederung der Weinkarte
- Offene Weine vor Flaschenweinen
- Inländische vor ausländischen Weinen
- Weißweine vor Rosé- und Rotweinen
- Tafel- vor Qualitätsweinen
- Stillweine vor Schaumweinen

Beispiel für die Gliederung einer Weinkarte

Offene Weine

Inländische Weißweine vor inländischen Roséweinen vor inländischen Rotweinen – gegliedert nach den Weinbauregionen Niederösterreich, Burgenland, Steiermark und Wien (evtl. auch nach Weinbaugebieten innerhalb der Weinbauregion)

Ausländische Weißweine vor ausländischen Roséweinen vor ausländischen Rotweinen – gegliedert nach Herkunftsländern

Flaschenweine

Inländische Flaschenweine (weiß) vor inländischen Flaschenweinen (rosé) vor inländischen Flaschenweinen (rot) – gegliedert nach den Weinbauregionen (eventuell auch nach den Weinbaugebieten)

Österreichische Weinraritäten

Ausländische Flaschenweine (weiß) vor ausländischen Flaschenweinen (rosé) vor ausländischen Flaschenweinen (rot) – gegliedert nach den Herkunftsländern. In der Regel werden bei den ausländischen Weinen die französischen Weine vor die Weine anderer Länder gereiht.

Österreichische Schaumweine

Champagner und andere ausländische Schaumweine

Neben den klassischen Getränkekarten werden zunehmend Spezialkarten für Tee, Kaffee, aber auch Zigarren angeboten, die auf eine gute Qualität und eine feine Auswahl schließen lassen. Sie sind dem Betrieb entsprechend zu wählen und zu gestalten.

Nicht die Menge, sondern die Qualität der dargebotenen Weine macht eine gute Weinkarte aus.

Weinraritäten erhöhen die Attraktivität einer Weinkarte, sollen jedoch nicht im Vordergrund stehen

Da das Angebot an Weinen, die glasweise ausgeschenkt werden, öfter geändert wird, man jedoch nicht ständig die Weinkarte adaptieren kann, werden die glasweise angebotenen Weine oft in der Tageskarte passend zu den Gerichten angeführt. Ebenso werden korrespondierende Weine in einer Menükarte (siehe S. 93) angeführt.

Folgende Vermerke sollen auf einer Weinkarte vorhanden sein

- Bezeichnung des Weines
- Rebsorte bzw. Cuvée
- Riede
- Jahrgang
- Qualitätsstufe
- Alkoholgehalt in Vol.-%
- Restzuckergehalt bzw. Geschmacksrichtung (trocken, lieblich etc.)
- Winzerin bzw. Winzer, Erzeugerbetrieb
- Ausschankmenge bzw. Flascheninhalt
- Preisangabe
- Verweis auf Inklusivpreise
- Eventuell Kassa- bzw. Artikelnummer

Zur Verkaufsunterstützung können weitere Informationen hervorgehoben werden:

- Herkunftsbezeichnungen (z. B. DAC, DOC, Grand-cru-Lage)
- Besondere Herstellungsverfahren (z. B. Méthode traditionelle)
- Besondere Weine (z. B. Wein des Monats)

Es gibt unzählige Varianten von Weinkarten. Am wichtigsten ist, dass in der Weinkarte ein System zu erkennen ist, an dem sich der Gast orientieren kann. Man kann die Karte z. B. nach Weingütern, Regionen oder Rebsorten einteilen.

4.5 Informationen zur Gästebetreuung

Der Begriff „Animation" stammt vom lateinischen „animare" und bedeutet „beleben, Leben einhauchen".

Animation ist der gesamte Bereich der Anregung in der Freizeit, verbunden mit Geselligkeit, Bewegung, Aktivität, Kontakt, Spaß und Genuss. **„Heute gibt's Animationsprogramm – aber keiner geht hin"** zeugt von einem Informationsdefizit. Alle Mitarbeiterinnen und Mitarbeiter im Haus müssen diesbezügliche Informationen weitergeben können. Der schriftlichen Information kommt besondere Bedeutung zu. Mögliche Informationsträger sind

- die Wochenvorschau,
- die Morgenpost,
- Plakate oder
- Informationsblätter,
- Anmeldelisten und Ähnliches.

Wochenvorschau

Gäste, die einen längeren Aufenthalt gebucht haben, erhalten mit der Wochenvorschau einen Überblick über die Aktivitäten der kommenden Zeit. Dieses Programm soll nicht nur im Hotel, sondern auch an anderen Orten ausgehängt werden.

Gestaltungsvorschläge

- Wie einen Kalender chronologisch und übersichtlich aufbereiten.
- Aktivitäten beschreiben, Ort und Uhrzeit hervorheben.
- Ansprechpersonen anführen.
- Auf Anmeldung hinweisen.
- Je nach Aktivität auf Kleidung hinweisen und Schuhempfehlung geben.
- Auf das allgemeine Wochengeschehen im und außer Haus hinweisen, z. B. Wetter, Veranstaltungen, Naturereignisse, Ausflugsziele, Verkostungen, Literaturempfehlung.
- Gäste anregen, Vorschläge für Aktivitäten zu unterbreiten.

Erstellen Sie eine Wochenvorschau unter Berücksichtigung der Gestaltungsvorschläge.

Gästezeitung

Die Gästezeitung bietet die Möglichkeit, die Beziehung zwischen den Gästen und dem Betrieb zu vertiefen, und das verschafft Wettbewerbsvorteile. Der Gast erfährt darin Aktuelles aus dem Angebotsprogramm, aus der Umgebung, Ausflugsangebote etc. Ebenso erhält er Informationen über den Betrieb.

Gestaltungsvorschläge

- **Gästeinformationen:** Aktionskalender, Veranstaltungen, Anregungen für Ausflüge, Rezepte, Wettbewerbe, Feierlichkeiten, Fotos, Ehrungen, Gäste als Autoren.
- **Betriebliche Informationen:** Vorstellung der Mitarbeiterinnen und Mitarbeiter, Rückblicke und Vorschau, Ehrungen, Auszeichnungen, eventuell eigene Mitarbeiterzeitung.
- **Allgemeine Informationen:** Wetter, Aktuelles aus der Umgebung, Kultur, Sport, Wirtschaft, Politik, Zitate und Sprüche.

Beispiel für eine Gästezeitung

Erstellen Sie ein Konzept für eine Gästezeitung. Sammeln Sie aus Tageszeitungen, aus Zeitschriften, aus dem Internet (www.wetter.com, www.zitate.de), aus Infomails etc. Informationen für die Gästezeitung. Orientieren Sie sich auch an den Informationen, die Sie aus dem Gegenstand „Deutsch und Kommunikation" haben.

Morgenpost

Diese Form der Information ist besonders für Kurzurlauber interessant, da sie beim Frühstück nachlesen können, welches Programm diesen Tag geboten wird, bzw. welche Aktivitäten in der Umgebung unternommen werden können. Achten Sie bei der Erstellung auf die Sprache Ihrer Zielgruppen.

Gestaltungsvorschläge

- Begrüßung, persönlicher Einstieg.
- Chronologischer Ablauf.
- Aktivitäten beschreiben, Ort und Uhrzeit hervorheben.
- Ansprechpersonen anführen.
- Bei Veranstaltungen auf eventuelle Anmeldungen hinweisen.
- Je nach Aktivität auf Kleidung hinweisen und Schuhempfehlung geben.
- Zusatzinformationen zu Wetter, Menü, Speisenangebot, Spruch des Tages, Besonderheiten zum Datum etc.

Erstellen Sie eine Morgenpost für Ihren Lehrbetrieb unter Berücksichtigung der Gestaltungsvorschläge.

Entwerfen Sie eine Skizze für ein Plakat unter Berücksichtigung der Gestaltungsvorschläge.

Suchen Sie für die Gästekommunikation in Ihrem Lehrbetrieb wichtige Websites und verfassen Sie ein Informationsblatt für Ihre Arbeitsunterlagen (verschiedene Transportmittel mit Ankunft und Abfahrt, Karten für Veranstaltungen, Konzerte, Theater, Oper, Museen, Eintrittspreise für Sehenswürdigkeiten, Routenplaner, Aktuelles aus dem Ort und der Umgebung etc.).

Beispiel Morgenpost

RONACHER HEUTE

Mittwoch, 26. Jänner 20..

GEDANKEN ZUM TAG

Wer sich für andere interessiert, muss sich einmischen und bereit sein, ihre Sorgen mitzutragen.

Walter Rupp

Guten Morgen!

AKTUELLES UND INFORMATIVES

NAMENSTAGE:
Albert, Edith, Hemma, Margarethe, Paula, Robert;

GUTEN MORGEN, LIEBE GÄSTE!
Genießen Sie in aller Ruhe Ihr Frühstück und lassen Sie sich von den Klängen der Harfe verzaubern.

FIT MIT GYMNASTIK:
08.00 Uhr: Morgengymnastik
08.45 Uhr: Wassergymnastik
17.00 Uhr: Wirbelsäulengymnastik
Die Wirbelsäule spielt die tragende Rolle in unserem Körper. Spezielle Übungen dehnen und kräftigen die Muskulatur des Stütz-, Halte- und Bewegungsapparates.

UNSER PROGRAMM VON HEUTE:
Jürgen lädt Sie recht herzlich zu einem Carving-Skitag ein. Er verrät Ihnen gerne Tipps und Tricks zur Verbesserung Ihrer Technik. Treffpunkt ist um 10.00 Uhr an der Panoramatafel der Kaiserburg Talstation.

Genießen Sie die herrliche Winterluft auf den frisch gespurten Loipen beim heutigen Langlaufausflug mit unserem Diplom-Sportlehrer Hugo Schretter. Wir treffen uns um 10.30 Uhr vor dem Langlaufkeller im Hotel Die Post.

Alle Eisschützen aufgepasst! Jürgen freut sich auf einen lustigen Nachmittag beim Gasthof Dalnig. Alle Gäste, die sich gestern angemeldet haben, treffen sich heute um 15.00 Uhr vor dem Hotel Die Post. Wir erlauben uns, einen kleinen Unkostenbeitrag von € 3,-- auf Ihre Rechnung zu setzen.

BESONDERER ABEND...
Familie Ronacher lädt Sie heute ab 19.00 Uhr zu einem Sektempfang mit der Aufführung eines Kinderballets in unserer Therme ein. Anschließend verwöhnen Sie unser Küchenchef Herr Michael und seine Brigade sowie Herr Gerald und sein Team mit einem "Diner für Genießer". Weiters wird uns im Rahmen des heutigen Gala Diners vom Verlag "BESSER ESSEN & REISEN" der Preis "Wellnesshotel des Jahres 2005" verliehen. Feiern Sie mit uns gemeinsam diesen besonderen Abend. Das "Bio Trio" sorgt für die musikalische Unterhaltung.

LIEBE GÄSTE!
Wir bitten um Ihr Verständnis, dass wir den Bereich unseres großen Thermalhallenbeckens ab 18.00 Uhr heute geschlossen haben.
Nähere Informationen entnehmen Sie bitte dem beiliegenden Sonderkurier.

VORSCHAU AUF MORGEN DONNERSTAG:
Auch am Donnerstag entführt Sie unser Diplom-Sportlehrer Hugo wieder auf die tolle Loipe von Bad Kleinkirchheim. Wir treffen uns, wie gewohnt, um 10.30 Uhr beim Langlaufkeller im Hotel Die Post.

Freuen Sie sich auf eine wunderschöne Schneeschuhwanderung mit Jürgen in St. Oswald. Anschließend ist eine Einkehr bei der Buschenschank Aufegger geplant. Treffpunkt ist um 10.30 Uhr mit den eigenen PKW's vor dem Hoteleingang. Die gesamte Gehzeit beträgt circa 2 Stunden. Wenn Sie Jürgen bei dieser Wanderung begleiten möchten, bitten wir um Ihre Anmeldung bis heute, 17.00 Uhr an der Reception (festes Schuhwerk ist notwendig). Für das Besorgen der Schneeschuhe erlauben wir uns, Ihnen einen kleinen Unkostenbeitrag (€ 9,--)auf Ihre Rechnung zu setzen.

Familie Ronacher und ihre Mitarbeiter wünschen Ihnen einen schönen und erholsamen Urlaubstag!

Plakat oder Ankündigungstafel

Nur Sekundenbruchteile entscheiden über Sehen oder Nichtsehen. Dementsprechend ist auf eine übersichtliche, einprägsame Gestaltung eines Plakats oder der Ankündigungstafel zu achten. Denken Sie an die Informationsflut, der man täglich ausgesetzt ist, und überlegen Sie, was Ihnen davon ins Auge springt und im Gedächtnis bleibt und was nicht. Dementsprechend ist auch ein Plakat zu gestalten.

Gestaltungsvorschläge

- Formulieren Sie kurze Botschaften und klare Ideen.
- Denken Sie an die Signalwirkung (Größe, Farbe, Bild, siehe Kapitel „Typografie und Layout", S. 86).
- Das Interesse der Gäste nach mehr Information soll geweckt werden bzw. zur Teilnahme an der angekündigten Aktivität soll angeregt werden.

Informationsblätter

Informationsblätter liegen an mehreren Stellen auf, u. a. in der Gästemappe. Sie sind entweder eine genauere Ergänzung zur Plakatankündigung oder beschreiben mögliche Aktivitäten im Betrieb. Je nach technischer Ausstattung können Hotelinformationen auch über das Fernsehgerät auf dem Gästezimmer abgerufen werden. Um die Gäste zur Teilnahme an bestimmten Aktionen besser zu motivieren, empfiehlt es sich, anstelle des Informationsblattes eine **persönliche Einladung** zu formulieren.

Arbeitsaufgaben

1. Durch Ihre Arbeit an der Rezeption sollen Kundenwünsche geweckt werden. Nennen Sie mindestens sechs Grundregeln für Texte, die den Verkauf fördern.
2. Damit die Informationen beim Gast ankommen, müssen sie entsprechend formuliert sein. Was macht Texte leicht und schnell lesbar?
3. Ein Unternehmen will sich neu positionieren. Der Bekanntheitsgrad soll gesteigert werden. Wie kann der Betrieb das erreichen? Die Kommunikationsmittel werden ebenso neu erstellt. Diskutieren Sie, welche Marketingmaßnahmen dabei zu beachten sind. Stellen Sie auch eine Querverbindung zum Gegenstand „Betriebsorganisation, Tourismus und Marketing" her.
4. In Ihrem Lehrbetrieb erstellen Sie viele schriftliche Informationen. Welche Grundsätze beachten Sie bei der Gestaltung der Schriftstücke, damit diese von den Gästen angenommen werden?
5. Ob Brief, E-Mail oder Fax – die Grundregeln gelten für alle Texte. Ordnen Sie zu:

a	Der professionelle Text ist	die tadellose Rechtschreibung bilden das Fundament.
b	Das Verkaufsgespräch muss	ob Sie das Geschriebene auch in einem Gespräch sagen würden.
c	Unser Text ist verantwortlich	in kürzester Zeit viel Information.
d	Der Empfänger will	wie ein Gespräch, ein schriftlicher Dialog.
e	Ein gutes Layout und	die Motive und Wünsche des Empfängers ansprechen. (Was will der Gast?)
f	Lesen Sie laut und überlegen Sie,	für den ersten Eindruck und die Stimmung.

6. Ergänzen Sie den untenstehenden Text, der Ihnen zur Sicherstellung qualitativ hochwertiger Speisenkarten dienen kann:

gut lesbar ■ Fremdwörter ■ Fachausdrücke ■ anderssprachige Karten ■ korrekte Rechtschreibung ■ verschmutzte Karten ■ Missverständnisse ■ Einhaltung gesetzlicher Vorschriften ■ handlich, abwaschbar, strapazierfähig ■ Karten zum Selbstkostenpreis erworben werden können

Überprüfung auf eine ______________________________.

Überprüfung auf die ______________________________ (Mengen, USt ...).

Werden ______________________________ bei den Gästen vermieden? Ein Gast kann z. B. „Lachs-Kaviar" so verstehen, als umfasse das Angebot „Lachs" und „Kaviar" und nicht nur Eier vom Lachs.

Werden ______________________________ verständlich beschrieben und ______________________________ korrekt übersetzt?

Ist die Speisenkarte ______________________________
(auch im Halbdunkeln und bei Kurzsichtigkeit)?

Ist die Auflage ausreichend groß, um ______________________________ schnell austauschen zu können?

Sollen ______________________________ bereitgehalten werden?

Ein Hinweis, dass ______________________________, kann vermeiden, dass Gäste sie nur deshalb einfach mitnehmen, weil sie sich nicht trauen, nach dem Preis zu fragen. (Werbung!)

Ist die Karte ______________________________?

Notizen

Ziele erreicht? – „Management des Gästekontakts“

Thomas und Eva treffen sich in der Berufsschule wieder und tauschen ihre Erfahrungen aus. Dabei stellt sich heraus, dass einige ihrer Arbeiten fast identisch sind, andere wiederum völlig unterschiedlich.

a) Eva berichtet von einem interessanten Telefontraining-Seminar. Was hat sie dabei gelernt? Welche Grundsätze versucht sie nun umzusetzen?

b) Thomas muss öfters Reservierungen für Firmenangehörige per Telefon bestätigen. Wie wird er dabei vorgehen und was wird er beachten?

c) Ein Fax ist im Betrieb von Thomas völlig unleserlich angekommen. Was könnten die Gründe dafür sein? Wie reagiert Thomas darauf professionell?

d) Thomas' Vorgesetzte legt viel Wert auf die sorgfältige Behandlung von Beschwerden. Begründen Sie, warum!

e) Eva und Thomas diskutieren über Bewertungsplattformen im Internet: Welche Vorteile hat man als Anbieter touristischer Leistungen dadurch? Wie können Bewertungsplattformen am besten genutzt werden? Wie reagiert man auf negative Bewertungen – und was haben die Kunden davon? Bringen Sie sich mit Ihren Erfahrungen und Ihrer Meinung in diese Diskussion ein.

f) Eva arbeitet gerne kreativ am PC. Das ist auch ein Teil ihres Berufes. Dennoch kann sie ihrem Einfallsreichtum nicht gänzlich freien Lauf lassen – warum?

g) Professionell gestaltete Texte müssen ihrem Aufwand (Herstellung, Zeitaufwand etc.) gerecht werden. Eva und Thomas ist das klar. Und Ihnen? Erklären Sie, was damit gemeint ist.

h) Evas Lehrbetrieb startet eine Werbekampagne. In diesem Zusammenhang muss eine PR-Aussendung für verschiedene Zeitungen gemacht werden. Wie sieht diese Aussendung aus?

i) Der F-&-B-Manager in Evas Lehrbetrieb stellt fest, dass immer wieder Speisenkarten verschwinden. Woran kann das liegen? Nennen Sie Gründe. Wie kann der Betrieb positiv entgegensteuern?

j) Eva und Thomas vergleichen die verschiedenen Gästeinformationen ihrer Lehrbetriebe. Dabei analysieren sie Kriterien wie Betriebsart, Gästekreis, Jahreszeit, Gestaltungselemente, Layout etc. Vergleichen Sie mit Ihrer Kollegin bzw. Ihrem Kollegen die Gästeinformationen Ihrer Ausbildungsbetriebe.

k) Das Ziel von Eva und Thomas ist es, stets besser und professioneller zu sein. Sie sind ehrgeizig und versuchen, die besten Antworten zu finden – machen Sie mit!

Denken Sie über folgende Aussagen nach:	Was bedeutet das für Sie persönlich?
80 % des Erfolgs von Rezeptionsmitarbeiterinnen und Rezeptionsmitarbeitern basieren auf Freundlichkeit.	
Richtig verhalten kann sich nur, wer weiß, was sein Gegenüber erwartet.	
Das Urteil, das sich jeder Gast aufgrund des ersten Eindrucks macht, bestimmt sein weiteres Befinden und Verhalten.	
Ein gutes Theater spielt auch vor halbvollem Haus mit voller Leistung.	
Die Beziehung zu den Gästen bildet die Basis einer gelungenen Dienstleistung.	
Kinder sind oft ausschlaggebend für die Wahl des Urlaubsdomizils.	
Erfolgreich ist das Unternehmen nicht durch Einzelkämpfer, sondern durch ein gut funktionierendes Team.	
Eine gelungene Kommunikation erzielt man durch aktives Zuhören und das Stellen von Fragen.	
Nur 5 % der unzufriedenen Gäste beschweren sich tatsächlich.	

Von der Anfrage bis zum Check-out

In der Hotellerie stehen wir heute vielen Herausforderungen gegenüber – Verdrängungswettbewerb durch Sparpakete, billige Angebote, Schnäppchenjagd und eine enorme Informationsflut durch Mailings, Internet und TV, die auf die Gäste einstürmt.

Nur zwei Prozent dieser Informationen werden aufgenommen. Darum muss vom Erstkontakt an mit einem potenziellen Kunden alles perfekt sein. Wie die Betreuung des Gastes von der Anfrage bis zum Check-out aussieht, erfahren Sie im folgenden Kapitel.

Potenziell = möglich, denkbar.

Meine Ziele

Nach Bearbeitung dieses Kapitels kann ich

- die verschiedenen Arten der Anfrage nennen;
- eine Gästeanfrage aufnehmen;
- die Eckpunkte eines Angebots erklären;
- ein schriftliches Angebot professionell und verkaufsorientiert erstellen;
- eine Reservierung durchführen;
- eine Reservierungsbestätigung verfassen;
- ein Follow-up beschreiben;
- ein Individual-Check-in durchführen;
- den Ablauf eines Gruppen-Check-in beschreiben;
- Gäste über den Hotelbetrieb umfassend informieren;
- die Kriterien, die beim Check-out erfüllt werden müssen, aufzählen;
- eine Gästerechnung richtig erstellen.

1 Anfrage und Angebot

Eva erstellt die ersten Angebotsbriefe selbst. Sie richtet sich dabei an die Vorgaben aus den Anfragen und versucht, die Briefe so individuell und persönlich wie möglich zu gestalten und dabei alle Vorteile, die das Haus bietet, zu erwähnen.

Der Gast will als Person behandelt und umworben werden. Er sucht maßgeschneiderte Angebote, persönliche Empfehlungen (z. B. auf Facebook) sind wichtig.

Wer zu spät kommt, hat den Gast verloren – Entscheidungen werden immer kurzfristiger und schneller getroffen. Nur wer sich diesen Herausforderungen stellt und auf die Bedürfnisse und Wünsche der Gäste eingeht, wird auf diesem Markt bestehen können.

1.1 Anfrage

Unseren Gästen steht heute eine Vielzahl an Möglichkeiten zur Verfügung, ein Hotelzimmer oder Hotelangebot zu buchen. Jede Art der Anfrage kann dem Hotel neue Gäste bringen, deshalb ist die richtige Behandlung der Anfrage besonders wichtig.

Ein Beispiel für ein Internet-Informationssystem ist www.hotel-ami.de.

Die Anfrage kann auf folgenden Wegen erfolgen

Persönlich

Schriftlich

per Brief, Fax, E-Mail, Internet-Informations-system

Telefonisch

Die Anfrage kann zur Fixbuchung führen.

Anfragen, die nicht sofort zu einer Fixbuchung führen, sind ein sehr wertvolles Kapital für ein Unternehmen. Es handelt sich dabei um **potenzielle Kunden,** die ihr Interesse am Hotel bereits bekundet haben und bei einer anderen Gelegenheit vielleicht zu Gästen werden.

Vor allem, wenn der Gast das Gefühl hat, nicht irgendeine Person zu sein, sondern individuell behandelt und persönlich betreut zu werden, kann nach einem Erstkontakt eine spätere Buchung erfolgen. Daher sind die Daten der Gästeanfragen zu erfassen und zu sichern, um sie durch die Verkaufsabteilung bearbeiten zu lassen.

Der Gast hat verschiedene **Gründe für die Auswahl** eines Hotels:

- Positive frühere Erfahrung mit dem Hotel
- Die Lage und das Angebot des Hauses
- Werbung (Internet, Printmedien, TV- oder Radio-Werbung)
- Empfehlung (von Bekannten, Reisebüros, Firmen, Kongressbüros)
- Ansehen und Image des Hotels (oder der Hotelgruppe)
- Internet-Empfehlungsmarketing und Social Media (Facebook, Twitter)
- Hotelbewertungsplattformen (holidaycheck.de, tripadvisor.com)
- Bewertungen in Online-Reservierungssystemen (hrs.de, booking.com)

Social Media = elektronische Medien, über die ein persönlicher Austausch möglich ist.

Arten der Anfrage	
Individualgäste	■ Einzelgäste: nehmen die Anfrage selbst vor. ■ Gruppengäste: Privatpersonen organisieren eine Reise für Vereine, Clubs, Chöre, Familienfeiern etc.
Reisebüros	■ Anfragen für Einzelgäste (auch im Kontingent). ■ Anfragen für Reisegruppen (auch Serienbuchungen).
Kongressbüros	■ Gruppenbuchungen zu Kongressen und Großseminaren.
Firmen, Incentives	■ Anfragen für Firmenmitarbeiterinnen bzw. -mitarbeiter (Details der Rechnungslegung sind zu klären).
Online-Informationssysteme	■ Anfragen über fixe Systeme.
Informationsstellen	■ Auf Bahnhöfen, Flughäfen, Stadteinfahrten.

Überlegen Sie, welche Art der Anfrage Sie bevorzugen, und nennen Sie drei Gründe.
Schauen Sie sich folgende Reservierungssysteme an und beurteilen Sie die Benutzerfreundlichkeit:
www.tiscover.com
www.hotelnet.com
www.hrs.com
www.nethotels.com

Bei der Anfrage ist Folgendes zu erfassen

- Daten des Gastes
- Inhalt der Anfrage (Zimmer, Datum, Veranstaltung etc.)
- Sonderwünsche (Interessen, Vorlieben etc.)

Um Anfragen richtig und vollständig zu erfassen, füllt man ein Reservierungsformular (siehe S. 108) aus. Je nach Anfrageart (Einzel-, Gruppen-, Seminar- oder Bankettanfrage) werden darin die Gästedaten erfasst.

Bei Individualanfragen verzichten heute viele Hotels schon auf derartige Formulare, dies hat jedoch den Nachteil, dass die Daten der Gäste, die nicht reservieren, nicht erfasst werden und somit verloren gehen.

Welche Sonderwünsche können Gäste haben?

Dateipflege großgeschrieben

Achten Sie darauf, den ganzen Prozess von der Anfrage bis zum Check-out sorgsam zu verwalten und alle schriftlichen Unterlagen sorgfältig aufzubewahren. Alle Informationen, die Sie über den Gast erhalten – von der ersten Kontaktaufnahme bis zur Abreise – sind für Sie von Bedeutung und daher in der Gästekartei festzuhalten. Nur eine gut gepflegte Gästekartei ist Ihnen in der persönlichen Betreuung eine echte Unterstützung!

1.2 Angebot

Die schriftliche Anfragebeantwortung ist einer der wichtigsten Punkte des aktiven Hotelmarketings. Sie ist neben den tatsächlichen Leistungen eines Betriebs mit entscheidend, ob der Gast seinen Aufenthalt bucht.

Inhalte des Angebots

Informationskamm = Informationen in der Fußzeile (auf dem Briefpapier bereits vorgedruckt).

Briefkopf und Informationskamm: Firmenname, Rechtsform, Adresse, Telefonnummer, Faxnummer, Internet- und E-Mail-Adresse sowie Firmenbuchnummer und -gericht des Hotels.

Beispiel Informationskamm

Hotel Aurora GmbH & Co KG • Seeweg 10 • 6213 Pertisau am Achensee • Austria • Tel.: +43 5243 83 04-0 • Fax: +43 5243 83 04-19
E-Mail: info@aurora-achensee.at • Internet: www.aurora-achensee.at
Bankverbindung: Lorenzbank Schwaz • Kto.-Nr.: 09876500 • BLZ: 4321 • IBAN: AT91 4321 0000 0987 6500 • BIC: LOBVAT24 (Ort: Schwaz)
UID: ATU12345678 • FN 987654i • Erfüllungsort und Gerichtsstand ist Schwaz

Anschrift des Gastes: Titel, Vor- und Zuname, Straße, Postleitzahl, Ort und Staat.
Datum der Anfrage: Nach Möglichkeit soll das Datum des Angebots mit dem Eingangsdatum identisch sein.
Anrede: Den Gast mit seinem Namen und mit seinem Titel ansprechen.
Text: Die Formulierung soll dem Stil des Hauses entsprechen, nicht zu lang, aber auch nicht zu kurz sein und die gewünschten Informationen übermitteln. Der Gast soll seine Fragen beantwortet bekommen und soll nicht nur auf das beiliegende Prospekt verwiesen werden.

Siehe auch Richtlinien zur Textgestaltung: www.trauner.at, Lehrerservice, Downloads, bzw. Postnorm: www.post.at, Produkte und Entgelte, Briefe, Richtig gestalten.

- Angebot/Text: In jedem Fall soll das konkrete Angebot der Anfrage entsprechen und es sollen zusätzliche Informationen gegeben werden.
- Ablaufdatum/Deadline des Angebots.
- Aufenthaltsdauer: Anreise- und Abreisetag/Nächte.
- Zimmerangebot: Einzel- oder Doppelzimmer (Familienzimmer, Suite etc.) mit Lage, evtl. Größe und Preis inkl. Leistungen.
- Ausstattung des Zimmers: Bad/WC, Dusche/WC, Balkon, Telefon, TV, Minibar, Schreibtisch, Internetanschluss oder WLAN etc.
- Preis: Grundpreis, Frühstück, Packagepreis, Verlängerungsmöglichkeiten, Steuern (laut Preisauszeichnungsgesetz: Der Preis versteht sich inklusive aller Abgaben), Ermäßigungen (z. B. für Kinder), Orts- und Nächtigungstaxe.
- Anzahl der Gäste: Kinder, die mit im Zimmer wohnen, Gruppenreisen etc.
- Art der Verpflegung: Zimmer mit Frühstück, Halb- oder Vollpension, Package etc.
- Zusätzliche Angebote: Frühstücksbuffet mit Bioecke, besondere Verpflegungsangebote, Freizeiteinrichtungen, Theater- oder Konzertkarten, Sonderpreise für bestimmte Termine etc.
- Sonderleistungen: z. B. Kinderbett und -betreuung, Garage, Skischuhtrockner.
- Hinweis auf Reservierung: Akontozahlung (Anzahlung), Termin, Antwortkarte, Faxbestätigung, Buchungsaufforderung.
- USP (Unique Selling Proposition): einzigartiges Verkaufsargument, attraktiver Grund, warum der Gast buchen soll (z. B.: Ihr Bademantel liegt schon bereit).
- Anlagen: Prospekte, Preislisten, Ortsinformation etc. (in E-Mails als PDF-File im Attachment).

Enthält ein Angebot kein Ablaufdatum, so hat der Gast die Möglichkeit, das Angebot bis zum Anreisetag wahrzunehmen.

Hält man sich beim Verfassen der Adresse an die Postnorm, so ist eine rasche Übermittlung gewährleistet. Andernfalls verzögert sich die Zustellung.

Neben der fachlich richtigen Gestaltung eines Angebotsbriefs ist auch die Werbewirksamkeit der übermittelten Unterlagen dafür entscheidend, ob es zur Buchung kommt. Darum richtet sich der Aufbau eines Briefs nach folgender Regel:

AIDA-Regel		
Attention	Aufmerksamkeit	Einführungsphase
Interest	Interesse	Vertrauensphase
Desire	Wünsche, Herz und Gefühl ansprechen	Fachliche Phase
Action	Aktion, Aufforderung zum Handeln	Abschlussphase

Die AIDA-Regel gilt nicht nur für die Gestaltung des Angebotsbriefs, sie findet auch im Verkauf, der Werbung und im gesamten Marketing Verwendung. Siehe auch Kapitel „Management des Gästekontakts, schriftliches Informationsmanagement“, S. 82.

Beispiel Angebotsbrief

Herrn
Peter Wölfl
Mustergasse 35
2531 Gaaden

Bad Waltersdorf, 31. Dezember 20..

Sehr geehrter Herr Wölfl!

Ein herzliches Grüß Gott vom ******Hotel Thermenhof der Familie Paierl.**
Schön, dass Sie Ihre freien Tage bei uns verbringen möchten. Stimmen Sie sich mit folgendem Angebot auf Ihren Urlaub ein.

Aufenthalt von 1.5.20.. bis 5.5.20..
1 Doppelzimmer der Kategorie Tramin, 31 m², Bad/WC,
Radio, Minibar, Safe, Sat-TV, Föhn, südseitig mit Balkon

zum Preis von € 120,00 pro Person und Nacht
inklusive Well-in-Pension

oder als Alternative

Verwöhn-Paket
4 Nächte inklusive Well-in-Pension
Täglich Aktivprogramm
1 Fußreflexzonenmassage
1 Verwöhnmassage
1 Pediküre oder Gesichtsmassage & Packung
1 Heublumensack (2 Stk.)

zum Preis von € 565,00 pro Person im Doppelzimmer der Kategorie Tramin.
Die Benützung unseres Thermal- und Sportbereichs ist im Preis inbegriffen.
Die Ortstaxe von € 2,00 pro Person und Nacht wird gesondert verrechnet.
Alle Preise verstehen sich inklusive aller Abgaben.

Das Angebot ist gültig bis 28.2.20... Als Garantie für die Buchung erbitten wir eine Anzahlung von € 240,00 bis zum 15.3.20.. auf unten angeführtes Konto. Im Falle einer Buchung kann diese bis sechs Wochen vor Ankunft gratis storniert werden. Im Falle einer späteren Stornierung oder einer Nichtankunft ohne Stornierung (No-Show) verrechnen wir 100 % des Aufenthaltes.

./2

Hotel Thermenhof Waltersdorf GmbH & Co KG · Wagerberg 120 · 8271 Bad Waltersdorf · Austria
Telefon: +43 (0)3333-2801-0 · Fax: +43 (0)3333-2801-400 · E-Mail: well-in@thermenhof.at · www.thermenhof.at
Steiermärkische Sparkasse, Kto-Nr. 0600-614044, BLZ 20818 · IBAN: AT91 2081 8006 0061 4044 · BIC: SPHVAT21 (Ort: Hartberg)
UID: ATU 29249104 · ZRS-Graz FN 14472 h · Erfüllungsort und Gerichtsstand ist Bad Waltersdorf

Beurteilen Sie den nebenstehenden Angebotsbrief. Was gefällt Ihnen? Was würden Sie anders machen? Verfassen Sie einen Angebotsbrief, der dem Stil Ihres Ausbildungsbetriebs entspricht.

Ein Angebot muss so gestaltet sein, dass zukünftige Gäste sich angesprochen fühlen

Erstellen Sie eine Liste mit spezifischen Wünschen von Gästen aus aller Welt. Holen Sie sich dazu auch Anregungen aus dem Internet: www.trauner.at, Lehrerservice, Downloads.

Reaktion auf die Anfrage

Auf jede Anfrage muss eine Reaktion folgen, die es dem Gast so einfach wie möglich macht zu buchen. Vorab ausgefüllte, frankierte Antwortkarten, Faxformulare und der Verweis auf die Buchungsmöglichkeit über die Homepage oder per E-Mail sind dafür am besten geeignet. Karten kann der Gast ganz einfach vervollständigen, unterschreiben und an das Hotel zurückschicken (siehe Kapitel „Ausstattung der Rezeption, Antwortkarte“, S. 48).

Follow-up

Follow-up heißt übersetzt **weiterverfolgen.** Das Follow-up ist das „Nachfassen“, das Nachfragen und Betreuen des prospektiven Gastes. Dies bedeutet, dass nach der Angebotserstellung aktiv nachgearbeitet wird, z. B. telefonische Nachfrage, ob das Angebot eingegangen ist, ob der Optionstermin eingehalten werden kann oder ob noch weitere Details zu klären sind. Diese aktive Angebotsbetreuung zeugt von der Bedeutung des Gastes und führt sehr oft zur Fixbuchung.

Option = Wahlmöglichkeit, Belieben; **optional** = nicht zwingend.

Man unterscheidet zwei Arten des Follow-up:

Follow-up vor einem Aufenthalt	Follow-up nach einem Aufenthalt
Wie verhalten sich die Gäste?	
■ Die Gäste verlegen das Angebot. ■ Sie vergessen darauf. ■ Sie sind nach vielen Angeboten unschlüssig. ■ Sie haben viele ähnliche Angebote erhalten. ■ Sie wurden zu wenig angesprochen. ■ Sie haben noch Fragen. ■ Sie brauchen nur einen kleinen Anstoß.	Sobald der Alltag wieder einkehrt, sind die Erinnerungen an den Urlaub bald vergessen, die Gäste denken erst wieder daran, wenn man sie darauf aufmerksam macht.
Was können Sie tun?	
Anrufen, ein E-Mail senden, schreiben: ■ Fragen, wie das Angebot gefallen hat. ■ Sich nach weiteren Fragen erkundigen. ■ „Zuckerln“ anbieten (vor dem Gespräch überlegen). ■ Vorreservierung in eine Reservierung umwandeln.	Anrufen, ein E-Mail senden, schreiben: ■ Fragen, wie die Heimreise war. ■ Eine Gästezeitung senden. ■ Bilder vom Galadiner, vom Almausflug oder eine Ansichtskarte übermitteln. ■ Neuerungen mitteilen, positive Erinnerungen wecken und damit den Wunsch, erneut zu buchen.
Was können Sie dadurch erreichen?	
■ Der Gast freut sich über das Interesse und persönliche Engagement, ebenso darüber, dass sein Name und sein Anliegen in Erinnerung geblieben sind. ■ Die Entscheidung fällt vielleicht zugunsten Ihres Betriebes aus – Sie können die Buchung fixieren. ■ Dadurch wird die Auslastung gesteigert und ■ die Gäste sind positiv eingestimmt.	■ Gäste, die zum ersten Mal gebucht haben, als Stammgäste gewinnen. ■ Stammgäste gut betreuen, „hegen und pflegen“. ■ Die Mundpropaganda ankurbeln. ■ Vorreservierung für den nächsten Aufenthalt erreichen. ■ Zielgerichtet Werbung machen.

Überlegen Sie die Bedeutung des Follow-up: Der Gast hat vielleicht mehrere Angebote eingeholt, überlegt, wägt ab und in dieser Phase erhält er Ihren persönlichen Anruf – der ihm vielleicht die Entscheidung plötzlich ganz leicht macht.

Sind Sie bei Ihrer Kontaktaufnahme nicht aufdringlich, denn ein aufgeschwatztes Angebot macht Ihren Gast nicht glücklich!

Beispiel für ein Follow-up

Grüß Gott, Frau Dr. Irrgeher, Sandra Puschek aus dem Parkhotel Pörtschach spricht. Erinnern Sie sich an mich? Wir telefonierten letzte Woche wegen Ihrer Urlaubspläne für das verlängerte Wochenende zum 15. August. Wie geht es Ihnen? Haben Sie mein Angebot erhalten? Sind Sie zufrieden damit? Ich darf Ihnen dazu noch sagen, dass wir für Sie nun auch einen Radverleih mit Service und Transport anbieten können – ja, selbstverständlich gratis. Und das Wetter ist für dieses Wochenende laut Prognose schön. Da steht einer feinen Radtour bei uns im schönen Pörtschach nichts im Wege. Wissen Sie, dass wir auch die neue Saunalandschaft und den Gartenpool schon in Betrieb haben? Ich kann Ihnen anbieten, diesen Bereich für einige Stunden ganz für sich alleine zu mieten – Sie haben nach einer Radtour sicher die Entspannung verdient und aus Erfahrung weiß ich, dass unsere Gäste die Ruhe sehr schätzen ...

Ein gelungenes Follow-up-Gespräch kann zu einer Buchung führen

Auch ein Follow-up ...

Hallo, Puschek hier, wegen des Briefs ruf ich an. Was? Wovon ich spreche? Ja, so ein Prospekt hab ich Ihnen geschickt, ich war mir eh bei Ihrer Adresse gleich nicht sicher. Wie war noch mal Ihr richtiger Name? Warten Sie, ich hab grad keinen Zettel bei der Hand, ja, jetzt geht's. Nein, leider, vielleicht hab ich im Altbau noch was frei ... oder warten S', nein, vielleicht zwick ich Sie noch wo rein. Wie viele Personen sind Sie noch mal? Ich sag Ihnen was, bei uns regnet's seit Wochen Schusterbuben. Es dürfte auch nicht besser werden, leider. Nein, das weiß ich leider nicht, ob man Räder leihen kann, vielleicht erkundigen Sie sich bei der Tourist-Info, die Nummer ist vielleicht im Internet ...

So wird das Follow-up zum Flop. – Was ist hier alles schief gelaufen?

Beispiel für ein schriftliches Follow-up

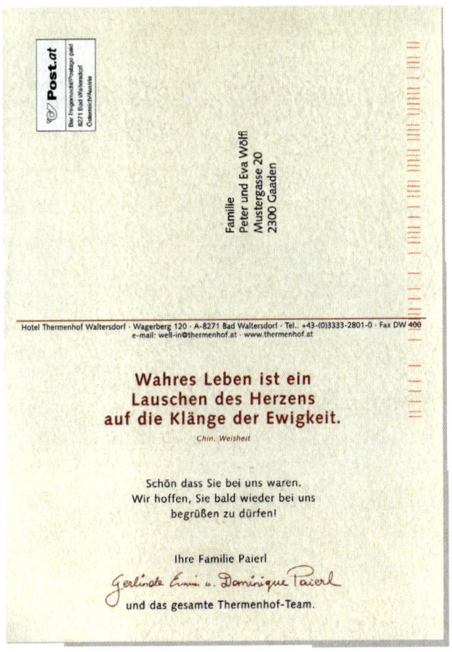

Erwähnen Sie im Follow-up auch die Bitte um Eintrag in Hotelbewertungsplattformen (siehe S. 174).

Arbeitsaufgaben

1. Füllen Sie gemeinsam mit Ihrer Kollegin/Ihrem Kollegen das Anfrage- und Reservierungsformular nach ihren/seinen Angaben aus und stellen Sie gezielte Fragen:

H·O·T·E·L Aurora

Anfrage- und Reservierungsformular

☐ **Reservierung** ☐ **Storno** ☐ **Option bis** ____________________

Gast: ____________________

von ____________ bis ____________

_____ Einzelzimmer / Superior zu Euro ____________

_____ Doppelzimmer / TWIN Superior zu Euro ____________

_____ Dreibettzimmer / Junior Suite zu Euro ____________

☐ Raucher ☐ Nichtraucher ☐ Stammgast ☐ Gitterbett

☐ VIP-Treatment: ☐ Obst ☐ Piccolo-Sekt ☐ Wein ☐ Karte HR/IW

Sonderwünsche/Infos: ____________________

Bestellt von: ____________ Firma: ____________

Rechnungsadresse: ____________________

____

Tel.: ____________ Fax: ____________

E-Mail: ____________@____________

Buchung **außerhalb gratis Stornofrist** ☐ ja + Text ändern! ☐ nein

Garantie (CC-Nr.): ____________ läuft ab ____________

Zahlungsmodalitäten: ☐ Gast zahlt selbst bei Abreise ☐ Rechnung an Firma ☐ mit Extras ☐ ohne Extras

Bestätigung: ☐ ja, mittels Fax / E-Mail / Brief ☐ nein

Wodurch sind Sie auf uns aufmerksam geworden? ____________________

Reservierung von ____________ **aufgenommen am** ____________

Bestätigt von ____________ in Fidelio eingegeben von ____________

Hotel Aurora GmbH & Co KG • Seeweg 10 • 6213 Pertisau am Achensee • Austria • Tel.: +43 5243 83 04-0 • Fax: +43 5243 83 04-19
E-Mail: info@aurora-achensee.at • Internet: www.aurora-achensee.at
Bankverbindung: Lorenzbank Schwaz • Kto.-Nr.: 09876500 • BLZ: 4321 • IBAN: AT91 4321 0000 0987 6500 • BIC: LOBVAT24 (Ort: Schwaz)
UID: ATU12345678 • FN 987654i • Erfüllungsort und Gerichtsstand ist Schwaz

2. Vergleichen Sie dieses Formular mit jenem, das Sie in Ihrem Betrieb verwenden, und nennen Sie Vor- und Nachteile.
3. Erstellen Sie zur durchgeführten Anfrage ein schriftliches Angebot und beschreiben Sie darin die Leistungen, die Ihr Ausbildungsbetrieb dafür bieten kann.
4. Spielen Sie passend zu diesem Angebot ein telefonisches Follow-up mit Ihrer Banknachbarin/Ihrem Banknachbarn durch.

Notizen

2 Reservierung

Thomas füllt während des Telefonats mit einem Gast die Zimmerreservierung aus. Er weiß noch nicht, wofür diese Daten nun verwendet werden, und fragt daher seinen Vorgesetzten.

Die Reservierung bildet den Abschluss der Angebotsbehandlung. Man unterscheidet Reservierungen mit vorangegangenem Angebot und Reservierungen, die nicht aufgrund eines Angebots durchgeführt werden.

In der Regel übernimmt die **Reservierungsabteilung** eines Hotels diese Aufgabe. Da viele Gäste kurzfristig reservieren oder gleich direkt bei der Abreise eine neuerliche Buchung vornehmen (Optimalfall!), ist es wichtig, dass Rezeptionsmitarbeiterinnen bzw. -mitarbeiter Einzelreservierungen vornehmen können.

Bei **Reservierungen** sind folgende Punkte zu berücksichtigen:
- Verfügbarkeit prüfen (im EDV-System oder Reservierungsplan)
- Preis: genaues Festsetzen und Definieren des Leistungsumfangs (was beinhaltet dieser Preis, sind Ermäßigungen berücksichtigt?)
- Abklären, ob es sich um eine Firmen- oder Privatbuchung handelt – dadurch wird der Preis bestimmt (Preise können im Computersystem abgefragt werden)
- Name des Gastes (evtl. auch die Adresse für die schriftliche Bestätigung)
- An- und Abreisedatum
- Art des Zimmers (Einzel- oder Doppelzimmer/Package-Angebote beachten)
- Art der Bezahlung (Garantie durch Kreditkartennummer oder Anzahlung)
- Kontaktperson mit Telefon- bzw. Faxnummer und E-Mail-Adresse
- Zusätzliche Wünsche

Arbeitsaufgabe

Finden Sie mithilfe des Kryptogramms die wichtigen Punkte, die bei einer Reservierung zu beachten sind:

																S								A
1	**2**	**3**	**4**	**5**	**6**	**7**	**8**	**9**	**10**	**11**	**12**	**13**	**14**	**15**	**16**	**17**	**18**	**19**	**20**	**21**	**22**	**23**	**24**	**25**

				Ü			A					
22	24	4	6		12	9	25	4	23	24	15	3

							S	A		
9	7	8	26	7	13	12	17	25	4	3

	A					S		A	S			S
13	25	5	24	19	24	17	12	25	17	3	24	17

				S
18	4	24	15	17

A					S			A			
25	13	4	24	15	17	24	19	25	3	7	5

A					S			A			
25	9	4	24	15	17	24	19	25	8	7	5

						A		
14	15	5	5	24	4	25	4	3

				A						S		
23	2	13	3	25	23	3	18	24	4	17	2	13

		S	A				Ü		S			
14	7	17	25	3	14	20		13	17	8	26	24

Welche Mitarbeiterinnen bzw. Mitarbeiter nehmen in Ihrem Betrieb die Reservierungen entgegen?

Vergleichen Sie die Inhalte der Reservierung mit den Inhalten eines Kaufvertrags, den Sie aus dem Gegenstand „Wirtschaftkunde mit Schriftverkehr" kennen.

2.1 Ausfüllen der Zimmerreservierung

Um alle Daten für eine Reservierung korrekt zu erfassen, wird eine Zimmerreservierung ausgefüllt.

Füllen Sie gemeinsam mit Ihrer Kollegin/Ihrem Kollegen die Zimmerreservierung aus.

Beispiel Zimmerreservierung

AUSTRIA TREND HOTELS & RESORTS – Zimmerreservierung Reservierungsnummer: ______

Ankunft: ______ (Tag/Monat/Jahr) Ankunftszeit: ______ Abreise: ______ (Tag/Monat/Jahr)

VIP-Status: ______ ☐ Stammgast ☐ Corp ☐ ______

Vor- und Nachname des Gastes (Titel)	Zi-Anzahl	Kategorie	Pax	Preis/Code

Kostenübernahme
☐ Selbstzahler
☐ Übernachtung/Frühstück an Firma
☐ Gesamtkosten an Firma
☐ ______

Hotelzimmerinfos
☐ Nichtraucher
☐ Twin
☐ King Size
☐ Zusatzbett/Gitterbett

Bestätigung
☐ Fax
☐ Mail
☐ Brief
☐ ______

Provision € ______
Deposit € ______
Kommission % ______

Firma/Reisebüro: ______

Kontaktperson: ______ Straße: ______

PLZ: ______ Ort: ______ Land: ______

Tel.: ______ Fax-Dw.: ______ E-Mail: ______

Kreditkartennummer: ______ Gültig bis: ______

Bemerkungen: ______

Aufgenommen am: ______ Aufgenommen von: ______

Stornodatum: ______ *Storniert von:* ______

Diese Zimmerreservierung wird nur ausgefüllt, wenn es kein Frontoffice-System gibt. Sonst würde man alle Daten doppelt erfassen, was fehleranfällig ist.

Überlegen Sie, auf welche Termine (Feiertage, Ferienzeiten, Großveranstaltungen etc.) Sie im Laufe eines Jahres besonders achten müssen, und notieren Sie diese.

______

______

______

______

2.2 Eintragung in den Zimmerplan

Wird die Reservierung bestätigt, wird sie aus dem Reservierungsplan in den Tages- und Monatszimmerplan übertragen. Machen Sie das sofort nach Reservierungsbestätigung, damit die Reservierung nicht übersehen wird.

2.3 Übertrag in die Gästekartei

Die Daten der Reservierung werden nun in die Gästekartei übertragen. Gehen Sie dabei gewissenhaft vor und notieren Sie auch Hinweise, die Sie dem persönlichen Gespräch entnehmen konnten.

Wie nutzen Sie die Daten Ihrer Gästekartei im Betrieb?

2.4 Die Reservierungsbestätigung

Die Reservierungsbestätigung kann folgendermaßen erfolgen:

- Telefonisch
- Schriftlich (mit Brief, Fax, E-Mail)

Die Reservierungsbestätigung ist verbindlich und die Grundlage des Beherbergungsvertrags zwischen Gast und Beherberger. Sie ist sozusagen der „Kaufvertrag“ für die Dienstleistung.

Inhalte der Reservierungsbestätigung

- Datum und Dauer des Aufenthalts.
- Zimmerangebot mit Ausstattung.
- Preis mit genauen Angaben zu Steuern, Orts- und Nächtigungstaxen, Ermäßigungen.
- Optionen: Bei kurzfristigen Reservierungen wird ein Check-in-Zeitpunkt festgelegt. Trifft der Gast bis zu diesem Zeitpunkt nicht ein, kann das Zimmer anderweitig vergeben werden.
- Zahlungsmodalitäten: bei Gruppen- und Firmengästen, Akontozahlung.
- Stornobedingungen: laut Allgemeiner Geschäftsbedingungen für die Hotellerie (siehe S. 193) oder betriebsindividuell gesondert angeführt.
- Anzahl der Gäste (z. B. auch Kinder, Gruppengäste, Firmengäste).
- Art der Verpflegung.
- Sonderleistungen wie: Hundebetreuung, Abholung, Theaterkarten.
- Zusätzliche Angebote: Packages, Begrüßungscocktail, Veranstaltungen etc.
- Anlagen: z. B. Zahlschein für Akontozahlung (Inland/Ausland).

Die perfekte Koordinierung aller Reservierungen führt zu einer optimalen Auslastung des Hotelbetriebs

Beispiel Reservierungsbestätigung

****THERMENHOF PAIERL
BAD WALTERSDORF

Herrn
Peter Wölfl
Mustergasse 35
2531 Gaaden

Bad Waltersdorf, 12. Jänner 20..

Ihre Reservierung

Sehr geehrter Herr Wölfl!

Wir danken recht herzlich für Ihre Reservierung und freuen uns sehr, Sie im ******Hotel Thermenhof Paierl** herzlich willkommen zu heißen.

Aufenthalt von 1.5.20.. bis 5.5.20..
1 Doppelzimmer Kategorie Tramin mit Balkon
zum Preis von € 120,00 pro Person und Nacht inklusive Well-in-Pension.

Die Benützung unseres Thermal- und Sportbereichs ist im Preis inbegriffen. Alle Preise verstehen sich inklusive aller Abgaben. Die Ortstaxe von € 2,00 pro Person und Nacht wird gesondert verrechnet. Unsere Komfortzimmer sind mit Telefon, Radio, Sat-TV, Safe, Föhn und Minibar ausgestattet. Auch Bademäntel halten wir für Sie bereit.

Als Garantie für die Buchung erbitten wir eine Anzahlung von € 240,00 bis zum 15.3.20.. auf unten angeführtes Konto. Im Falle einer Buchung kann diese bis sechs Wochen vor Ankunft gratis storniert werden. Im Falle einer späteren Stornierung oder einer Nichtankunft ohne Stornierung (No-Show) verrechnen wir 100 % des Aufenthaltes.

Das Zimmer ist ab 14:00 Uhr für Sie bereit! Ihre Well-in-Pension beginnt am Anreisetag um 14:00 Uhr und endet am Abreisetag um 11:00 Uhr.

Wir wünschen Ihnen eine gute Anreise und verbleiben mit einem herzlichen Grüß Gott!

******Hotel Thermenhof Paierl**

Ihre Rezeptionistin
Bettina
Bettina

Familie Paierl
Gerlinde & Erwin
Gerlinde Erwin

Um die Reservierung zu fixieren, bitten wir Sie, uns die Reservierungsbestätigung unterschrieben retour zu senden oder zu faxen (+43 3333/2801-400). Vielen Dank!

Unterschrift, Datum

Hotel Thermenhof Waltersdorf GmbH & Co KG · Wagerberg 120 · 8271 Bad Waltersdorf · Austria
Telefon: +43 (0)3333-2801-0 · Fax: +43 (0)3333-2801-400 · E-Mail: well-in@thermenhof.at · www.thermenhof.at
Steiermärkische Sparkasse, Kto-Nr. 0600-614044, BLZ 20818 · IBAN: AT91 2081 8006 0061 4044 · BIC: SPHVAT21 (Ort: Hartberg)
UID: ATU 29249104 · ZRS-Graz FN 14472 h · Erfüllungsort und Gerichtsstand ist Bad Waltersdorf

Reservierungen können automatisch aus dem Frontoffice-System generiert werden, wenn eine Vorlage besteht.

2.5 Die Akontozahlung

Eine Anzahlung dient als Sicherstellung der Reservierung und kann durch Überweisung oder Autorisierung der Kreditkarte erfolgen.

Die Akontozahlung ist bei der Rechnung abzuziehen!

Die Anzahlung muss bis zu einem festgelegten Termin überwiesen sein. Die Höhe hängt von der Anzahl der Personen und vom Zimmerpreis ab. Mit dem Einlangen der Akontozahlung auf dem Bankkonto ist die Reservierung fixiert. Der Zahlungseingang ist dem Gast unverzüglich schriftlich zu bestätigen.

2.6 Storno einer Reservierung

Wenn der Gast ohne Verständigung nicht anreist, wird dies als **No-Show** bezeichnet.

Stornierungen sind grundsätzlich schriftlich vorzunehmen. Für die Höhe der Stornogebühr gelten entweder die Hotelvertragsbedingungen oder die individuell vereinbarten Buchungs-, Zahlungs- und Stornobedingungen.

2.7 Absage

In jedem Angebot und in jeder Reservierung müssen alle wichtigen Komponenten (siehe vorne) aufgezählt sein, um Unklarheiten auszuschließen.

Auch wenn Ihr Betrieb ausgebucht ist, sollten Sie Kundenpflege betreiben und weiterhin alle Anfragen sorgfältig behandeln – es kann sich um potenzielle Gäste der Zukunft handeln. Formulieren Sie daher Alternativen und geben Sie der bzw. dem Anfragenden das Gefühl, dass das Anliegen ernst genommen wird.

Darauf sollten Sie bei Absagen achten:

- Versuchen Sie, die Anfrage des Gastes auf einen anderen Zeitpunkt umzulenken.
- Bieten Sie verschiedene Alternativen an, z. B. Ersatztermine, Reihung auf einer Warteliste.
- Pflegen Sie den Gästekontakt so, wie Sie bereits bestehende Kundinnen und Kunden betreuen: Tragen Sie die Daten in die Gästekartei ein, berücksichtigen Sie sie für Mailingaktionen und andere Gästebetreuungsaktivitäten, planen Sie Follow-ups auf Ihre Absage etc.
- Scheuen Sie sich nicht, ein anderes, gleichwertiges Haus in der Umgebung anzubieten – beim nächsten Mal macht das Ihr Mitbewerber zu Ihren Gunsten (siehe dazu auch das Kapitel „Aktuelles Hotelverzeichnis“, S. 56).

Mögliche Formulierungen

- Diese Reisezeit ist bei unseren Gästen sehr beliebt. Daher sind alle Zimmer bereits reserviert. Wir können Ihnen folgende Alternativen anbieten:
- Weil es bei uns um diese Zeit (im Herbst, zu Weihnachten ...) besonders schön (romantisch ...) ist, sind bereits alle Zimmer reserviert.
- Darf ich Ihnen folgenden Termin anbieten? Rufen Sie mich an, um dafür eine Reservierung vorzunehmen.
- Damit es im nächsten Winter klappt, nehmen wir schon jetzt die Buchungen für ... entgegen.
- Ab Mitte Jänner (im März) haben wir noch Zimmer frei.
- Wir sind ab ... wieder für Sie da und freuen uns auf Ihren Besuch bei uns.
- Schade, dass wir Sie zu diesem Zeitpunkt nicht empfangen können. Gerne bieten wir Ihnen aber folgende Alternativen an:
- Wir haben uns für Sie bei unserem Partnerbetrieb erkundigt – das Hotel ... hat in Ihrem gewünschten Zeitraum noch Zimmer frei. Herr Badisch wird Ihnen ein vergleichbares Angebot übermitteln.

Arbeitsaufgaben

1. Erstellen Sie gemeinsam mit Ihrer Kollegin/Ihrem Kollegen mit den Daten aus der Zimmerreservierung von Seite 110 eine schriftliche Reservierungsbestätigung in Briefform und als E-Mail.
2. Welche Bestandteile enthält die Reservierungsbestätigung?
3. Was ist eine Akontozahlung? Warum wird sie durchgeführt? Nennen Sie die Vorteile.
4. Erarbeiten Sie die Stornobedingungen laut AGBH (siehe S. 194) für die folgenden Beispiele:
   - Der Gast sagt drei Monate vor Anreisetermin ab.
   - Der Gast sagt zwei Wochen vor Anreisetermin ab.
   - Der Gast sagt einen Tag vor Anreisetermin ab.
   - Der Gast sagt gar nicht ab (No-Show).
5. Formulieren Sie einen ansprechenden Absagebrief und bieten Sie darin mindestens zwei Alternativen an. Beziehen Sie sich dabei auf Ihren Lehrbetrieb und eventuell aktuelle Anfragen.

Notizen

3 Anreise und Gästebetreuung (Check-in und Guest Relations)

Eva weiß mittlerweile, dass bei der Ankunft eines Gastes vor allem die Begrüßung mit einem Lächeln am wichtigsten ist, um ihm einen freundlichen Empfang zu bereiten.

3.1 Check-in

Beim Check-in unterscheidet man verschiedene Arten

Check-in nach Reservierung (Individualgast oder Gruppe)	Check-in ohne Reservierung (= Walk-in, Individualgast)
Die Ankunft wurde schriftlich oder telefonisch bestätigt.	Der Gast hat nicht reserviert.

Ablauf eines Check-in bei Individualgästen mit Reservierung	
Begrüßung	■ Bereits bei der Vorfahrt des Gastes Aufmerksamkeit signalisieren. ■ Freundlich grüßen – nach Möglichkeit mit dem Namen. ■ Dem Gast Zeit zur Erholung lassen (nicht „überfallen“). ■ Evtl. einem erschöpften Gast einen Platz anbieten und eine Erfrischung als erste Geste des Willkommens reichen (z. B. kühles Getränk, Glas Sekt).

Schon die Ankunft ist entscheidend, ob sich der Gast im Haus wohlfühlt oder nicht.

Überprüfung, Anmeldung und Gästeinformation	■ Ankunftsliste und Korrespondenz bereithalten. ■ Den Gast bitten, sich im Gästebuchblatt einzutragen bzw. das elektronische Gästeblatt (Meldeblatt, siehe unten) erstellen und den Gast um Unterschrift bitten. ■ Bei frühzeitiger Anreise (wenn das Zimmer noch nicht fertig ist) den Gast höflich über die vorläufige Wartezeit informieren und ihn evtl. bitten, in der Zwischenzeit in der Halle oder an der Tagesbar Platz zu nehmen. ■ Buchung über Reisebüro – Voucher abnehmen oder Durchschlag heraustrennen und zum Gästeakt legen. ■ Den Zimmerschlüssel aushändigen bzw. die Keycard programmieren. ■ Über Verpflegung und Hoteleinrichtungen informieren (den Gast aber nicht mit Informationen überhäufen). ■ Hinweis auf Depotmöglichkeiten.
Auto und Gepäck	■ Über Garagenplatzvergabe oder Stellplätze informieren. ■ Den Kofferträger anweisen, den Gepäcktransport zu erledigen.
Zimmerübergabe	■ Falls möglich, den Gast in das Zimmer begleiten (**** aufwärts). ■ Im Zimmer Hinweise über Lichtschalter, Heizung, Klimaanlage, TV- und Telefonbedienung etc. geben. Auf dem TV-Bildschirm ist ein Willkommensgruß zu sehen bzw. läuft eine Hotelpräsentation ab. ■ Dem Gast einen angenehmen Aufenthalt wünschen und für weitere Fragen zur Verfügung stehen.
Abschluss des Check-in	■ Gästekartei anlegen bzw. fertigstellen – mit Gästeblatt vergleichen. ■ Die anderen Abteilungen über die Ankunft des Gastes informieren.

Es gibt keine zweite Chance für den ersten Eindruck.

Elektronisches Gästeblatt (Meldeblatt)

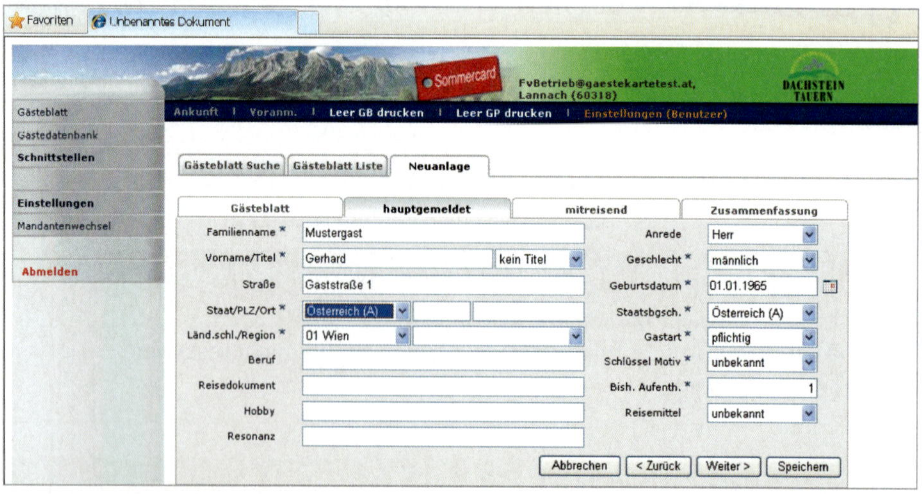

Spielen Sie in Rollenspielen einige Check-in-Situationen durch:

- Der Gast kommt später als erwartet an und ist sichtlich erschöpft.
- Der Gast weiß genau, was er möchte und verlangt dieses Wissen auch von Ihnen – schließlich hat er seine Wünsche bereits am Telefon durchgegeben und er wiederholt sich nicht gern.
- Ein junges Ehepaar checkt zum ersten Mal in einem Hotel ein. Beide sind mit der Abwicklung eines Check-in nicht vertraut und brauchen Ihre Unterstützung beim Ausfüllen der Formulare.

Ablauf eines Check-in bei Individualgästen ohne Reservierung (Walk-in)	
Begrüßung	■ Bereits bei der Vorfahrt des Gastes Aufmerksamkeit signalisieren. ■ Freundlich grüßen – nach Möglichkeit mit dem Namen. ■ Dem Gast Zeit zur Erholung lassen (nicht „überfallen"). ■ Evtl. einem erschöpften Gast einen Platz anbieten und eine Erfrischung als erste Geste des Willkommens reichen (z. B. kühles Getränk, Glas Sekt).

Überprüfung, Anmeldung und Gästeinformation	■ Freie Zimmer im Zimmerplan (Wand, PC) überprüfen. ■ Informationen über Zimmerausstattung, Preise, Hotelleistungen, Depotmöglichkeit etc. geben. ■ Wenn möglich eine **Rack Rate** (= Vollpreis) anbieten. ■ Gästebuchblatt ausfüllen – Check-in und gleichzeitige Neuanlage in der Gästekartei vornehmen. ■ Bei Bedarf Vorauszahlung erbitten oder Kreditkartenanfrage machen (Genehmigungscode über voraussichtlichen Rechnungsbetrag einholen; vorautorisieren lassen).
Auto und Gepäck	■ Über Garagenplatzvergabe oder Stellplätze informieren. ■ Den Kofferträger anweisen, den Gepäcktransport zu erledigen.
Zimmerübergabe	■ Falls möglich, den Gast in das Zimmer begleiten (**** aufwärts). ■ Im Zimmer Hinweise über Lichtschalter, Heizung, Klimaanlage, TV- und Telefonbedienung etc. geben. Auf dem TV-Bildschirm ist ein Willkommensgruß zu sehen bzw. läuft eine Hotelpräsentation ab. ■ Dem Gast einen angenehmen Aufenthalt wünschen und für weitere Fragen zur Verfügung stehen.
Abschluss des Check-in	■ Gästekartei anlegen bzw. fertigstellen – mit Gästeblatt vergleichen. ■ Die anderen Abteilungen über die Ankunft des Gastes informieren.

Freundlichkeit ist das Um und Auf an der Rezeption

Ablauf eines Check-in bei Gruppengästen	
Begrüßung	■ Bereits bei der Vorfahrt der Gäste Aufmerksamkeit signalisieren. ■ Freundlich grüßen – nach Möglichkeit mit dem Namen. ■ Den Gästen Zeit zur Erholung lassen (nicht „überfallen"). ■ Evtl. erschöpften Gästen einen Platz anbieten und eine Erfrischung als erste Geste des Willkommens reichen (z. B. kühles Getränk, Glas Sekt).
Überprüfung, Anmeldung und Gästeinformation	■ Rooming-List und Zimmerplan bereithalten – Änderungen sofort korrigieren. ■ Reiseleitung oder Chauffeur bitten, das Gästebuchblatt für die Gruppe auszufüllen. ■ Schlüssel- oder Keycardausgabe. ■ Essenszeiten fixieren. ■ Voucher abnehmen bzw. Durchschlag heraustrennen.
Bus und Gepäck	■ Gepäcktransport organisieren (Porterage). ■ Den Chauffeur über Stellplätze informieren.
Nachrichten	■ Evtl. eingelangte Nachrichten übergeben; Reiseorganisator mit E-Mail über Eintreffen der Gruppe informieren.
Zimmerübergabe	■ Der Gruppenleitung Stockwerk und Zimmer zeigen. ■ Im Zimmer Hinweise über Lichtschalter, Heizung, Klimaanlage, TV- und Telefonbedienung etc. geben. Auf dem TV-Bildschirm ist ein Willkommensgruß zu sehen bzw. läuft eine Hotelpräsentation ab. ■ Der Gruppe einen angenehmen Aufenthalt wünschen und der Gruppenleitung für weitere Fragen zur Verfügung stehen.

Im Umgang mit VIPs benötigt man Fingerspitzengefühl und Menschenkenntnis, um herauszufinden, ob der VIP besonders diskret behandelt werden möchte oder ob er gern gesehen wird und im Rampenlicht stehen möchte.

VIP-Check-in

Wer ein VIP(Very Important Person)-Gast ist, wird vom Management festgelegt. VIPs können sein:

- Stammgäste
- Berühmte Persönlichkeiten
- Geschäftspartner
- Hochzeitspaare, Jubilare
- Mitglieder von Kundenbindungsprogrammen (Firmenreisende)
- Inhaber einer Platin-Kreditkarte

VIP-Gäste haben meist ein hohes Buchungsvolumen bzw. sind gut für das Renommé eines Betriebs und genießen daher eine besondere Betreuung und ein verbessertes Service. Dies umfasst z. B.:

- Quick-Check-in und Quick-Check-out in eigenem VIP-Bereich
- VIP-Club mit Zugangsbeschränkungen
- VIP-Bar und VIP-Frühstücksraum
- Obstkorb, Champagner auf dem Zimmer

Check-in im VIP-Bereich

Diese Gäste machen mit ihren regelmäßigen Besuchen einen wichtigen Bestandteil des Hotelumsatzes aus und sind daher besonders aufmerksam zu betreuen (denken Sie daran, dass es leichter ist, einen Kunden zu halten als einen Neukunden – vor allem einen neuen VIP – zu gewinnen).

3.2 Gästebetreuung

Während seines Aufenthalts fühlt sich der Gast gut betreut, wenn er ab und zu unaufdringlich angesprochen wird, wie es ihm geht, ob er sich wohlfühlt und seinen Aufenthalt genießt. Ebenso kann man ihn bei Gelegenheit bitten, einen Gästefragebogen (siehe S. 79) auszufüllen.

Große Kettenhotels gründen eigene Clubs für Vielbucher, z. B. den Priority Club der Intercontinental-Hotels oder den Starwood-Preferred-Guests-Club (www.spg.com).

Weiters sind dem Gast Informationen zu geben, wie er seinen Aufenthalt gestalten und welche Angebote er in Anspruch nehmen kann. All das ist Ausdruck des persönlichen Interesses am Wohlbefinden des Gastes. Achten Sie jedoch darauf, den Gast nicht unnötig aufzuhalten oder in lange Gespräche zu verwickeln. Jeder Gast ist anders, gehen Sie auf ihn ein und achten Sie darauf, wie viel Information bzw. Aufmerksamkeit er wünscht.

Informationen für den Gast

In großen Hotels kann der Gast über das TV-Gerät im Zimmer jederzeit Einsicht in seine Rechnung bzw. alle Belege nehmen.

Die Informationen werden je nach Betrieb

- persönlich in einer Begrüßungsmappe übermittelt
- oder sie sind dem Zimmerpass zu entnehmen
- oder über das eingeschaltete TV-Gerät auf dem Zimmer ersichtlich.

Mit Schnee von gestern locken Sie keinen Gast hinter dem Ofen hervor

„Ja, von Puccini wird schon eine Oper gespielt ... oder doch nicht, nein, tut mir leid, ich sehe gerade, der Folder ist alt. Nein, einen gültigen Spielplan hab' ich nicht da ..."

Damit Ihnen das nicht passiert, ist es wichtig, alle Informationen aktuell und ständig verfügbar zu haben. Ordnen Sie daher Verzeichnisse, Internetadressen (wichtige Links als Favoriten verwaltet), Mappen, Prospekte und Folder sorgsam und achten Sie darauf, dass die Unterlagen jederzeit griffbereit sind.

Darüber müssen Sie Bescheid wissen, um den Gast gut zu informieren:

Hotelinformationen	
Kontakt	Genaue Adresse, Telefonnummer, Internetadresse, E-Mail-Adresse, Lageplan.
Verpflegung	Restaurants, Bars und Frühstücksräume mit Öffnungszeiten und Lage.
Zimmer	Wegerklärung (Funktion von Telefon, TV etc.).
Room Service	Erreichbarkeit (Telefonnummer, Uhrzeiten) und Abwicklung beschreiben.
Hoteleinrichtungen	Sauna, Fitnessraum, Business Center etc. mit Öffnungszeiten und Lage.
Garage/Parkplatz	Preis und Lage.
Rezeption	Erreichbarkeit (Telefonnummer und Uhrzeiten).
Gepäck	Transport und Aufbewahrung.
Lage des Hotels	In einen Stadtplan einzeichnen.

Informationen über die Region	
Allgemeine Infrastruktur	Bank, Postamt, Friseur, Taxistand etc.
Sehenswürdigkeiten	Zum Beispiel innere Stadt – Stadtplan übergeben.
Aktuelle Veranstaltungen	Veranstaltungsplaner aushändigen.
Kulturangebot	Theater, Konzerte, Opern, Festivals.
Stadtrundfahrten, Ausflüge in die Region	Programme, Veranstalter.
Sport- und Freizeitangebote der Umgebung	Folder.
Gastronomiebetriebe	Cafés, Restaurants, Heurige, Bars etc.
Öffentliche Verkehrsmittel	Fahrscheine (Preis, Erhältlichkeit), Fahrpläne, Erreichbarkeit.
Vorteilskarten der Region	Erklärung, Funktion, Preis.

In einem Ferienhotel mit viel **persönlichem Kontakt** ist es auch ratsam, sich ab und zu im Restaurant oder Frühstücksraum sehen zu lassen, zu grüßen, freundlich über den Aufenthalt, das Wetter etc. zu plaudern und einen angenehmen Tag zu wünschen.

Wenn Sie die Gäste dabei noch persönlich mit Namen ansprechen und konkrete Erlebnisse ansprechen können (z. B.: „Hatten Sie gestern einen schönen Ausflug auf den Schober? Hat das Restaurant, das ich Ihnen empfohlen habe, Ihren Erwartungen entsprochen?"), haben Sie mehr zur Kundenbindung beigetragen, als es ein noch so schön gestalteter Folder jemals schaffen kann.

Gut informierte Gäste fühlen sich wohl

Spielen Sie in einem Rollenspiel die Anfrage eines Gastes nach Opernkarten durch:
Der Gast weiß nur, dass in den nächsten Tagen in der Umgebung eine Oper von Puccini – oder war es Verdi? – gegeben wird.

Notizen

Eine Gästeabreise soll so gestaltet werden, dass der Gast das Hotel in bester Erinnerung behält.

Give-away = Werbegeschenk, kleine Aufmerksamkeit des Hauses, z. B. ein kleines Glas hausgemachte Marmelade, ein Schlüsselanhänger.

Arbeitsaufgaben

1. Beschreiben Sie den Ablauf eines Check-in bei Individualgästen mit Reservierung. Erklären Sie anschließend die Unterschiede des Check-in von Walk-ins, Gruppen und VIPs.
2. Welche Informationen sind für den Gast während seines Aufenthalts von Bedeutung?
3. Erstellen Sie eine Hotel- und Ortsinformation. Unter www.trauner.at, Lehrerservice, Downloads, finden Sie dazu weitere Anregungen.

4 Gästeabreise – Check-out

Thomas führt einen Check-out durch und legt dabei dem Gast die Proformarechnung vor. Er ist froh, dass er darüber in der Berufsschule schon gelernt hat.

Das Check-out soll persönlich gestaltet sein, außer es wird ein Quick-Check-out durchgeführt.

4.1 Ablauf des Check-out an der Rezeption

- Begrüßen Sie den Gast an der Rezeption und fragen Sie ihn nach seinen Wünschen.
- Teilen Sie dem Gast mit, dass Sie die Rechnung vorbereiten werden – bitten Sie evtl. um etwas Geduld.
- Fragen Sie den Gast, ob noch etwas zu verbuchen ist (Minibar, Auslagen etc.).
- Fragen Sie den Gast, wie er bezahlen möchte (bar, Fremdwährung, Kreditkarte, Bankomatkarte etc.).
- Händigen Sie das Depot aus und ziehen Sie den Schließfachschlüssel ein.
- Geben Sie dem Gast die Belege (ordentlich gesammelt) zur Durchsicht und erklären Sie ihm evtl. die Rechnung unter Vorlage einer Informationsrechnung.
- Unterhalten Sie sich mit dem Gast, während die Rechnung gedruckt wird. Fragen Sie ihn, ob ihm der Aufenthalt gefallen hat etc.
- Lassen Sie dem Gast Zeit zum Durchlesen, nicht ungeduldig werden.
- Bedanken Sie sich nach dem Inkasso beim Gast.
- Quittieren Sie den Erhalt des Betrags auf der Rechnung.
- Organisieren Sie einen Gepäcktransport vom Zimmer.
- Bitten Sie um den Zimmerschlüssel bzw. die Keycard.
- Bestellen Sie dem Gast bei Bedarf ein Taxi.
- Fragen Sie, ob alles zur Zufriedenheit des Gastes war. Beim Check-out hat man die letzte Chance, einen unzufriedenen Gast noch umzustimmen und das Problem zu beheben.
- Formulieren Sie die Bitte, der Gast möge das Hotel auf Hotelbewertungsplattformen (z. B. holidaycheck.de, tripadvisor.com) bewerten, wenn er zufrieden war. Verbinden Sie diese Bitte mit der Übergabe eines Give-aways.

4.2 Das Quick-Check-out

Es gibt die Möglichkeit, über eine eigene Menüleiste am TV-Gerät auf dem Zimmer auszuchecken. Der Gast hat dafür vorab seine Kreditkartennummer bekannt gegeben und dem Betrieb die Autorisierung erteilt, dass der Rechnungsbetrag ohne seine Unterschrift von der Kreditkarte abgebucht werden darf. Die Daten werden an der Rezeption überprüft. Anschließend erhält der Gast über das interne Faxgerät den Abrechnungsbeleg auf das Zimmer gefaxt.

Beispiel

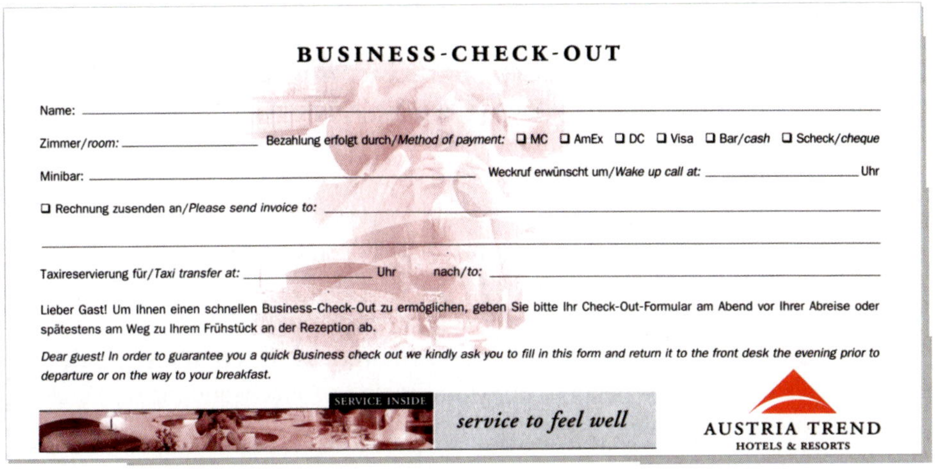

BUSINESS-CHECK-OUT

Name: ____

Zimmer/*room:* ____ Bezahlung erfolgt durch/*Method of payment:* ❑ MC ❑ AmEx ❑ DC ❑ Visa ❑ Bar/*cash* ❑ Scheck/*cheque*

Minibar: ____ Weckruf erwünscht um/*Wake up call at:* ____ Uhr

❑ Rechnung zusenden an/*Please send invoice to:* ____

Taxireservierung für/*Taxi transfer at:* ____ Uhr nach/*to:* ____

Lieber Gast! Um Ihnen einen schnellen Business-Check-Out zu ermöglichen, geben Sie bitte Ihr Check-Out-Formular am Abend vor Ihrer Abreise oder spätestens am Weg zu Ihrem Frühstück an der Rezeption ab.

Dear guest! In order to guarantee you a quick Business check out we kindly ask you to fill in this form and return it to the front desk the evening prior to departure or on the way to your breakfast.

SERVICE INSIDE *service to feel well*

AUSTRIA TREND HOTELS & RESORTS

Diese Art des Check-out ist in großen Stadthotels für **Businessgäste** üblich.

Eine weitere Form des Quick-Check-out ist der sogenannte **Business-Check-out.** Der Gast füllt am Vorabend der Abreise oder vor dem Frühstück ein Formular aus. Anhand dieser Angaben wird an der Rezeption das Check-out vorbereitet.

4.3 Die Gästerechnung

Jeder Gast hat das Recht, eine Rechnung über die von ihm bezahlten Leistungen zu erhalten.

Die Rezeptionsmitarbeiterin bzw. der Rezeptionsmitarbeiter fragt den Gast, ob er an diesem Tag noch etwas aus der Minibar konsumiert hat und legt ihm daraufhin die Proformarechnung samt dazugehörigen Belegen zur Kontrolle vor. Nachdem der Gast die Richtigkeit der Rechnung bestätigt hat, fragt man ihn, wie er seine Rechnung begleichen möchte. Man bucht die Zahlung auf.

Daraufhin wird der Gast ausgecheckt und die Rechnung mit bestätigtem Zahlungseingang ausgedruckt.

Die Beschreibung der Gästerechnung finden Sie im Kapitel „Abrechnung“, S. 125.

Welche Give-aways kennen Sie? Nennen Sie weitere Beispiele:

Wo liegen die Unterschiede der Verabschiedung zwischen Ferienhotellerie und Stadthotellerie? Tauschen Sie Ihre Erfahrungen in der Klasse aus.

Notizen

4.4 Verabschiedung des Gastes

Die Verabschiedung des Gastes ist von entscheidender Bedeutung für den Gesamteindruck des Aufenthaltes. Überreichen Sie ihm zum Abschied ein Give-away und teilen Sie ihm mit, dass Sie sich freuen würden, wieder von ihm zu hören. Ein Stammgast kann auch zum Ausgang begleitet werden. Wünschen Sie ihm eine gute Heimreise und bedanken Sie sich für den Aufenthalt.

4.5 Nachbetreuung

Vergessen Sie nach der Gästeabreise nicht auf das Follow-up (siehe S. 106) als Erinnerung an den Aufenthalt im Betrieb. Bitten Sie in einem E-Mail um eine positive Bewertung auf Bewertungsplattformen.

4.6 Sonstiger Schriftverkehr

Der Schriftverkehr von der Anfrage bis zum Storno ist im Computer an der Rezeption üblicherweise vorhanden. Sonstige Briefe wie Nachsendungen, Versicherungsfälle etc. müssen der jeweiligen Situation entsprechend individuell formuliert werden.

Arbeitsaufgaben

1. Welche Arten des Check-out kennen Sie? Beschreiben Sie die Abläufe.
2. Nennen Sie die Bestandteile einer korrekt erstellten Gästerechnung.
3. Wie gestalten Sie die Verabschiedung eines Gastes? Wie können Sie beitragen, dass der Gast das Haus in angenehmer Erinnerung behält?
4. Ihr Gast, Martin Gundolf, Fennerstraße 15, 6020 Innsbruck, hat seinen Kulturbeutel auf dem Zimmer vergessen. Richten Sie ein passendes Schreiben an Herrn Gundolf.

Ziele erreicht? – „Von der Anfrage bis zum Check-out“

Eva arbeitet gern mit Menschen zusammen, darum fühlt sie sich an der Rezeption recht wohl. Vor allem die persönliche Gästebetreuung macht ihr Freude.

a) Sie bekommt eine telefonische Anfrage eines Individualgastes. Worauf achtet sie besonders, wenn sie dieses Telefonat führt? Welche Notizen macht sie sich?

b) Eva erstellt anschließend ein schriftliches Angebot für ihn. Wie soll der Brief gestaltet sein, dass sich der Gast wirklich persönlich angesprochen fühlt?

c) Wie kann sie den Gast – abgesehen von den fachlich richtigen Inhalten – mit ihrem Schreiben davon überzeugen, dass ihm sein Aufenthalt unvergesslich sein wird?

d) In der Stadthotellerie erhält Eva vorwiegend Anfragen von Reisebüros, Kongressbüros und Firmen. Wie beantwortet sie diese Anfragen professionell, sodass die Firmenkunden erkennen, dass die Betreuung über eine Standardbetreuung hinausgeht?

e) Evas Mutter fragt am Abend, was sie an diesem Tag gemacht hat. Eva erzählt von ihrem Follow-up-Gespräch, das sie aufgrund ihres Angebots geführt hat. Wie erklärt sie ihrer Mutter diesen Begriff und die Sinnhaftigkeit eines Follow-up?

f) Eva hat einen Gruppen-Check-in durchzuführen. Wie vermittelt sie der Gruppe ihre Kundenorientierung? Wie spüren die Reisenden, dass dieser Betrieb Dienstleistungsqualität tatsächlich lebt und nicht nur auf seine Fahnen heftet?

g) Eva gestaltet die Hotel- und Ortsinformationen neu. Wie kann sie neben der Formulierung der üblichen Standards ihre Gäste damit wirklich erreichen? Erarbeiten Sie auch für Ihren Lehrbetrieb mindestens zehn USPs (einzigartige Verkaufsargumente, die vermitteln, warum ein Gast ausgerechnet bei Ihnen Urlaub machen soll).

h) Welche Möglichkeiten der persönlichen Gästebetreuung hat sie darüber hinaus im direkten Gästekontakt?

i) Evas Großeltern kommen von einem Ferienaufenthalt zurück und zeigen Eva die Rechnung, die sie beim Check-out erhalten haben. Da die Rechnung so viele verschiedene Posten enthält, fragen sie Eva, ob sie ihnen die Rechnung noch einmal in Ruhe und im Detail erklären kann. Welche Elemente enthält die Rechnung aus gesetzlichen Gründen, welche sind voraussichtlich freiwillig ergänzt?

j) Die Sales Managerin bittet alle Lehrlinge des Frontoffice darum, sich bis zum nächsten Mitarbeiter-Meeting Ideen für Follow-ups nach dem Gästeaufenthalt und für Give-aways zu überlegen. Eva formuliert einen Text für eine Karte und ergänzt diesen mit einem Zitat. Wie könnte diese Karte aussehen? Gestalten Sie Ihre Vorschläge mithilfe des Computers.

Abrechnung

Vor der Abreise eines Gastes sind von der Empfangsmitarbeiterin bzw. vom Empfangsmitarbeiter verschiedene Aufgaben zu erledigen. In erster Linie geht es dabei um die genaue Erfassung aller vom Gast in Anspruch genommenen Leistungen, die die Grundlage für die Rechnungserstellung sind.

Genauigkeit ist bei der Abrechnung oberstes Gebot.

Beginnend mit dem Check-in werden alle Konsumationen während des Aufenthalts des Gastes auf seiner Zimmernummer verbucht.

Die Abrechnung ist sehr gewissenhaft vorzunehmen. Dazu gibt Ihnen das folgende Kapitel die nötigen Informationen.

Meine Ziele

Nach Bearbeitung dieses Kapitels kann ich

- die Arten von Leistungen unterscheiden;
- eine Gästerechnung auf Korrektheit überprüfen und sie dem Gast präsentieren;
- die Buchungsmöglichkeiten nennen;
- Leistungen den Steuerklassen zuordnen;
- Zahlungsmöglichkeiten unterscheiden und beschreiben;
- die Abwicklung einer Kreditkartenbezahlung korrekt durchführen.

1 Gästeabrechnung

Thomas hat bereits die wichtigsten Schritte der Gästebetreuung gelernt. Nun möchte ein Gast abreisen und fragt nach seiner Rechnung – Thomas bittet seine Vorgesetzte um Hilfe, denn eine Rechnung hat er bisher noch nicht ausgestellt. Wie werden die Leistungen der einzelnen Abteilungen aufgebucht? Was muss er bei der Abrechnung beachten? Das fragt sich nicht nur Thomas, auch Sie müssen darüber genau Bescheid wissen.

1.1 Erfassen der Leistungen

Jede in Anspruch genommene Leistung im Hotel wird täglich auf die jeweilige Zimmernummer der einzelnen Gäste verbucht. Die Leistungen werden in fixe und in zusätzliche Leistungen unterteilt.

Leistungen

Fixe Leistungen

= automatische Buchungen

Logis

Frühstück

Halb- oder Vollpension

Zusätzliche Leistungen

= Buchungen laut Belegen

Minibar

Restaurant

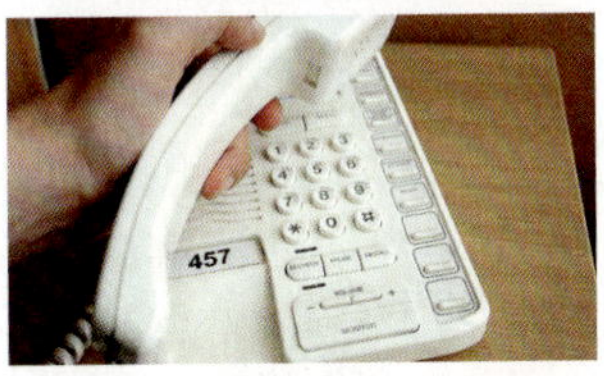

Telefon

Wellnessangebote etc.

Garage etc.

Die Leistungen können mit der Frontoffice-Software im Hoteljournal verbucht werden.

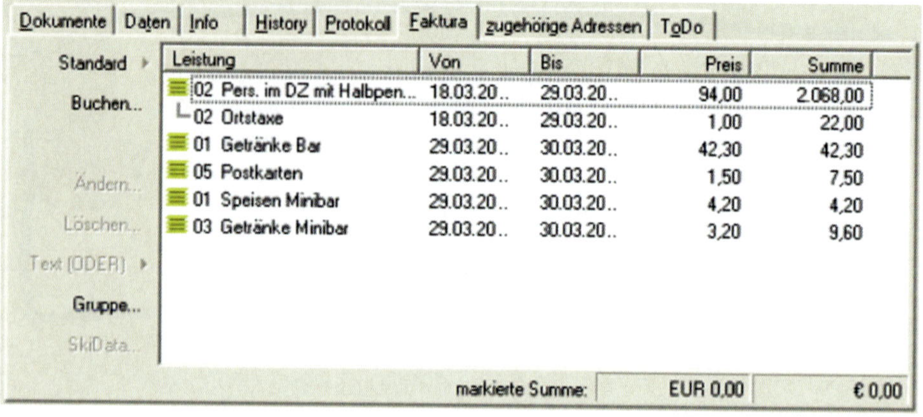

Leistung	Von	Bis	Preis	Summe
02 Pers. im DZ mit Halbpen...	18.03.20..	29.03.20..	94,00	2.068,00
02 Ortstaxe	18.03.20..	29.03.20..	1,00	22,00
01 Getränke Bar	29.03.20..	30.03.20..	42,30	42,30
05 Postkarten	29.03.20..	30.03.20..	1,50	7,50
01 Speisen Minibar	29.03.20..	30.03.20..	4,20	4,20
03 Getränke Minibar	29.03.20..	30.03.20..	3,20	9,60

1.2 Zuteilung der Leistungen nach Steuergruppen

Die Telefonrechnung des Gastes wird mit 20 % versteuert

Im Hintergrund des Hotelprogramms werden die Leistungen auf den entsprechenden Konten erfasst und den jeweiligen Steuergruppen – Normalsteuersatz, ermäßigter Steuersatz bzw. keine Steuern – zugeordnet.
Hier die wichtigsten Beispiele:

Steuergruppen

0 % USt	10 % USt	20 % USt
Keine Steuern	**Ermäßigter Steuersatz**	**Normalsteuersatz**
■ Ortstaxe ■ Briefmarken ■ Durchläufer/ Gästeauslagen ■ Logis-Stornorechnungen	■ Logis inkl. Arrangement ■ Speisen (Küche) ■ Snacks (Minibar) ■ Papierwaren ■ Unterkunft von Haustieren	■ Getränke (Minibar) ■ Telefon ■ Porterage ■ Wäscherei ■ Miete Seminarraum ■ Garage (wenn nicht in der Pauschale enthalten)

Ein in einer Pauschale inkludierter Begrüßungsdrink wird mit 10 % versteuert

All-inclusive-Pauschalen (Begrüßungstrunk, Tischgetränke, Garagenparkplatz, Hotelsafe, Kinderbetreuung, Sportgeräteverleih, Massagen, Sauna, Solarium, Fitnessräume, Liegestühle, geführte Wanderungen oder Skitouren, Liftkarten etc.) werden mit 10 % versteuert, sofern dafür kein gesondertes Entgelt verrechnet wird.

1.3 Erstellen einer korrekten Gästerechnung

Man muss darauf achten, dass die Rechnung alle laut Umsatzsteuergesetz vorgeschriebenen Bestandteile enthält. **Die gesetzlichen Bestandteile einer Rechnung lauten** (im Beispiel auf der nächsten Seite in der Randspalte in Farbe ausgewiesen):

- Name und Anschrift des Empfängers ❶
- Fortlaufende Rechnungsnummer ❷
- Rechnungsdatum (Datum der Ausstellung) ❸
- An- und Abreisetermin (Datum/Zeitraum der Leistung) ❹
- Menge und Art der Leistungen ❺

- Bruttorechnungsbetrag 6
- Steuersätze (0 %, 10 %, 20 %)/ausgewiesene USt 7
- Nettorechnungsbetrag (ohne USt) 8
- Name und Anschrift des liefernden oder leistenden Unternehmers (des Ausstellers = Hotelbriefpapier) 9
- UID-Nummer (AT oder ATU83458927, zur Umsatzsteueridentifikation) des leistenden Unternehmens (= Hotel). Wenn der Gesamtbetrag 10.000,00 € übersteigt und der Leistungsempfänger (= Gast) Unternehmer ist, ist die UID-Nummer des Gastes ebenfalls anzuführen. 10
- Gerichtsstand, Firmenbuchnummer (gesetzlicher Bestandteil eines Geschäftsbriefs, nicht explizit einer Rechnung)

Empfohlen sind darüber hinaus (in der Randspalte schwarz ausgewiesen):

- Geschäftsmäßige Unterschrift, Saldierungsvermerk
- Kontoinformationen (Bankinstitut, IBAN, BIC)

! Diese Bestandteile müssen alle Rechnungen ab einem Betrag von 150,00 € enthalten.

Beispiel für eine Gästerechnung

**** THERMENHOF
PAIERL
BAD WALTERSDORF

Herrn
Peter Wölfl
Mustergasse 35
2531 Gaaden

Hotel Thermenhof Waltersdorf
GmbH & Co. KG
A-8271 Bad Waltersdorf, Wagerberg 120
Tel.: 03333-2801-0, Fax: DW 400
e-mail: well-in@thermenhof.at · Internet: http://www.thermenhof.at

Seite: 1

Rechnung Nr. 4 — **01.01.20..**

Person	**Menge**	**Bezeichnung**	**Einzelpreis**	**Bruttobetrag**	**USt**
Wölfl Eva		**Datum/Zeitraum der Leistung: vom 29.12.20.. bis 01.01.20..**			**Zimmer: 508**
1 Pers.	3 Tg.	Logis	132,00	396,00	10
	3 Tg.	Ortstaxe	2,00	6,00	0
	3	Aufzahlung Kategorie	6,00	18,00	10
	1	Silvesteraufzahlung	70,00	70,00	10
	1	Re: 14169/Restaurant 20 %	34,70	34,70	20
	1	Kronen Zeitung	0,80	0,80	10
	1	Re: 14203/Restaurant 20 %	2,30	2,30	20
	1	Wellness Ztg.	3,20	3,20	10
	1	Ganze Woche	1,00	1,00	10
	1	Re: 14324/Restaurant 20 %	2,50	2,50	20
	1	Kronen Zeitung	0,80	0,80	10
	1	Re: 14385/Restaurant 20 %	26,50	26,50	20
	1	Re: 14535/Restaurant 20 %	24,00	24,00	20
	1	Kronen Zeitung	0,80	0,80	10
Wölfl Peter		**vom 29.12.20.. bis 01.01.20..**			**Zimmer: 508**
1 Pers.	3 Tg.	Logis	132,00	396,00	10
	3 Tg.	Ortstaxe	2,00	6,00	0
	3	Aufzahlung Kategorie	6,00	18,00	10
	1	Silvesteraufzahlung	70,00	70,00	10
Rechnungsbetrag			**EUR**	**1.076,60**	
Zahlungsbetrag			EUR	1.076,60	
Steueraufstellung: Netto 0 %			EUR	12,00	USt: 0,00
Steueraufstellung: Netto 10 %			EUR	886,00	USt: 88,60
Steueraufstellung: Netto 20 %			EUR	75,00	USt: 15,00
Nettorechnungsbetrag			EUR	973,00	Summe Ust: 103,60
Bruttorechnungsbetrag, Zahlungsart: bar			EUR	1.076,60	

Wir danken für Ihren Besuch und freuen uns auf ein Wiedersehen!

Hotel Thermenhof Waltersdorf GmbH & Co KG · Wagerberg 120 · 8271 Bad Waltersdorf · Austria
Telefon: +43 (0)3333-2801-0 · Fax: +43 (0)3333-2801-400 · E-Mail: well-in@thermenhof.at · www.thermenhof.at
Steiermärkische Sparkasse, Kto-Nr. 0600-614044, BLZ 20818 · IBAN: AT91 2081 8006 0061 4044 · BIC: SPHVAT21 (Ort: Hartberg)
UID: ATU 29249104 · ZRS-Graz FN 14472 h · Erfüllungsort und Gerichtsstand ist Bad Waltersdorf

Name und Anschrift des Empfängers 1

Geschäftsmäßige Unterschrift

Saldierungsvermerk

Fortlaufende Rechnungsnummer 2

Rechnungsdatum (Datum der Ausstellung) 3

An- und Abreisetermin (Datum/Zeitraum der Leistung) 4

Menge und Art der Leistungen 5

Bruttorechnungsbetrag 6

Steuersätze/ausgewiesene USt 7

Nettorechnungsbetrag (ohne USt) 8

Name und Anschrift des Ausstellers 9

Kontoinformationen (Bankinstitut, IBAN, BIC)

UID-Nummer 10, Gerichtsstand

FN = Firmenbuchnummer

Notizen

pPN = pro Person und Nacht
HP = Halbpension

Der Tagesabschluss wird jeden Tag zur gleichen Zeit durchgeführt.

Eine Hotelübernachtung beginnt immer am Nachmittag des Anreisetages und endet am nächsten Mittag.

Arbeitsaufgabe

Probieren Sie es nun selbst aus und erstellen Sie nach folgenden Angaben eine Gästerechnung in Tabellenform, die den gesetzlichen Anforderungen entspricht:

Die Familie Dr. PETER, Fachärztin für Zahn-, Mund- und Kieferheilkunde, Zwickauerstraße 26, 82235 Grünbach, DEUTSCHLAND, hat einige Tage in Ihrem Lehrbetrieb verbracht (Anreise: 12. März 20.., Abreise: 19. März 20..) (2 Erwachsene/3 Kinder)

1 Juniorsuite 159,00 € pPN inkl. HP
2 Kinder im Doppelzimmer mit HP 97,00 € pPN/16 und 14 Jahre
1 Kind im Einzelzimmer mit HP 122,00 €/11 Jahre

Inklusive Ortstaxe 1,10 € pPN
Minibar Speisen 7,50 €
Minibar Getränke 63,20 €

8 Getränkekonsumationen im Restaurant – Gesamtbetrag 482,80 €
5 Speisenkonsumationen im Restaurant – Gesamtbetrag 289,30 €
5 Galamenüs à 89,00 € am Abend vor der Abreise

8 Briefmarken 0,70 €
8 Postkarten à 1,50 €

4 Tennis-Trainerstunden à 25,00 € (Hoteltrainer)
3 Ganzkörpermassagen à 37,00 €
9 Reitstunden Reitschule „Horse & Hipe" à 23,00 €
12 Greenfees à 42,00 €
1 Blumenstrauß „Gärtnerei Tulip" 32,50 €

Täglich 1 Frankfurter Allgemeine Zeitung à 2,60 € (außer am Anreisetag)
Telefon 4,30 €
Garage täglich à 12,00 €

Akontozahlung 1 800,00 €

1.4 Der Tagesabschluss

Als Tagesabschluss wird die Zusammenfassung aller Buchungen der in Anspruch genommenen Leistungen sowie der getätigten Zahlungen eines Tages bezeichnet.

Bei Gästen, die ihre Rechnung am Vorabend der Abreise, d. h. nach dem Tagesabschluss, bezahlen, wird der Rechnungsbetrag auf den nächsten Tag übertragen. Rechnungen von spät abreisenden Gästen, für die das Check-out evtl. auch nach dem Tagesabschluss erfolgt, werden ebenfalls auf den nächsten Tag übertragen.

Je nach Buchungssystem erfolgt der Tagesabschluss manuell oder er wird mit der Frontoffice-Software erstellt.

Da die Frontoffice-Software von mehreren Abteilungen genutzt wird, während der Abrechnung jedoch nicht zugegriffen werden kann, erfolgt der Abschluss in der Nacht; dies wird als **Nachtlauf oder Night Audit** bezeichnet. Nach Beendigung des automatischen Tagesabschlusses erfolgt ein detaillierter Ausdruck, der für die Buchhaltung zur Weiterbearbeitung zur Verfügung steht. Gleichzeitig werden damit alle Daten gesichert und kontrolliert.

Ablauf des Night Audits

Fixe Leistungen werden automatisch beim Tagesabschluss verbucht. Die zusätzlichen Leistungen können durch direkten Zugriff automatisch oder anhand vom Gast unterschriebener Belege (Debitoren = offene Rechnungen, z. B. vom Restaurant) von Mitarbeiterinnen und Mitarbeitern der Rezeption gebucht werden. Alle getätigten Buchungen lassen sich als Journal ausdrucken. Die Rechnung wird automatisch erstellt. Sie kann auch gesplittet oder mit geänderter Adresse ausgedruckt werden.

Splitten = aufteilen.

1.5 Zahlungsarten

Thomas hat nun dem Gast die Pro-forma-Rechnung präsentiert und erklärt. Er hat auch nachgefragt, ob der Gast noch etwas aus der Minibar konsumiert hat und wie der Gast seine Rechnung bezahlen möchte – welche Zahlungsarten gibt es eigentlich? Akzeptiert jedes Hotel Kreditkarten?

Die Bezahlung der Hotelrechnung durch den Gast kann auf unterschiedliche Art erfolgen:

- Barzahlung
- Elektronische Zahlung (Zahlung mit Maestro-Bankomatkarte, mit QUICK, mit Kreditkarte)
- Zahlung mit Voucher
- Zahlung per Überweisung
- Zahlung mit Reisescheck (Travellerscheck)

Siehe auch „Betriebsorganisation, Tourismus, Marketing“, Kapitel „Abrechnungssysteme“.

Barzahlung

Die Barzahlung erfolgt in Euro oder in Fremdwährungen zum Tageskurs, der entweder von der Hausbank zur Verfügung gestellt oder der Tageszeitung oder dem Internet entnommen wird (Valuten). Banknoten werden auf ihre Sicherheitsmerkmale hin überprüft. Für Euroscheine gibt es eigene Prüfgeräte, die im Büromaschinenhandel erworben werden können.

Sicherheitsmerkmale des Euro

Durchsichtsregister

Wasserzeichen (im Gegenlicht sichtbar)

Sicherheitsfaden (im Gegenlicht sichtbar)

Spezialfolienelement mit Hologramm (oder Spezialfolienstreifen)

Farbwechsel

Laut AGBH § 8 ist der Beherberger nicht verpflichtet, Fremdwährungen zu akzeptieren.

Fremdwährungen

Gäste aus Ländern der EU, in denen der Euro nicht eingeführt ist, sowie Gäste aus anderen Staaten benützen bei Barzahlung evtl. ihre eigene Landeswährung. Dabei sind u. a. folgende Punkte zu beachten:

- Die Devisen- und Valutenkurse müssen täglich aktualisiert werden.
- Im Zweifelsfall soll mit der betriebseigenen Bank Rücksprache gehalten werden.
- Die Sicherheitsmerkmale der Banknoten sind zu beachten.

> Das Internet bietet zuverlässige Umrechnungsprogramme an, ebenso sind die Kurse den Tageszeitungen zu entnehmen (siehe auch Kapitel „Ausstattung, Wechselkursliste“, S. 54).

Abkürzung nationaler Währungen			
AUD	Australischer Dollar	**NZD**	Neuseeland-Dollar
JPY	Japanischer Yen	**USD**	US-Dollar
CHF	Schweizer Franken	**HKD**	Hongkong-Dollar
CAD	Kanadischer Dollar	**SEK**	Schwedische Krone
SGD	Singapur-Dollar	**ZAR**	Südafrikanischer Rand
GBP	Britisches Pfund		

Verschiedene POS-Terminals

Bankomatkarte mit Maestro-Funktion. Mit einer Bankomatkarte kann man weltweit in mehr als 5,2 Millionen Geschäften bezahlen und an ca. 601 000 Geldautomaten Bargeld beheben.

Elektronische Zahlungssysteme

Das Bezahlen mithilfe elektronischer Zahlungssysteme setzt sich immer mehr durch. Die Zahlung wird dabei über universelle **POS-Terminals** (Point-of-Sale-Terminals) abgewickelt. Möglich ist dies mit **Maestro-Card** (mit in- und ausländischen Bankomatkarten und Code), mit **Quick** aus der österreichischen Elektronischen Geldbörse sowie mit **Kreditkarte** (MasterCard, Visa, Diners Club, American Express und JCB [Japan Credit Bureau]).

Betriebe, die elektronische Zahlungssysteme akzeptieren, profitieren von folgenden Vorteilen:

- Einfache, schnelle und zuverlässige Abwicklung von Zahlungen
- Kein aufwendiges Zählen von Banknoten und Münzen
- Kein Wechselgeld nötig

Bezahlung mit Maestro-Bankomatkarte

Der Gast kann mit einer Bankomatkarte, die über eine Maestro-Funktion verfügt, mit einem persönlichen PIN-Code bezahlen. Der mit der Maestro-Karte bezahlte Betrag wird vom Konto des Karteninhabers mit dem Datum der Zahlung abgebucht.

PIN-Code = vierstellige Geheimzahl, die von der Bank vergeben wird.

> Die Bezahlung mit Bankomatkarte beim Check-out kommt dem Hotelier sehr entgegen, denn die Disagio-Gebühren sind für ihn wesentlich geringer als bei Kreditkartenzahlungen.

Bezahlung mit der elektronischen Geldbörse – QUICK

Alle österreichischen Maestro-Karten verfügen über eine sogenannte **elektronische Geldbörse** – QUICK genannt. Es können maximal 400,00 € auf den Chip geladen werden. Das Aufladen erfolgt bei Geldinstituten und an Bankomaten.

Bei QUICK-Zahlungsvorgängen entfällt die Eingabe des PIN-Codes.

Bezahlung mit Kreditkarte

Viele Gäste zahlen ihre Rechnung mit Kreditkarte. Dazu ist ein Vertrag mit einem oder mehreren Kreditkartenunternehmen seitens der Hotelière bzw. des Hoteliers notwendig. Die Abrechnung erfolgt über Onlineverbindungen mittels stationärer oder mobiler POS-Terminals.

Bei größeren Summen ist es empfehlenswert, den Betrag vorautorisieren zu lassen (siehe Check-in, S. 115).

Kreditkarten, die ab 1. Jänner 2011 ausgestellt wurden, erfordern nicht wie bisher eine Unterschrift. Sie werden wie die Bankomatkarte mit PIN-Code identifiziert.

Eine Kreditkarte bietet ihrer Besitzerin/ihrem Besitzer folgende Möglichkeiten:

- Weltweites bargeldloses Zahlen
- Bargeldabhebung an Automaten
- Zinsfreier Kredit bis zum Erhalt der Monatsabrechnung
- Umrechnung zum Devisenkurs
- Diverse Preisvergünstigungen, z. B. Mietwagen ohne Kaution
- Bestellung/Bezahlung von Fahrkarten, Tickets, Hotels etc.
- Verwendung als Partner- und Familienkarte
- Sicherheit bei Verlust und Diebstahl
- Versicherungsschutz, z. B. Reiseversicherung
- Onlineshopping im E-Commerce

Vorteile der Akzeptanz von Kreditkarten

- Am Ende des Tages werden alle Kreditkartengeschäftsfälle zusammengefasst und vollautomatisch (papierlos) an die Abrechnungsstellen der Kreditkartenorganisationen weitergeleitet.
- Einfache Handhabung: Man wird auf dem Display des Kreditkartenterminals Schritt für Schritt durch die einzelnen Funktionen geführt.
- Deutliche Beschleunigung der Arbeit im Vergleich zur Abwicklung von Barzahlungen.
- Automatischer Belegdruck.
- Autorisierung zur Risikominimierung (ein Genehmigungscode kann durch den Terminal eingeholt werden).
- Onlineservice, -betreuung und -beseitigung eventueller Betriebsstörungen durch das Kreditkarteninstitut.
- Die unterschiedlichen Limits der einzelnen Kreditkarteninstitute werden beachtet.

Für den Fall von technischen Störungen (unterbrochene Internetverbindung, Stromausfall o. Ä.) ist es ratsam, einen manuellen Imprinter mit Billing Forms griffbereit zu haben.

Nachteile für den Hotelbetrieb

- Ein Disagio (Gebühr, Abschlag) ist an das Kreditkarteninstitut zu zahlen – die Höhe richtet sich nach der Vereinbarung mit dem Kreditkarteninstitut.
- Der Rechnungsbetrag wird erst nach der Kreditkartenabrechnung am Monatsende an das Hotel überwiesen.

Auch bei der Abrechnung von Bankomatkartenzahlungen ist ein Disagio zu entrichten.

So wird die Zahlung mit Kreditkarte beim Check-out abgewickelt

- Kreditkarte durch das Lesegerät ziehen – Daten und Gültigkeit werden überprüft.
- Abzubuchenden Betrag eingeben.
- Eventuell Eingabe des PIN-Codes (gilt für Karten, die nach dem 1. Jänner 2011 ausgestellt wurden).
- Beleg mit Durchschlag wird automatisch ausgedruckt.
- Unterschrift des Karteninhabers auf dem Leistungsbeleg – Unterschrift auf der Kartenrückseite überprüfen (bei Karten, die vor dem 1. Jänner 2011 ausgestellt wurden).
- Durchschlag an die Gästerechnung heften und dem Gast aushändigen.

Notizen

Arbeitsaufgaben

1. Ein Gast bezahlt die Gästerechnung beim Check-out mit seiner Kreditkarte. Beschreiben Sie die Abwicklung im Detail.
2. Welche Sicherheitskriterien haben Sie bei Bezahlung mit Kreditkarte zu beachten?
3. Was tun Sie, wenn Ihnen der Gast eine ungültige Karte vorlegt oder Sie die Echtheit der Unterschrift bezweifeln?
4. Was tun Sie im Falle eines technischen Gebrechens, wenn ein Gast mit Kreditkarte bezahlt?

Bezahlung mit Voucher

Voucherarten siehe Kapitel „Zusammenarbeit mit Reisebüros", S. 156.

Ein Voucher ist ein Gutschein für touristische Leistungen (Hotelaufenthalt, Theaterkarten, Skipass, Sightseeing-Tour, Shuttledienst etc.). Der Aussteller rechnet die Leistungen direkt mit dem Leistungsträger ab. Der Gast zahlt im Betrieb nur all jene Leistungen, die über die mit dem Voucher abzurechnenden Leistungen hinausgehen.

Bezahlung per Überweisung

Eine Rechnung, die nicht unmittelbar bei der Abreise bezahlt wird, bezeichnet man als **Debitor** (offene Rechnung). Grundlage dafür ist eine vorherige schriftlich bestätigte Kostenübernahme des Rechnungsempfängers.

Überweisungen können per Zahlungsanweisung bei allen Banken persönlich oder auch online mit Electronic Banking durchgeführt werden.

Bezahlung mit Reisescheck (Travellerscheck)

Reiseschecks können bei Banken oder Kreditkartenunternehmen zum Nennwert gekauft werden. Die Gebühr beträgt für den Käufer je nach Bankunternehmen ca. 1,75 % des Nennwertes, aber auf jeden Fall eine hohe Mindestgebühr. Diese Reiseschecks werden hauptsächlich bei Auslandsurlauben eingesetzt.

Reiseschecks verlieren durch die vermehrte Benützung von Kreditkarten immer mehr an Bedeutung.

Sie werden deshalb von Reisenden verwendet, weil sie im Gegensatz zu Bargeld bei Verlust oder Diebstahl vom Bankinstitut ersetzt werden – weltweit in der Regel binnen 24 Stunden. Reiseschecks können nicht verfallen.

Reiseschecks werden unter anderem in Euro, US-Dollar, Britischen Pfund, Schweizer Franken, Japanischen Yen und Saudischen Rial angeboten.

Bei der Vorlage von Blankoreiseschecks muss immer eine Verkaufsquittung verlangt werden.

Abwicklung des Zahlungsverkehrs mit Reiseschecks

Die Käuferin bzw. der Käufer des Reiseschecks unterschreibt die Übernahme in Anwesenheit der/des Bankangestellten. Die zweite Unterzeichnung erfolgt dann in Anwesenheit der Annehmerin bzw. des Annehmers (der Rezeptionistin bzw. des Rezeptionisten). Eine zusätzliche Kontrolle erfolgt durch den Vergleich mit der Unterschrift im Reisepass des mit Reiseschecks zahlenden Gastes.

Die Rezeptionistin bzw. der Rezeptionist vermerkt auf der Rückseite des Reiseschecks die Reisepassnummer des Gastes.

Akontozahlung (Vorauszahlung, Anzahlung, Sicherheitszahlung)

Die Akontozahlung kann auch durch Autorisierung der Kreditkarte erfolgen.

Bei Abschluss eines Beherbergungsvertrags kann die Hotelière bzw. der Hotelier laut AGBH § 3 eine **Anzahlung** verlangen, um die Reservierung zu garantieren. Der Vertrag gilt ab dem Zahlungseingang, den die Rezeptionistin bzw. der Rezeptionist dem Gast unverzüglich schriftlich bestätigt. Immer häufiger wird auch die Angabe der Kreditkartennummer als Sicherheitszahlung akzeptiert.

Auch während seines Aufenthalts hat der Gast die Möglichkeit, eine Akontozahlung zu leisten, die im Hoteljournal verbucht und bei Bezahlung der Rechnung automatisch abgezogen wird. Sie wird in diesem Fall als **Zwischenzahlung** bezeichnet.

Sicher im Internet – SET

Wenn der Gast eine Hotelleistung im Internet bucht, kann er die Akontozahlung über die Kreditkarte abwickeln. Um Händlern und Kunden im Internet Sicherheit bei der Abwicklung von Kreditkartengeschäften zu gewähren und um Datenmissbrauch auszuschließen, haben internationale Kreditorganisationen gemeinsam mit namhaften Softwareunternehmen SET entwickelt.

- SET garantiert die Vertraulichkeit der Kreditkartendaten und die der ausgetauschten Daten zwischen Karteninhaber und Vertragsunternehmen.
- SET garantiert die Identität und Berechtigung eines Karteninhabers gegenüber dem Vertragsunternehmen.
- SET garantiert die Identität eines Vertragsunternehmens gegenüber dem Karteninhaber. Der Karteninhaber kann sicher sein, bei einem MasterCard-SET-Vertragspartner einzukaufen.
- SET macht den beteiligten Parteien nur jene Informationen zugänglich, die für sie bestimmt sind.

SET = Secure Electronic Transaction, erkennbar an der Internetadresse – **https://** – und am Schlüsselsymbol im Webbrowser.

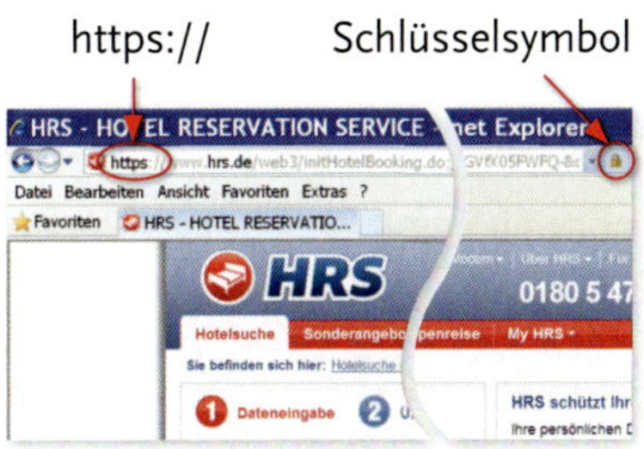

Notizen

Arbeitsaufgaben

1. Vergleichen Sie die verschiedenen Zahlungsarten und erstellen Sie ein übersichtliches Informationsblatt, z. B. in Form einer Tabelle, gegliedert in die Art des Zahlungsmittels und die Beschreibung der jeweiligen Vor- und Nachteile.
2. Welche Zahlungsarten werden in Ihrem Ausbildungsbetrieb angewendet?
3. Erklären Sie, was man unter SET versteht.
4. Erarbeiten Sie mithilfe des Internets die Vor- und Nachteile des bargeldlosen Zahlungsverkehrs.

2 Abrechnung mit anderen Abteilungen – Erlösabrechnung

Eva hat heute Abend zum ersten Mal alleine Spätdienst. Sie hat sich darauf gut vorbereitet und weiß, dass im Spätdienst die Erlösabrechnung durchzuführen ist.

Erlöse = alle aus einem Verkauf eingenommenen Gelder.

Debitor = offene Rechnung oder Schuldner, der Waren von einem Lieferer auf Kredit bezogen hat; das Wort wird meist im Plural (Debitoren) verwendet.

Alle im Betrieb eingenommenen Erlöse (Erlöse aus Barzahlungen, Zahlungen mit Kredit- und Bankomatkarten, Überweisungen von Debitoren) werden täglich abgerechnet. Die Einnahmen der einzelnen Abteilungen werden in regelmäßigen Abständen mit der Rezeption bzw. Hauptkassa eines Hotels abgerechnet und im Kassabuch erfasst. Dieser Vorgang heißt **Erlösabrechnung.**

Es werden vier Erlösgruppen unterschieden:
- Bargeld
- Kredit- und Bankomatkarten
- Vom Gast unterschriebene Belege
- Debitoren

Siehe auch „Betriebsorganisation, Tourismus, Marketing“, Kapitel „Abrechnungssysteme“.

Abrechnung mit Restaurant und Bar

Zu Dienstende druckt die Restaurantmitarbeiterin bzw. der Restaurantmitarbeiter einen Kassenabschluss ihrer bzw. seiner Station aus, der die Grundlage ihrer bzw. seiner Abrechnung bildet. Jede Erlösgruppe wird, nach Belegen sortiert, zusammengefasst und mit der Rezeption gegengerechnet. Die Abrechnung führt meistens der Night Auditor durch.

Die Mitarbeiterinnen bzw. Mitarbeiter der Housekeeping-Abteilung kontrollieren die Minibars der Gästezimmer

Abrechnung der Minibar

Die von den Gästen ausgefüllten Minibarvordrucke werden vom Room Service oder vom Housekeeping Department überprüft und gesammelt. Eine Mitarbeiterin bzw. ein Mitarbeiter des Room Service oder der Housekeeping-Abteilung meldet täglich für jede Zimmernummer die konsumierten Getränke und Speisen an die Rezeption, die auf die jeweilige Gästerechnung gebucht werden.

Es gibt auch elektronische Abrechnungssysteme, z. B. Minibars, die automatisch den Verbrauch feststellen und den Betrag direkt auf die Zimmerrechnung des Gastes buchen. Das System erkennt dabei anhand des Gewichts, dass Getränke oder Speisen entnommen wurden. Wichtig dabei ist, dass die Minibar immer nach demselben Schema bestückt wird, damit die Abrechnung stimmt.

Minibar

Vorteile der Minibar	Nachteile der Minibar
■ Unabhängig vom Room Service rund um die Uhr verfügbar ■ Einsparen von Room-Service-Personal	■ Teure Erstinvestition ■ Umständliche Kontrolle ■ Diebstahl-/Betrugsgefahr

Manche Hotelketten rechnen den Inhalt der Minibar bereits in den Zimmerpreis, andere Betriebe bestücken die Minibar erst auf Wunsch des Gastes.

Die Rentabilität der Minibar ist vom Zahlungswillen des Gastes und von der Ehrlichkeit der Mitarbeiterinnen bzw. Mitarbeiter des Betriebs abhängig.

Abrechnung mit weiteren Abteilungen

Die vom Gast konsumierten Leistungen anderer Hotelbereiche, wie des Wellness-, Sport- und Beautybereichs, werden von diesen Abteilungen ebenfalls an die Rezeption gemeldet, die diese Leistungen auf die Gästerechnung bucht.

Siehe auch Kapitel „Keycard“, S. 64.

Arbeitsaufgaben

1. Erstellen Sie den Tagesumsatz für die Minibar laut den Angaben auf der nächsten Seite unter Verwendung der Minibarliste des Hotel Arlberg Hospiz.

Arlberg Hospiz
SEIT 1386

Bitte bedienen Sie sich
an Ihrer Minibar.
Please make use of your Minibar.
Servez-vous de votre Minibar.

1885 FREIHOF

Die konsumierten Getränke bitten wir, täglich in die Rechnung einzutragen und mit Ihrer Unterschrift zu versehen. Danke!

Please complete and sign the presented consumption bill of the Minibar daily. Thank you!
S.u.P. Veuillez enregistrer et signer les boissons consomées sur cette feuille du Minibar chaque jour. Merci!

ARTIKEL	INHALT	PREIS €	KONSUMATION	TOTAL
Coca Cola	20 cl	3,40		
Rauch Apfelsaft	20 cl	3,40		
Sanpellegrino Aranciata	20 cl	3,40		
Sanpellegrino Limonata	20 cl	3,40		
Mineralwasser Gasteiner	25 cl	3,40		
Tonic Water	20 cl	3,80		
Bitter Lemon	20 cl	3,80		
Mounier Bleue	20 cl	14,70		
Champagner Ruinart	37,5 cl	44,00		
Beck's Pils	33 cl	4,60		
Camus Grande V.S.O.P.	3 cl	6,90		
Bacardi Rum	5 cl	9,90		
Gin	5 cl	9,90		
Absolut Vodka	5 cl	9,90		
Whisky Grant's	5 cl	9,90		
Freihof Williams	2 cl	4,80		
Averna	3 cl	4,80		
Underberg Magenbitter	2 cl	4,80		
Chips Pringels		3,60		
Milka Leo		3,60		
Erdnüsse		3,60		
Balisto Riegel		3,60		
Soletti		3,60		
Toblerone		3,60		
Milketten		3,60		
Kägi Fret		3,60		
Giotto		3,60		
Maoam 5er Packung		3,60		
Überraschungsei		3,60		
		TOTAL		

Zimmer-Nr.
Room Nr.
Nr. de chambre
1. Blatt: GAST

Datum
Date
Da date
2. Blatt: ETAGE

Unterschrift
Signature
Signature
3. Blatt: RECEPTION

Notizen

Notizen

	Zimmernummer						Preis	Gesamt Stück	Gesamt Preis
	101	102	103	104	105	106			
Coca Cola		1		1					
Rauch Apfelsaft									
San Pellegrino A	2			2	1				
San Pellegrino L			1						
Gasteiner	1		2						
Tonic Water				1					
Bitter Lemon						2			
Mounier Bleue									
Champagner Ruinart	1								
Beck's Pils					1	2			
Camus Grande V.S.O.P.	1								
Bacardi Rum	1								
Gin				1					
Absolut Vodka									
Whisky Grant's	1								
Freihof Williams			1		1				
Averna			1						
Underberg Magenbitter									
Pringles									
Milka Leo	1			1					
Erdnüsse		1				1			
Balisto					1				
Soletti									
Toblerone	1					1			
Milketten				1					
Kägi Fret		1							
Giotto						1			
Maoam					1				
Überraschungsei	1								
								Endsumme	

2. Beschreiben Sie die Abrechnung mit der Verpflegungs- und der Wellnessabteilung.

3 Zusatzverkäufe der Rezeption

An der Rezeption in Thomas' Ausbildungsbetrieb können Gäste Briefmarken und Ansichtskarten erstehen. Diese Erlöse sind ebenfalls abzurechnen.

Leistungen, die direkt von der Rezeption verkauft werden, werden entweder bar kassiert und in ein **Kassabuch** eingetragen oder ebenfalls auf die Zimmerrechnung gebucht. Die Rezeption rechnet diese Erlöse mit der Hauptkasse ab.

Postkarten können an der Rezeption verkauft werden

Durch den Verkauf von Waren aus angemieteten Vitrinen, die Besorgung von Karten für Veranstaltungen etc., die der Betrieb in Kommission erhält, bekommt er eine Provision, die in eigenen Verträgen festgelegt wird.

Kommission = Der Verkauf erfolgt nur nach Bedarf. Nicht verkaufte Ware wird an den Lieferanten zurückgegeben.

Provision = prozentuelle Beteiligung an getätigten Verkäufen.

Beispiele für Zusatzverkäufe

- Briefmarken
- Ansichtskarten
- Zeitungen
- Sightseeing-Tours
- Theater- und Konzertkarten
- Schmuck
- Accessoires
- Souvenirs
- Kosmetikartikel

Arbeitsaufgaben

1. Jedes Hotel lebt vom Upselling und den Zusatzverkäufen der Mitarbeiterinnen und Mitarbeiter. Überlegen Sie gemeinsam mit Ihrer Kollegin bzw. Ihrem Kollegen zu jeder der angeführten Abteilungen einige Möglichkeiten, den Umsatz zu steigern.

   Rezeption: ______________________

   Hotelkiosk: ______________________

   Restaurant: ______________________

   Bar: ______________________

   Room Service: ______________________

   Wellnessbereich: ______________________

   Housekeeping: ______________________

2. Wie werden Zusatzverkäufe an der Rezeption abgerechnet?

Upselling = Generierung von zusätzlichen Verkäufen, z. B. Verkauf einer Juniorsuite statt eines Doppelzimmers etc.

4 Controlling

Eva absolviert einen Schnuppertag in der Controllingabteilung, um einen Einblick in die Bedeutung dieses Arbeitsbereichs zu bekommen und um zu verstehen, wie sich ihre Arbeitsqualität und -leistung messbar auswirken.

In der Hotellerie und Gastronomie zählt die Controllingabteilung zu den wichtigsten Abteilungen. Sie kontrolliert nicht nur sämtliche finanzielle Abläufe, sondern führt auch Kontrollen der Mengen und des Arbeitseinsatzes durch.

Controlling ist Vorausdenken

- Wie entwickelt sich die Gästenachfrage?
- Welches Sortiment bietet der Betrieb an?
- Wo soll das Unternehmen in Zukunft stehen?

Controlling ist für das wirtschaftliche Bestehen und damit die Zukunft eines Hotelbetriebs von großer Bedeutung.

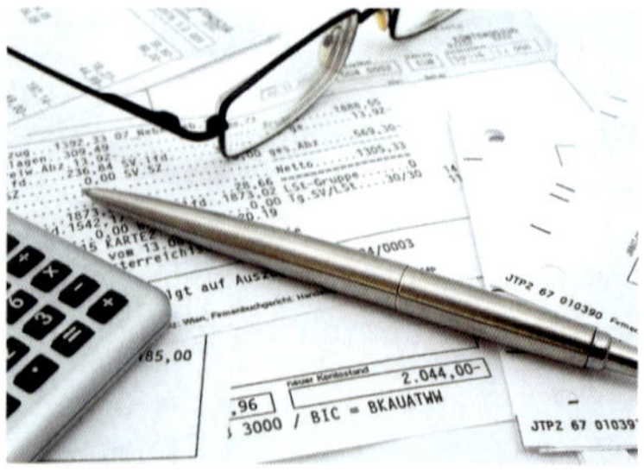

Controlling ist Führung durch Ziele

- Planung von Umsätzen
- Planung von Kosten
- Personaleinsatzplanung
- Produktionsplanung

Die Controllingabteilung hat die Aufgabe, das angestrebte Gewinnziel eines Unternehmens zu erreichen. Controlling ist ein ständiger **Soll-Ist-Vergleich.** Es ist ein Signalsystem, das Abweichungen anzeigt, um rechtzeitig Korrekturen vornehmen zu können.

Kennzahlen

Controlling basiert auf Kennzahlen, anhand welcher festgestellt wird, ob der Betrieb erfolgreich wirtschaftet.

Beispiele für Kennzahlen

- Zimmerbelegung in Prozent
- Durchschnittlicher Beherbergungserlös pro belegtem Zimmer (Average Room Rate)
- Doppelbelegung in Prozent und damit die Anzahl der Hotelgäste

Die Berechnung der Kennzahlen erfahren Sie im Gegenstand „Rechnungswesen".

Arbeitsaufgaben

1. Beschreiben Sie die Bedeutung von Controlling in der Hotellerie.
2. Nennen Sie Kennzahlen für das Controlling in Beherbergungsbetrieben. Wozu werden sie ermittelt?

Ziele erreicht? – „Abrechnung"

Thomas absolviert heute seine erste Frühschicht an der Kassa – er hat eine genaue Liste geschrieben, worauf er achten muss. Als der erste Gast auschecken möchte, kommt Thomas seine intensive Vorbereitung zugute.

a) Welche Schritte muss er durchführen, wenn der Gast die Hotelrechnung wünscht?

b) Was ist zu tun, wenn der Gast am Vorabend noch etwas aus der Minibar konsumiert hat?

c) Der Gast hat eine Akontozahlung getätigt. Wozu dient diese und wie berücksichtigt Thomas sie in der Abrechnung?

d) Der Gast bezahlt mit Kreditkarte – welche Vor- und Nachteile entstehen dadurch für den Hotelbesitzer?

e) Auf welche weiteren Arten kann ein Gast Zahlungen im Hotelbetrieb tätigen? Welche Kosten können dafür für die Hotelbesitzerin bzw. den Hotelbesitzer anfallen?

Eva ist im Spätdienst für die Abrechnung mit den anderen Abteilungen zuständig.

f) Der Room Service Manager bringt die Minibarabrechnung an die Rezeption. Was ist zu tun?

g) Wie erfolgt die Minibarabrechnung in Ihrem eigenen Lehrbetrieb?

h) Die Restaurantleiterin bringt Eva die Tagesabrechnung. Was macht sie damit?

i) Wie läuft die Abrechnung mit dem Restaurant in Ihrem Lehrbetrieb ab?

j) Der Night Auditor (Nachtportier) kommt um 23:00 Uhr in den Nachtdienst und Eva macht ihre Dienstübergabe. Welche Listen bzw. Formulare benötigt sie dafür?

k) Welche Arbeiten hat der Night Auditor zu erledigen? Was macht der Nachtportier in Ihrem Hotelbetrieb?

Interne Kommunikation

Eine gute Kommunikation zwischen den Abteilungen ist für den Gast nicht unmittelbar sichtbar, wirkt sich jedoch auf die Qualität der Gesamtleistung des Hauses aus – und die spürt der Gast.

Je besser die interne Kommunikation ist, umso reibungsloser funktionieren sowohl tägliche Arbeiten als auch zusätzliche Aufgaben und umso wohler fühlt sich der Gast.

Gut informierte Mitarbeiterinnen und Mitarbeiter, die in einem kommunikationsfähigen Team arbeiten, bringen effizientere Leistungen.

Meine Ziele

Nach Bearbeitung dieses Kapitels kann ich

- die tägliche Dienstübergabe richtig durchführen;
- die Wichtigkeit einer Abteilungsleiterbesprechung erkennen;
- die Ziele einer Mitarbeiterbesprechung verstehen;
- Inhalte und Zweck eines Functionsheets erklären;
- ein Functionsheet bearbeiten;
- die verschiedenen Memoarten unterscheiden;
- die Bedeutung aller zusammenhängenden Aufgaben der einzelnen Abteilungen verstehen.

1 Dienstübergabe

Eva fasst die wichtigsten Informationen für den Spätdienst zusammen und leitet diese mithilfe der Übergabeliste an ihren Kollegen weiter.

Vergleichen Sie den Ablauf der Dienstübergabe in Ihrem Lehrbetrieb mit jenem Ihrer Mitschülerinnen und Mitschüler.

Ein wichtiger Punkt im Arbeitsablauf ist die Dienstübergabe an der Rezeption. Dabei werden wesentliche Informationen an alle im Laufe eines Tages im Empfangsbereich beschäftigten Mitarbeiterinnen und Mitarbeiter weitergeleitet.

Die Form der Übergabe ist von Art und Größe eines Betriebs abhängig. Sie erfolgt entweder handschriftlich oder mittels EDV in Form eines Übergabebuchs (Logbuches) oder eines Übergabeformulars.

Siehe auch Kapitel „Ausstattung", S 53.

Übergabebuch/Logbuch

ÜBERGABEFORMULAR

Datum: ______________

VIP-Treatment

205	Obstteller/Hausmarke
324	Haustorte/Hausmarke

Zeitungsservice

128	„Salzburger Nachrichten"
212	„Frankfurter Allgemeine"

Technikmängel

416	Wasserhahn tropft
123	~~TV kaputt~~ ✓
Halle	~~Spot über Rec. defekt~~ ✓

Late Check-out	Early Check-out
222	

Out of order	Not for sale
410 – Fleck auf dem Fußboden	222 – late CO

Late Check-in	Early Check-in
111 – 23:00 Uhr	

Zimmerwechsel von – nach

von	nach
112	312

Diverses

Anreise 324 – VIP! Unbedingt aufs Zimmer begleiten! Geschäftspartner!
JTB-Gruppe – Anreise gegen 16:00 Uhr
108 – Reinigung erst nach 12:00 Uhr
126 – ACHTUNG: Hund!!!

Notizen

____

____

____

____

____

Arbeitsaufgaben

1. Welche Informationen werden bei der Dienstübergabe übermittelt?

2. Die Übergabe erfolgt in Form eines ______________ oder eines ______________, das entweder ______________ oder ______________ geführt wird.

3. Suchen Sie sechs wesentliche Begriffe, die ein Übergabeformular enthält:

O	T	O	R	Y	U	Z	D	T	G	L	Q	V	M	E
U	J	E	I	U	R	V	E	W	W	D	N	B	C	X
T	O	Z	C	M	F	E	T	X	I	B	Q	I	P	E
O	X	D	K	H	B	N	Z	D	N	K	V	Y	K	B
F	J	N	Q	Q	N	Z	M	O	I	R	Y	G	P	Q
O	O	Y	Z	G	N	I	T	Y	E	P	V	X	U	K
R	P	A	J	I	I	F	K	S	R	Y	Y	K	W	O
D	Y	E	L	I	O	K	S	M	T	H	K	O	R	S
E	U	S	H	R	V	G	W	N	Ä	Y	O	Q	L	U
R	R	H	S	M	N	C	D	I	O	N	K	U	N	P
W	Y	A	U	U	A	H	V	W	X	N	G	U	G	D
X	L	P	T	I	W	F	T	W	Z	O	P	E	U	F
E	Z	I	M	M	E	R	W	E	C	H	S	E	L	A
Y	E	S	E	S	R	E	V	I	D	Z	E	W	Q	P
Z	R	Q	W	N	L	D	C	Y	C	S	Z	M	C	Z

2 Abteilungskoordination

In Thomas' Lehrbetrieb werden regelmäßig – meist an fixen Tagen – Briefings oder Meetings abgehalten. Zusätzlich werden im Bedarfsfall, z. B. bei Ereignissen, die außerhalb der Routine liegen, weitere Besprechungen einberufen, um die Aufgaben gemeinsam mit den anderen Abteilungen zu koordinieren. Diese Vorgangsweise ist in mittleren bis großen Betrieben generell üblich.

Briefing = kurze Einsatzbesprechung, z. B. für Bankette, Veranstaltungen.

Meeting = ausführliche Besprechung oder Sitzung.

Siehe auch Kapitel „Mitarbeiterorganisation, Zusammenarbeit mit anderen Abteilungen“, S. 23.

Wege der Kommunikation

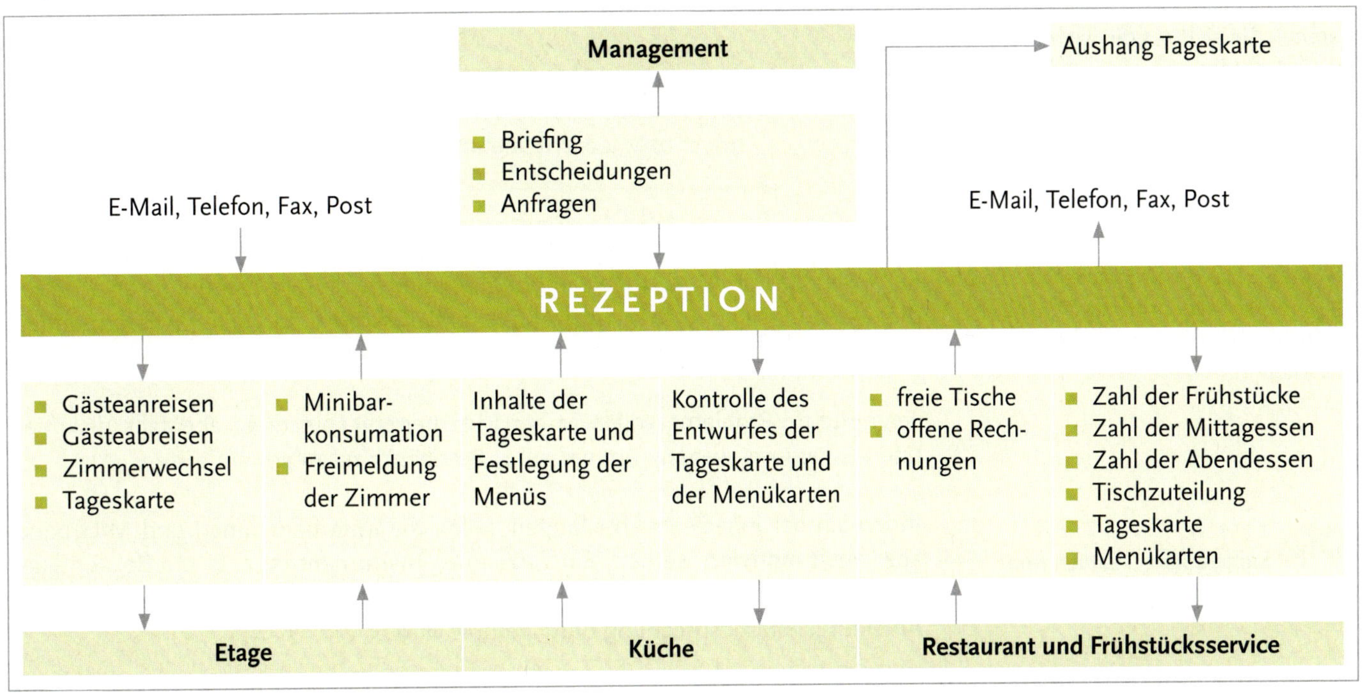

2.1 Abteilungsleiterbesprechung

Bei Abteilungsleiterbesprechungen sind die Vertreterinnen und Vertreter der Abteilungen anwesend, die die Belange ihrer Abteilung vorbringen. Eine Vertreterin bzw. ein Vertreter der Direktion hat den Vorsitz und leitet entstehende Diskussionen.

Folgende Punkte können auf der Tagesordnung stehen

- Belegungsstatistiken
- Ankommende Stammgäste und VIPs
- Restaurantumschlagszahlen
- Aktuelle und geplante Veranstaltungen
- Mitarbeiterplanung
- Mitarbeiterwechsel in andere Abteilungen
- Budget
- Geplante Neuanschaffungen und Umbauten
- Gästewünsche
- Reklamationen etc.

Protokoll = Niederschrift von getätigten Aussagen in einer Besprechung.

Während der Besprechung wird ein Protokoll geführt, das anschließend an alle Abteilungsleiterinnen und -leiter ausgeteilt wird, um die Umsetzung der behandelten Themen kontrollieren zu können.

Simulieren Sie die Situation eines Abteilungsleitermeetings:

Bilden Sie Gruppen – eine Mitschülerin bzw. ein Mitschüler ist Generaldirektorin bzw. Generaldirektor, die anderen sind Abteilungsleiterinnen bzw. Abteilungsleiter der Küche, des Restaurants, des Empfangs, der Etage etc.

Bereiten Sie sich auf die wichtigsten Tagesordnungspunkte (siehe rechts), die Ihre Abteilung bzw. Position betreffen, vor und bringen Sie in das Meeting Beispiele ein (z. B. VIP-Anreise, Kündigung, Reklamation).

Halten Sie die Besprechung anhand der Tagesordnung ab und verfassen Sie anschließend ein Protokoll.

2.2 Mitarbeiterbesprechung

Die für die Mitarbeiterinnen und Mitarbeiter einer Abteilung bestimmten Informationen werden von ihren direkten Vorgesetzten in den Mitarbeiterbesprechungen an sie weitergegeben. Wichtig ist, dass der Zeitpunkt der Besprechung so gewählt wird, dass möglichst viele Mitarbeiterinnen und Mitarbeiter daran teilnehmen können.

Diese Besprechung wird von der Abteilungsleiterin bzw. vom Abteilungsleiter einberufen, kann aber in manchen Fällen auch von einzelnen Mitarbeiterinnen oder Mitarbeitern in Absprache mit der Abteilungsleiterin bzw. dem Abteilungsleiter festgesetzt werden.

Auch bei den Mitarbeiterbesprechungen soll ein **Protokoll** geführt werden, das jede Teilnehmerin bzw. jeder Teilnehmer erhält.

Bei diesen Besprechungen können alle Mitarbeiterinnen und Mitarbeiter ihre **Ideen, Wünsche und Anregungen** einbringen. Manche dieser Anregungen können von der Abteilungsleiterin bzw. vom Abteilungsleiter direkt behandelt werden, andere werden evtl. in der nächsten Abteilungsleiterbesprechung geklärt.

Teaminterne Probleme sollen in der Mitarbeiterbesprechung ebenfalls diskutiert und ausgeräumt werden, um ein gutes Betriebsklima zu gewährleisten.

Innerhalb der einzelnen Abteilungen sollen die Mitarbeiterinnen und Mitarbeiter aber auch **motiviert** werden. Ein wirksames Instrument ist z. B. die Bekanntgabe der Mitarbeiterin bzw. des Mitarbeiters des Monats, deren bzw. dessen Wahl in der **Abteilungsleiterbesprechung** durchgeführt wird.

Siehe auch „Deutsch und Kommunikation in der Gastronomie".

Protokoll Mitarbeiterbesprechung, Beispiel Frontoffice

H·O·T·E·L Aurora

Protokoll Frontoffice-Meeting

Datum: 20..-09-16
Uhrzeit/Dauer: 10:00–11:00 Uhr
Teilnehmer: Illmer, Gansterer, Klein, Rostock
Entschuldigt: Hasiweder

Themen:
- EDV-Umstellung
- Übergabebuch
- Sonstiges

EDV-Umstellung
Umstellung der gesamten EDV-Anlage auf Windows Office 2010. Termin: 10. Oktober 20.. Es steht an diesem Tag an der Rezeption nur ein Computer zur Verfügung; ein uneingeschränkter Zugang ist nicht garantiert: Alle Transaktionen manuell durchführen, alle Informationen schriftlich erfassen – Spätdienst: Daten angleichen.

Übergabebuch
Die schlampige Führung wird kritisiert. Wichtige Hinweise sind manchmal nur auf Schmierzetteln notiert.
Alle Übergaben bitte ausschließlich in das Logbuch eintragen und leserlich schreiben!

Sonstiges
Frau Illmer lobt den neuen Lehrling, Herrn Klein, und hebt seine tadellosen Umgangsformen in der Gästebetreuung besonders hervor.

Nächste Termine
- Abteilungsleitertreffen am 2. Oktober 20.. Thema: Mitarbeiterplanung 20..
- Einschulung in die neue Telefonanlage, vorauss. November, Termin steht noch nicht fest

Für den Inhalt verantwortlich:
Anna Rostock
Salzburg, 17. September 20..

Verteiler:
Fr. Illmer
Hr. Gansterer
Hr. Hasiweder
Hr. Klein

Auf ein Protokoll wird im Bedarfsfall zurückgegriffen

Beschreiben Sie den Informationsfluss in Ihrem Lehrbetrieb. Gibt es Verbesserungsmöglichkeiten?

Suchen Sie im Internet unter www.gastlichkeit.at in den Newslettern weitere interessante Informationen zur Abhaltung von Mitarbeitergesprächen heraus.

2.3 Veranstaltungsbesprechung

Wöchentlich werden die Veranstaltungen der nächsten Woche mit allen betroffenen Abteilungen besprochen.

Dieses Meeting ist die Grundlage für die Dienstplangestaltung, für Einkauf und Planung (Menüplanung, Aufteilung der Räumlichkeiten etc.).

Arbeitsaufgaben

1. Was sind die Inhalte einer Mitarbeiterbesprechung?
2. Welche Bestandteile enthält ein Protokoll?
3. Warum wird ein Protokoll angefertigt?

Notizen

3 Interne Kommunikationsmittel

Eva bekommt von ihrer Kollegin bei der Dienstübergabe neben dem Übergabeformular auch ein Functionsheet sowie ein dazugehöriges Memo ausgehändigt. Sie weiß damit über die nächste Veranstaltung genau Bescheid.

3.1 Functionsheet

Die Organisation ist für den erfolgreichen Ablauf einer Veranstaltung (Firmenfeier, Feier mit privatem Anlass, Seminar) von größter Wichtigkeit. Um keine wesentlichen Details zu vergessen, füllt man während des Verkaufsgesprächs ein Anfrageformular aus, das als Hilfsmittel zur Erstellung eines Angebots und/oder einer Reservierungsbestätigung dient. Darin werden alle im Verkaufsgespräch festgelegten Details notiert. Das Functionsheet wird erst bei definitiver Buchung erstellt und an alle beteiligten Abteilungen weitergegeben.

Jedes Hotel passt die Inhalte des Functionsheets seinen Bedürfnissen und Möglichkeiten an, um den Mitarbeiterinnen und Mitarbeitern die Arbeit zu erleichtern.

Ein Beispiel für ein Functionsheet finden Sie im Kapitel „Ausstattung" auf S. 51.

Folgende Inhalte sind wichtig

- Angaben zum Hotel
- Angaben zum Veranstalter
- Datum und Uhrzeit der Veranstaltung
- Art der Veranstaltung
- Personenanzahl
- Räumlichkeiten
- Raummiete
- Zimmerwünsche
- Getränke und Speisen
- Preise
- Tischformen und -dekorationen
- Technische Ausstattung
- Garderobe
- Rechnungsmodalitäten
- Verteiler
- Paraphe, Datum
- Sonstiges

Erstellen Sie ein Functionsheet für Ihren Lehrbetrieb, entsprechend den Gegebenheiten; gestalten Sie es mithilfe des PCs und füllen Sie es für eine Hochzeitsveranstaltung aus.

Gestaltung

- Hotellogo
- Übersichtliche Einteilung
- Genug Platz zum Ausfüllen

Nach Erstellung des Functionsheets werden die Detailinformationen für die einzelnen Abteilungen in Form eines Memos (Memorandums) weitergegeben.

3.2 Memo als innerbetriebliche Anweisung

Das Wort **Memo** kommt von Memorandum und bedeutet Notiz, kurze Mitteilung. Um wichtige innerbetriebliche Anweisungen der Direktion bzw. der Abteilungsleiterinnen und Abteilungsleiter an die Mitarbeiterinnen und Mitarbeiter weiterleiten zu können, werden sie in einem Memo zusammengefasst. Die Kenntnisnahme wird auf einer Namensliste mit Paraphe bestätigt. So können Mitarbeiterinnen und Mitarbeiter bei Nichteinhaltung bestimmter Anweisungen zur Rechenschaft gezogen werden.

Paraphe = Kurzzeichen; meist die Anfangsbuchstaben des Namens (Ettlinger Susanne: ES oder ETSU).

Beispiel

Abteilung	Thema	Inhalt Functionsheet	Inhalt Memo
House-keeping	Blumen-schmuck	Frühlings-blumen	Narzissen und Lilien; 23 kleine, ovale Gestecke
Bankett	Musik	Lifemusik	Gruppe Tornados aus Graz
Bankett	Tische	Tische für je 8 Personen	Runde Tische für je 8 Personen; Gedeck für 3-Gang-Menü (Vorspeise, Hauptgang, Dessert), Tischgestecke in der Mitte, 2 Silberleuchter mit weißen Kerzen, weiße Tischwäsche

Siehe auch „Betriebsorganisation, Tourismus, Marketing“, Kapitel „Veranstaltungsmanagement“.

Finden Sie weitere Beispiele

Abteilung	Thema	Inhalt Functionsheet	Inhalt Memo

3.3 EDV-Schnittstellen

Über die **Hotelsoftware** wird neben der Gästeverwaltung ebenso ein Teil der **Kommunikation zwischen den Abteilungen** abgewickelt. Der Informationsfluss muss gut funktionieren, damit „die eine Hand weiß, was die andere tut“. Dies kann auf zwei Arten geschehen und wird von Betrieb zu Betrieb unterschiedlich gehandhabt:

- Entweder die jeweilige Abteilung, für die eine Information nötig ist, hat Zugriff auf die benötigten Daten oder
- sie wird von der anderen Abteilung bis zu einem festgesetzten Zeitpunkt davon informiert, z. B. via E-Mail.

Beispiel

Die **Küchen**chefin kann entweder selbst auf die Anreiseliste zugreifen, um zu sehen, wie viele Gäste zu Mittag im Haus sind, oder die nötigen Informationen – in diesem Fall die Anzahl der Gäste – werden ihr (bis 10:00 Uhr vormittags) von der **Rezeption** übermittelt.

Beide Systeme haben Vor- und Nachteile. Welches sich für einen Betrieb eignet, hängt von der Hotelorganisation ab. Die Geschäftsführung entscheidet, welche Abteilung welche Informationen bekommen muss und welche Daten unter Verschluss bleiben. Wichtig ist nur eine klare, eindeutige Regelung, damit keine Informationen „stecken bleiben“.

Weitere Beispiele

Die **Rezeption** benötigt Informationen zur Verfügbarkeit der Zimmer. Entweder sie erhält die Liste von der **Etage,** wiederum bis zu einem festgesetzten Zeitpunkt, oder die Rezeption hat auf diese Daten Zugriff.

Die **Sales-und-Marketing-Abteilung** muss mit der Abteilung **Rezeption** sehr gut zusammenarbeiten. Zwischen den beiden Abteilungen muss klar sein, wer wann welche Marketingaktivität mit welchem Inhalt setzt. Wie die Abwicklung im Detail aussieht, wird vorab in der Abteilungsleiterbesprechung geklärt.

Ein gutes Gesamtsystem – von der Verfügbarkeit der Zimmer (Etage) über die Reservierung (Rezeption) bis hin zur Lagerverwaltung (Küche) – macht einen gut funktionierenden Betrieb aus.

Arbeitsaufgaben

1. Beschreiben Sie die verschiedenen Kommunikationsmittel und ihre Funktion in der internen Kommunikation.
2. Warum sind eingeschränkte Zugriffsberechtigungen auf die Daten der Hotelsoftware sinnvoll?
3. Für welche Abteilungen ist der Zugang zur Gruppenliste (siehe Screenshot) wichtig?

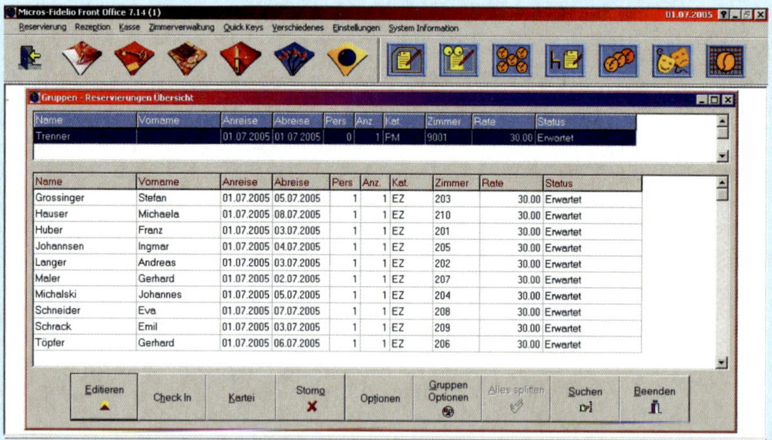

4. Nennen Sie weitere wichtige Schnittstellen zwischen den Abteilungen.
5. Eine gelungene interne Kommunikation ist das Um und Auf für eine gelungene Gästebetreuung. Diskutieren Sie diese Aussage.

Ziele erreicht? – „Interne Kommunikation“

Thomas darf nach einem halben Jahr Lehrzeit bereits die internen Kommunikationsmittel ausfüllen, weiterleiten und betreuen, da er dabei sehr gewissenhaft vorgeht und auch sehr verlässlich ist.

a) Vor der Dienstübergabe füllt er die Übergabeliste aus. Was enthält diese Liste und warum wird sie geführt?

b) Thomas' Vater arbeitet in einem internationalen Konzern, in dem die interne Kommunikation sehr gut organisiert ist und auch gut funktioniert. Nun fragt er Thomas aus Interesse, wie die Informationen in einem Hotelbetrieb weitergegeben werden, bzw., wie die Abteilungskoordination funktioniert. Wie beschreibt Thomas ihm den Informationsfluss zwischen den Abteilungen? Den Kontakt zu welchen Abteilungen wird er besonders hervorheben?

c) Thomas durfte beim letzten Frontoffice-Meeting Protokoll führen. Welche allgemeinen Eckpunkte hat er dabei auf alle Fälle notiert?

d) In Thomas' Ausbildungsbetrieb wird eine Buchpräsentation mit anschließendem Buffet geplant. Welche Abteilungen sind bei der Veranstaltungsbesprechung involviert?

Zusammenarbeit mit Reisebüros

Die Zusammenarbeit mit Reisebüros ist ein Bestandteil Ihrer Tätigkeiten an der Rezeption. Sie erfahren auf den nächsten Seiten, worauf beim Arbeitsablauf zu achten ist, damit eine erfolgreiche Zusammenarbeit möglich ist.

Unsere Gäste verbringen ihren wohlverdienten Urlaub bei Ihnen im Hotel. Um diesen Urlaub zu buchen, nehmen sie oft die Dienste eines Reisebüros in Anspruch, damit der Urlaub zur schönsten Zeit des Jahres wird.

Meine Ziele

Nach Bearbeitung dieses Kapitels kann ich
- den Unterschied zwischen einem Reiseveranstalter und einem Reisevermittler erklären;
- bekannte Reiseveranstalter nennen;
- die Begriffe Incoming und Outgoing unterscheiden;
- mögliche Funktionen und Aufgaben von Reisebüros beschreiben;
- die verschiedenen Voucherarten aufzählen;
- den Ablauf einer Reisebüroreservierung korrekt durchführen;
- Trends und Entwicklungen für die Reisebranche erörtern;
- über das Kooperationsabkommen Auskunft geben und damit in der Praxis arbeiten;
- Reisebüroabrechnungen richtig erstellen.

1 Reisebüros – allgemeine Einführung

Evas Freundin Katrin absolviert eine Lehre als Reisebürofachkraft. Eva weiß noch gar nicht so genau, welche Leistungen ein Reisebüro erfüllt. Da auch ihr Lehrbetrieb mit verschiedenen Reisebüros, auch jenem, in dem Katrin ihre Ausbildung bekommt, kooperiert, beschließt sie, Katrin zu fragen.

Reisebüros sind **Dienstleistungsbetriebe,** die ihren Kunden bei der Planung und Durchführung von Reisen helfen. Sie geben Auskunft über Reiseländer und Reiseorte, über Verkehrsverbindungen und Verkehrsmittel, über Beherbergungsbetriebe, Sport- und Kulturangebote usw. und buchen die gewünschten Leistungen für die Reisenden.

Wie hoch ist die Provision, die Ihr Lehrbetrieb den Reisebüros gibt?

Reisebüros unterstützen **Tourismusbetriebe** und -orte beim Verkauf ihrer Leistungen und erhalten dafür von den Leistungsträgern, z. B. Hotels, Provisionen.

Reisebüros sind Tourismusbetriebe, die die Beziehung zwischen dem Reisenden (Tourismussubjekt) und den übrigen Leistungsträgern (Tourismusobjekt) herstellen.

Man unterscheidet **Reiseveranstalter** und **Reisevermittler sowie Incoming- und Outgoing-Reisebüros.**

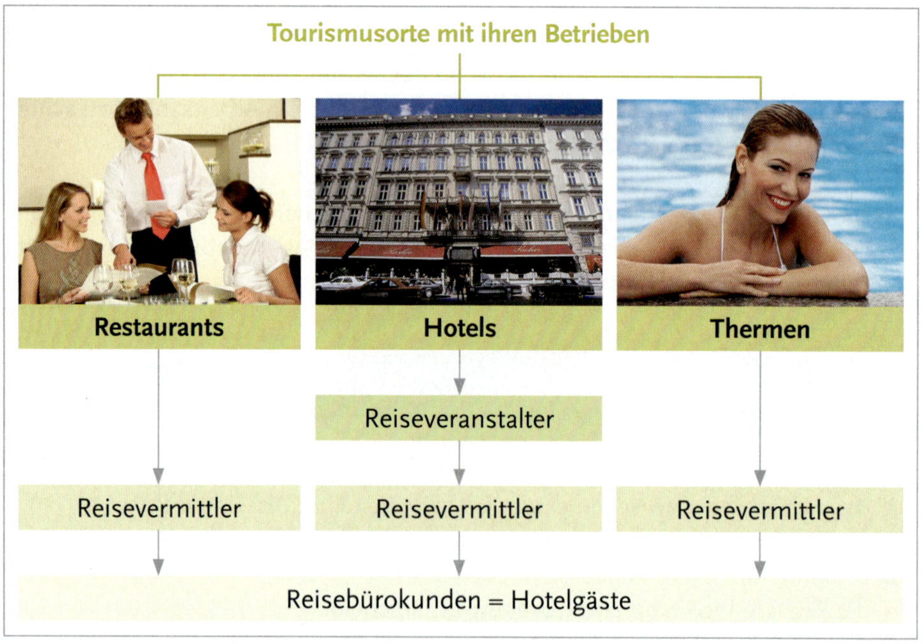

Notizen

Arbeitsaufgaben

1. Was ist ein Reisebüro?
2. Welche Aufgaben übernimmt es für seine Kunden?
3. Zählen Sie bekannte Reisebüros auf.

2 Reiseveranstalter – Reisevermittler

Thomas darf im dritten Lehrjahr in der Reservierungsabteilung die Reisebüroverträge durchsehen. Noch hat er keinen Einblick, welche Unterschiede es zwischen den verschiedenen Verträgen gibt.

2.1 Reiseveranstalter (Tour Operator, Wholesaler)

Reiseveranstalter stellen aus touristischen Einzelleistungen sinnvolle Leistungspakete (Packages, Arrangements) zusammen. Diese Pauschalreisen werden marktgerecht, d. h. nach Kundenwunsch, produziert und in geeigneter Form präsentiert. Das geschieht je nach Art und Umfang des Angebots in Katalogen, Prospekten, Inseraten etc.

Package, Arrangement = ein Angebot, das zwei oder mehrere Leistungen (z. B. Transport, Transfer, Hotel, Ausflüge) umfasst.

Skiurlaube werden z. B. in Packages angeboten

Der Pauschalpreis für ein Arrangement setzt sich zusammen aus:

- Transportkosten (Flug, Bus, Bahn),
- Landarrangement (Hotel, Transfer, Verpflegung, Reiseleitung etc.),
- Werbekosten (Kataloge, Programmpräsentationen),
- Spanne (innerbetrieblicher Kostenanteil, Risikoausgleich).

Der Reiseveranstalter kauft diese Leistungen direkt beim Leistungsträger (Fluglinie, Hotel, Transportunternehmen, Versicherungen) ein. Der Reiseveranstalter erhält dafür von den Leistungsträgern eine **Kommission** (Vermittlungsgebühr für Reiseveranstalter).

2.2 Reisevermittler (Travel Agent, Retailer)

Reisevermittler sind auf die Vermittlung von Verkehrsleistungen, Unterkünften etc. im Namen des Kunden einerseits und auf den Verkauf aus den Programmen der Reiseveranstalter andererseits spezialisiert, d. h., **Reisevermittler verkaufen die Leistungspakete,** die die Reiseveranstalter schnüren.

GRUBER® reisen statt verreisen.

Gruber bietet als Reiseveranstalter z. B. Busreisen an

Für ihre Tätigkeit erhalten die Reisevermittler von den Leistungsträgern eine **Provision** (Vermittlungsgebühr für Reisevermittler).

Sowohl **Kommission** als auch **Provision** werden meist in Prozenten vom Umsatz berechnet (siehe auch Kooperationsabkommen, S. 156).

2.3 Mischbetriebe

Bei den Mischbetrieben werden zwei Gruppen unterschieden:

- Reiseveranstalter mit eigenen Reisebüros – es werden vorwiegend Eigenprodukte verkauft.
- Große Reisebüros, die auch als Produzent auftreten und ihre Programme anderen Reisebüros zum Mitbuchen anbieten.

Notizen

Arbeitsaufgaben

1. Welche Leistungen bieten Reiseveranstalter?
2. Nennen Sie bekannte Reisevermittler.
3. Was verbirgt sich hinter den Begriffen Retailer und Wholesaler? Übersetzen Sie sie wörtlich und erklären Sie anhand der Übersetzung ihre Bedeutung.

3 Incoming-/Outgoing-Reisebüros

Eva stellt Hotelprospekte und Informationsmaterial für ein Incoming-Reisebüro für deutsche Gäste zusammen. Mit welcher Art von Reisebüro hat sie es in diesem Fall zu tun?

Die gesamte Reisebranche wird unterteilt in Incoming- und Outgoing-Tourismus.

Vermittelt ein Reisebüro Leistungen für Bewohnerinnen und Bewohner seiner Standortgemeinde (-region) im Ausland bzw. im entfernteren Inland, dann spricht man von einem **Outgoing-Geschäft.**

Beispiel
Ein Grazer Reisebüro bucht für eine Grazer Familie eine Griechenlandreise.

Suchen Sie im Internet Beispiele für Incoming- und Outgoing-Reisebüros.

Incoming-Reisebüros vermitteln dagegen Reiseleistungen ihrer Standortregion an ortsfremde Gäste.

Beispiele
- Ein Reisebüro im Salzkammergut besorgt für Wiener Gäste ein Hotelzimmer oder organisiert für diese einen Ausflug nach Salzburg.
- Ein Reisebüro in Salzburg organisiert einen Hotelaufenthalt inklusive Besichtigung der Stadt Salzburg für eine spanische Reisegruppe.

Reiseveranstalter haben Incoming-Reisebüros als Partner vor Ort.

Beispiele für Reisebüros

KUONI | ruefa – Wo Träume Urlaub werden. | Mondial

Arbeitsaufgaben

1. Erklären Sie den Unterschied zwischen Incoming- und Outgoing-Reisebüro.
2. Suchen Sie die sechs Fachbegriffe:

J	I	L	A	X	U	D	E	B	U	B	T	N	X	E
D	G	K	I	F	R	L	K	Q	W	U	T	N	L	L
A	L	W	H	O	L	E	S	A	L	E	R	I	W	Q
R	E	L	I	A	T	E	R	O	X	K	F	N	F	P
P	I	G	U	A	B	Q	U	G	U	S	F	C	A	Z
O	R	N	A	W	I	T	E	Z	Q	A	K	O	O	J
T	V	O	T	K	G	Q	O	V	S	D	E	M	V	O
N	N	P	V	O	C	C	L	K	E	R	W	I	S	R
J	T	M	I	I	K	A	H	T	M	P	H	N	J	C
V	V	N	G	C	S	D	P	E	T	E	D	G	Q	X
F	G	Q	L	H	I	I	A	I	K	O	P	A	L	L
L	J	W	G	E	A	P	O	Z	J	N	J	H	R	C
H	S	A	K	Q	G	A	X	N	Y	C	Q	Y	I	P
G	U	C	S	T	Z	P	H	C	B	F	Z	W	N	S
E	K	T	W	J	V	O	I	P	R	V	O	F	K	I

Incoming
Outgoing
Package
Provision
Retailer
Wholesaler

Notizen

4 Aufgaben und Leistungen von Reisebüros

Thomas sucht mit seiner Freundin ein Reisebüro auf, weil die beiden ihren gemeinsamen Sommerurlaub planen und dafür Informationen bekommen möchten. Sie werden dort sehr gut beraten und erhalten umfassende Unterlagen zur Planung ihres Urlaubs.

4.1 Rechtsgrundlagen

Die Gewerbeberechtigung für Reisebüros (allgemeiner Überblick)

Einer Berechtigung für das Gewerbe der Reisebüros bedarf es für

- die Ausgabe, Vermittlung und Besorgung von Fahrausweisen einschließlich der Anweisung auf Liege- und Schlafwagenplätze, Platzkarten und dergleichen in- und ausländischer Verkehrsunternehmen jeder Art,
- die Vermittlung von Personenbeförderungen, die durch Verkehrsunternehmen durchzuführen sind,
- die Vermittlung und die Besorgung von Unterkunft oder Verpflegung, die für Reisende bestimmt sind,
- die Vermittlung von Pauschalreisen einschließlich Gesellschaftsfahrten und
- die Veranstaltung von Pauschalreisen einschließlich Gesellschaftsfahrten, die der Veranstalter direkt oder über einen Vermittler anbietet.

Wichtige Aufgaben eines Incoming-Reisebüros

- Unterkunftsreservierungen
- Besorgung von Eintrittskarten für Veranstaltungen, Museen, etc.
- Vermittlung von Tour Guides
- Empfang und Abholung von Gästen am Flughafen

4.2 Leistungsangebot

Information – Beratung

Sie wird laut Kundenbefragungen als wichtigster Grund zum Aufsuchen eines Reisebüros angesehen. Vom Reisebüro wird diese Beratung als Vorbereitung auf die nachfolgende Verkaufsleistung angesehen.

Spielen Sie mit Ihrer Kollegin bzw. Ihrem Kollegen ein Beratungsgespräch durch. Organisieren Sie sich dafür die nötigen Unterlagen.

Bereiche der Beratung	Unterlagen, Arbeitsbehelfe
▪ Destinationen: Zielländer, -gebiete, -orte ▪ Klima ▪ Währung ▪ Reisedokumente ▪ Einreisebestimmungen ▪ Verkehrsverbindungen ▪ Verkehrsmittel ▪ Fahrpreise ▪ Unterkünfte ▪ Reisebürobetriebe am Zielort ▪ Ausflüge, Veranstaltungen	▪ Reiseführer ▪ Prospekte der Zieldestination ▪ Veranstalterkataloge ▪ Videos und DVDs ▪ Internet, Info- und Buchungssysteme, Fahrpläne, Flugpläne ▪ Hotelbücher ▪ Unterlagen von Reservierungsorganisationen ▪ EDV-Reservierungssysteme ▪ Ortsprospekte ▪ Liste lokaler Reisebüros

Buchung von Pauschalreisen

Für den Großteil der Reisebüros stellt die Vermittlung von vorgefertigten Reisepaketen (Packages) eine wichtige Sparte ihrer Tätigkeit dar. Als Grundlage dient ein entsprechender **Vertrag** zwischen Reiseveranstalter (Reisebüro) und touristischen Leistungsträgern (Reisevermittler, Verkehrsträger, Hotels), siehe Seite 152.

Ausgabe von Fahrausweisen

Fahrausweise können von Reisebüros nur verkauft werden, wenn sie die Vollkonzession besitzen und wenn sie mit dem Verkehrsbetrieb, dessen Leistung sie vermitteln, entsprechende Verträge abschließen.

IATA = International Air Transport Association – Internationale Luftverkehrsvereinigung.

Für den Flugscheinverkauf ist ein Vertrag mit der **IATA** notwendig; diese wird in Österreich durch die Austrian Airlines repräsentiert.

Sonstige Leistungen

Voucher siehe S. 156.

- Vermittlung von Unterkünften und Verpflegung (als Beweis des Vertragsabschlusses erhalten die Reisenden vom Reisebüro **Hotelgutscheine = Voucher**)
- Besorgung von Einreisevisa
- Besorgung von Spezialbewilligungen (z. B. Fischerkarten, Hubschrauberlandeerlaubnis)
- Vermittlung von Reiseversicherungen
- Vermittlung von Mietautos/Leihwagen
- Geldwechsel
- Verkauf von Reiseliteratur (Freizeitatlanten, Reiseführern, Wörterbüchern)
- Besorgung von Eintrittskarten für Veranstaltungen (z. B. Konzerte, Musicals, Messen, Formel-1-Rennen)

Vergleichen Sie mit Ihren Mitschülerinnen und Mitschülern, wo Sie persönlich Ihre Konzertkarten kaufen bzw. Kartenbestellungen durchführen.

Arbeitsaufgaben

1. Beschreiben Sie die Leistungen, die ein Reisebüro laut Gewerbeberechtigung erbringen darf.
2. Recherchieren Sie im Internet, für welche Länder man ein Einreisevisum braucht.
3. Nennen Sie drei Beispiele für Pauschalreisen.

Notizen

5 Zusammenarbeit der Reisebüros mit Hotels

Eva und ihre Freundin Katrin sitzen zusammen und überlegen, welche Möglichkeiten der Zusammenarbeit ihre Betriebe haben.

Für Beherbergungsbetriebe sind Reisebüros wichtige Absatzhelfer. Aufgrund der häufigen Geschäftsbeziehungen gibt es vielfältige Musterverträge, Formulare, Software etc., durch die die Zusammenarbeit geregelt wird.

Am Beginn einer Zusammenarbeit werden in einem **Fragebogen** alle Hotelleistungen wie Zimmerausstattung, Aussicht, sonstige Einrichtungen und Angebote beschrieben. Anschließend folgt ein Besuch des Reisebüroeinkäufers im Betrieb.

Den Fragebogen finden Sie unter: www.trauner.at, Lehrerservice, Downloads

Die regelmäßige Vermittlung von Reisebürokunden an das Hotel geschieht aufgrund eines **Hotelvertrags (Kontingentvertrags).** Die schwierige Frage der Nichtbesetzung bestellter Zimmer und Leistungen kann durch Risikoteilung zwischen Hotelier und Reisebüro gelöst werden.

Ein Beispiel für einen Hotelvertrag finden Sie auf der nächsten Seite.

Beim **offenen Kontingent** kann das Reisebüro bis zu einem bestimmten Zeitraum vor Ankunft der Gäste über eine Anzahl von Zimmern frei verfügen. Nach diesem Verfallsdatum fallen die nicht benötigten Zimmer automatisch an das Hotel zurück.

Ein **Garantiekontingent** besagt, dass das Reisebüro bei Nichtbelegung der Zimmer trotzdem bezahlen muss. Dafür erhält es einen besseren Vertragspreis. Bei weniger umfangreichen Geschäften werden Einzelverträge (Anfrage, Reservierung) abgeschlossen.

Damit nicht in jedem Einzelfall alle Zusammenarbeitsbereiche zwischen Hotel und Reisebüro extra vereinbart werden müssen, haben die Interessenvertretungen sogenannte **Gegenseitigkeitsabkommen (Kooperationsabkommen,** siehe S. 199) geschlossen. Diese Musterverträge gelten dann, wenn beide Vertragspartner darauf in ihrem **Einzelvertrag** verweisen, und zwar für alle Punkte, die nicht ausdrücklich extra geregelt werden.

Eine faire Partnerschaft mit klaren Absprachen und Verträgen führt zum Erfolg

5.1 Muster eines Hotelvertrags (Kontingentvertrags, Einzelvertrags)*

Die Vertragspartner stimmen dahingehend überein, dass unter einem Kontingentvertrag die Bereitstellung einer bestimmten Anzahl von Zimmern für einen bestimmten Zeitraum verstanden wird, die nach Bedarf vom Reiseunternehmen abgerufen werden können.

Dauer des Vertrags von ____________________ bis ____________________

1 Abgeschlossen zwischen dem Beherbergungsbetrieb

Name: ____________________

Eigentümerin/Eigentümer, Direktorin/Direktor: ____________________

Adresse: ____________________

E-Mail-Adresse: ____________________

Telefon: ____________________

Telefax: ____________________

Korrespondenzadresse: ____________________

Winteradresse von ____________________ bis ____________________

Telefon: ____________________

und dem Reiseunternehmen

Name: ____________________

Adresse: ____________________

E-Mail-Adresse: ____________________

Telefon: ____________________

Telefax: ____________________

Reiseleitung am Ort: ____________________

Telefon: ____________________

Brutto/Netto = In diesem Fall ist die Beinhaltung der Provision, nicht der Umsatzsteuer gemeint!

2 Kontingent/Saisonzeiten/Preise BRUTTO/NETTO **pro Tag/Person**

Die Preisangaben auf Bruttobasis sind auf keinen Fall höher als die in den Zimmern ausgehängten Preise.

Die Bruttopreise enthalten die ... % Provision (inkl. USt.), welche dem Reiseunternehmen zu bezahlen ist.

Die angegebenen Preise beinhalten: Unterkunft und Verpflegung wie angegeben, Umsatzsteuer, sonstige Steuern, Abgaben, Bedienung.

...

Die für einen Kontingentvertrag ausgehandelten Preise liegen in der Regel unter der Rack Rate (dem Listenpreis).

* Auf Empfehlung des Fachverbands Hotellerie und des Fachverbands der Reisebüros

5.2 Korrespondenz zwischen Hotel und Reisebüro

Anfrage des Reisebüros

REISEBÜRO HAPAG-LLOYD

Hapag-Lloyd

Hotel Aurora
Seeweg 10
6213 Pertisau am Achensee
ÖSTERREICH

Hamburg, ... 20..

Anfrage für Gruppenreisen

Sehr geehrte Damen und Herren!

Unser Unternehmen möchte in diesem Jahr erstmals Gesellschaftsreisen nach Pertisau am Achensee aufnehmen. Wir wenden uns gerne an Sie, da Ihr Hotel die geeignete Kapazität besitzt, um unsere Gruppenreisen mit bis zu 100 Personen unterzubringen.

Wir veranstalten von 15. Juli bis 15. August jede Woche eine Österreich-Rundreise, die einen dreitägigen Aufenthalt in Pertisau vorsieht (Montag bis Mittwoch).

Wir erlauben uns deshalb zu fragen, ob Sie bereit sind, bis drei Monate vor der Ankunft der jeweiligen Gruppe 90 Betten für uns zu reservieren. Unsere Reiseteilnehmer werden vorwiegend in Doppelzimmern, ein kleiner Teil in Einzelzimmern untergebracht.

Sollte das möglich sein, ersuchen wir Sie, uns ein Angebot für Vollpension zu unterbreiten und auch den Preis für Halbpension bekannt zu geben.

Wir erwarten Ihre geschätzte Antwort in Kürze.

Freundliche Grüße

Reisebüro HAPAG-LLOYD

Waltraud Lang
Gruppenkoordinatorin

REISEBÜRO HAPAG-LLOYD GmbH & Co KG ▪ Jungfernstieg 7 ▪ 20253 Hamburg ▪ Deutschland
Tel.: +49 47353 350 75 68-0 ▪ Fax: +49 47353 350 75 68-17 ▪ E-Mail: office@hapag-lloyd.de ▪ Internet: www.hapag.lloyd.de
Deutsche Bank-Hamburg ▪ BLZ 123456 ▪ Kto.-Nr.: 0123456789 ▪ IBAN: DE12 1234 5678 9012 3456 ▪ St.-Nr. 123456789

Grundregeln des Schriftverkehrs siehe Textverarbeitung. In diesen Beispielen wurde die Postnorm angewendet.

Die Gruppenkoordinatorin des Reisebüros richtet eine Anfrage an das Hotel

Ein typisch österreichisches Hotel – deutsche Reisebüros holen für ihre Urlauber gerne Angebote solcher Häuser ein

! Verwenden Sie in Angebotsbriefen keine allgemeinen Klauseln (wie: Es gelten die AGBH). Formulieren Sie Stornobedingungen, Datum der Gültigkeit etc. immer aus, damit im Falle von Streitigkeiten eindeutige Aussagen vorliegen. Dies erspart viel Ärger.

Anbot des Hotels

H·O·T·E·L
Aurora

REISEBÜRO HAPAG-LLOYD
Jungfernstieg 7
20253 HAMBURG
DEUTSCHLAND

Pertisau, __.______ 20__

Ihre Anfrage vom __.______ 20__

Sehr geehrte Frau Lang!

Für Ihre Anfrage vom __.______ 20__ danken wir Ihnen vielmals. Wir sind in der Lage, für Sie die gewünschte Bettenanzahl bis zu drei Monate vor Ankunft der jeweiligen Gruppe zu reservieren.

Die Preise betragen pro Person und Tag inklusive Vollpension

im Doppelzimmer mit Bad oder Dusche und WC	EUR 67,10
im Einzelzimmer mit Bad oder Dusche und WC	EUR 78,10

Bei Halbpension werden EUR 6,00 von diesem Preis abgezogen. Ortstaxe, Umsatzsteuer und Bedienungsgeld sind in den angeführten Preisen enthalten.

Wir merken die Reservierung für Sie vor, ersuchen jedoch um eine fixe Bestätigung bis __.______ 20__. Wenn wir bis zu diesem Datum keine Rückmeldung von Ihnen erhalten, verfällt das Angebot automatisch. Wir bitten Sie um Übermittlung der Namensliste bis jeweils 1 Monat vor Ankunft der Gäste. Zum gleichen Zeitpunkt bitten wir Sie um Überweisung einer Anzahlung in Höhe der ersten Nacht auf unten angeführtes Konto.

Sie können bis zu drei Monate vor Anreise der Gruppe kostenlos stornieren, bei einer Stornierung bis zu zwei Monate vor Anreise fallen 30 %, bis zu ein Monat vor Anreise fallen 60 % der Gesamtsumme der Gruppenreise an. Wird weniger als ein Monat vor Anreise storniert, so stellen wir 100 % der Gesamtsumme in Rechnung.

Unsere weiteren Geschäftsbedingungen entnehmen Sie bitte der Beilage. Für das uns erwiesene Vertrauen danken wir Ihnen recht herzlich.

Freundliche Grüße

Hotel Aurora

Sandra Maier
Reservierung

Hotel Aurora GmbH & Co KG • Seeweg 10 • 6213 Pertisau am Achensee • Austria • Tel.: +43 5243 83 04-0 • Fax: +43 5243 83 04-19
E-Mail: info@aurora-achensee.at • Internet: www.aurora-achensee.at
Bankverbindung: Lorenzbank Schwaz • Kto.-Nr.: 09876500 • BLZ: 4321 • IBAN: AT91 4321 0000 0987 6500 • BIC: LOBVAT24 (Ort: Schwaz)
UID: ATU12345678 • FN 987654i • Erfüllungsort und Gerichtsstand ist Schwaz

Reservierungsbestätigung des Hotels

HOTEL Aurora

REISEBÜRO HAPAG-LLOYD
Jungfernstieg 7
20253 HAMBURG
DEUTSCHLAND

Pertisau, __.______ 20__

Reservierungsbestätigung

Sehr geehrte Frau Lang!

Wir beziehen uns auf Ihren Brief vom __.___.20__ und freuen uns, Ihnen die gewünschte Reservierung wie folgt bestätigen zu können:

vom 15. Juli bis 15. August 20__
für jeweils Montag bis Mittwoch
40 Doppelzimmer und 10 Einzelzimmer

Gerne stellen wir Ihnen vier Freiplätze in Doppelzimmern zur Verfügung (jede 21. Person im DZ).

Sie können bis zu drei Monate vor Anreise der Gruppe kostenlos stornieren, bei einer Stornierung bis zu zwei Monate vor Anreise fallen 30 %, bis zu ein Monat vor Anreise fallen 60 % der Gesamtsumme der Gruppenreise an. Wird weniger als ein Monat vor Anreise storniert, so stellen wir 100 % der Gesamtsumme in Rechnung. Unsere weiteren Geschäftsbedingungen entnehmen Sie bitte der Beilage.

Um Ihre Reservierung auf garantierter Basis halten zu können, bitten wir Sie, uns bis jeweils ein Monat vor Ankunft der Gruppe eine Anzahlung in Höhe der ersten Nacht auf unten angeführtes Konto zu überweisen. Zu diesem Zeitpunkt bitten wir auch um Übermittlung einer Namensliste der jeweiligen Gruppe.

Wir freuen uns auf eine erfolgreiche Zusammenarbeit.

Freundliche Grüße

Hotel Aurora

Sandra Maier
Reservierung

Hotelprospekte

Hotel Aurora GmbH & Co KG • Seeweg 10 • 6213 Pertisau am Achensee • Austria • Tel.: +43 5243 83 04-0 • Fax: +43 5243 83 04-19
E-Mail: info@aurora-achensee.at • Internet: www.aurora-achensee.at
Bankverbindung: Lorenzbank Schwaz • Kto.-Nr.: 09876500 • BLZ: 4321 • IBAN: AT91 4321 0000 0987 6500 • BIC: LOBVAT24 (Ort: Schwaz)
UID: ATU12345678 • FN 987654i • Erfüllungsort und Gerichtsstand ist Schwaz

Welche Stornofrist räumt Ihr Lehrbetrieb den Reisebüros ein?

Akkordieren Sie die Bedingungen mit jenen aus dem Angebotsbrief.

5.3 Kooperationsabkommen

Thomas kennt bereits die Allgemeinen Geschäftsbedingungen der Hotellerie. Jetzt bekommt er vom Sales Manager das Kooperationsabkommen vorgelegt. Er überlegt, welche Gemeinsamkeiten es gibt.

Das Kooperationsabkommen über die **Vermittlung von Unterkunft und Verpflegung,** abgeschlossen zwischen dem Fachverband Hotellerie und dem Fachverband der Reisebüros, stellt eine Zusammenfassung von Usancen dar, die im nationalen Geschäftsverkehr zwischen Beherbergungsbetrieben und Reisebüros zur Anwendung gelangen.

Usance = Gepflogenheit im Geschäftsverkehr.

Das Kooperationsabkommen stellt eine **Empfehlung** des Fachverbands der Reisebüros und des Fachverbands Hotellerie an ihre Mitglieder dar, dieses im Geschäftsverkehr anzuwenden. Durch diese Vereinbarung soll aber der Abschluss von Einzelverträgen nicht verhindert werden, wenn sich die Notwendigkeit ergibt, Sondervereinbarungen zu treffen.

Siehe auch unter: www.diehotellerie.at

Den allgemeinen Grundsätzen dieses Verhaltenskodexes ist zu entnehmen, dass dieser für Hotelverträge und Geschäftsbeziehungen zwischen Reiseveranstaltern und Hotels innerhalb der Europäischen Union gilt, sofern nichts anderes durch einen Vertrag vereinbart wurde.

Voucher

Ein Voucher ist ein vom Reisebüro auf das Hotel ausgestelltes Dokument, das die Leistungen anführt, die der Hotelbetrieb zu erfüllen hat. Der Gast händigt den Voucher bei der Ankunft der Rezeptionistin bzw. dem Rezeptionisten aus. Der Originalvoucher dient zur Verrechnung mit dem Reisebüro.

Voucherarten	
Reservierungsvoucher	Dieser hat keinen Geldwert und berechtigt den Inhaber nur, bestimmte Leistungen eines Betriebs zu einer bestimmten Zeit zu beanspruchen. Der Gast zahlt direkt im Betrieb. Das Reisebüro erhält vom Hotel eine Provision für das Arrangement.
Anzahlungsvoucher (Depositvoucher)	Er hat die Summe als Wert, die im Reisebüro vom Kunden bezahlt wurde. Der Rest wird vom Gast im Betrieb bezahlt. Das Reisebüro setzt den Betrag mit der ihm zustehenden Provision gleich und behält die Anzahlung ein oder zieht sich die Provision ab und überweist den Rest der Anzahlung an das Hotel.
Vollzahlungsvoucher	Alle angegebenen Leistungen wurden bereits im Reisebüro bezahlt. Die vereinbarte Provision wird vom Rechnungsbetrag abgezogen.

Full-Credit-Voucher (All-inclusive-Voucher)	Dieser Voucher berechtigt den Gast, alle Konsumationen über das Reisebüro abzurechnen. In Österreich wird er eher selten verwendet. Die jeweiligen Bons müssen vom Gast unterzeichnet werden, damit die Abrechnung korrekt erfolgen kann. Das Hotel stellt dem Reisebüro eine Rechnung und zieht die vereinbarte Provision für die Übernachtung ab.

Beispiele für Vollzahlungsvoucher

(1) Wednesday, November 10, 20.. 11:48:46 AM EST

H O T E L V O U C H E R

****
PAYABLE BY MONDIAL GES.M.B.H & CO. WIEN TEL.(43)-01-58804-135
*FOR INQUIRIES AND ASSISTANCE AT DESTINATION CONTACT THIS OFFICE
****
TO- HOTEL AURORA

ADDR- Seeweg 10
6213 Pertisau am Achensee
PHONE- 43-5243-8304-0
FAX- 43-5243-8304-19
****
CLIENT(S) : FAMILY CAMERON
ARRIVAL DATE : 14MAR20..
DEPARTURE DATE : 18MAR20..
NO OF NIGHTS : 4
ACCOM/BASIS : 1 DBLB & 1 SGLB
THIS VOUCHER INCLUDES : TAXES AND BREAKFAST
****
VOUCHER NO./CONFIRMATION CODE: 45014
****

THIS VOUCHER ISSUED IN CANADA BY K.E.,TORONTO-ONT LIC.1431257
NON REFUNDABLE - NON TRANSFERABLE - SUBJECT TO TERMS AND CON-
DITIONS OF TOUR OPERATOR. THIS VOUCHER IS VALID ONLY WITH AU-
*THORIZED SIGNATURE OR AUTHORIZED DIGITAL CODE***AUTH: MM *
****

Unterkunfts-Voucher

TUI

Voucher

Bei Ankunft bitte an der Rezeption abgeben

Vorgangsnummer / document no.
11561072

Ausstellungsdatum / date of issue
13.02.20..

Aussteller, Ort / agent, place
TUI Deutschland GmbH

Name /	Frau A. Weber	Herr H. Weber			
Urlaubsziel*Urlaubsort / destination	Pertisau	Unterkunft / accommodation: Hotel Aurora	Datum vom / date from: 16.03.20..	Dauer / stay: 4	Schlüssel / key: Pert10084
Zimmerart*Ausstattung / type of room*facilities	Doppelzimmer Typ1, WC, Bad oder Dusche, Heizung, Klimaanlage		Verpflegung / catering: Frühstück		

Die Voucherabrechnung finden Sie im Kapitel „Abrechnung“, S. 130.

5.4 Reisebüroabrechnung

Katrin erzählt Eva, dass sie heute die Rechnung für die Reisegruppe Ullmann von Evas Hotel bekommen hat. Eva antwortet ihr, dass sie die Abrechnung gemeinsam mit der Rezeptionschefin erstellt hat.

Üblicherweise wird die Provision immer nur auf den Zimmerpreis gegeben, nicht aber auf die Umsatzsteuer (die Provision wäre um den Anteil an der Umsatzsteuer höher). Aber Achtung: Dies wird je nach Abkommen unterschiedlich gehandhabt. Achten Sie daher bei der Berechnung darauf, ob es sich um einen Netto- oder Bruttopreis handelt.

Das Reisebüro hat die Leistungen zu bezahlen, die im Reservierungsauftrag bzw. im Hotelgutschein festgelegt wurden. Die Rechnung ist grundsätzlich am Tag der Abreise des Hotelgastes fällig. Die Bezahlung hat abzüglich der Provision bzw. des Rabatts innerhalb der vereinbarten Frist zu erfolgen. Die Abrechnung stellt das Hotel an das Reisebüro. Sie erfolgt nach den Angaben im Hotelvertrag bzw. den Vereinbarungen zwischen Betrieb und Reisebüro. Es gibt zwei Arten der Abrechnung:

Variante 1

Bruttopreis Logis	1.747,00 EUR
– Ortstaxe	64,60 EUR
Reiner Zimmerpreis inkl. USt	1.682,40 EUR
– 10 % USt (1.682,40 :11)	152,95 EUR
Nettopreis Logis als Basis für die Provisionsberechnung	1.529,45 EUR
Bruttopreis Logis	1.747,00 EUR
– 10 % Reisebüroprovision auf Basis des Nettopreises	152,95 EUR
Rechnungsbetrag	1.594,05 EUR

Abrechnung mit Onlinereiseplattformen siehe S. 172.

Variante 2

Nettopreis Logis als Basis für die Provisionsberechnung	1.529,45 EUR
– 10 % Reisebüroprovision	152,95 EUR
Zwischensumme	1.376,50 EUR
+ 10 % USt	137,65 EUR
Zwischensumme	1.514,15 EUR
+ Ortstaxe	64,60 EUR
Rechnungsbetrag	1.578,75 EUR

5.5 Reservierungssysteme

Die Zusammenarbeit mit Reisebüros umfasst auch die Kooperation mit Anbietern von Reservierungssystemen.

Erfahren Sie dazu mehr im Kapitel „Webmarketing", ab Seite 161.

Der Wettbewerbsdruck zwingt Unternehmen, über die Möglichkeit einer schlichten Reservierungsanfrage hinaus einen **Verfügbarkeitscheck** und eine **Buchungsmöglichkeit in Echtzeit** anzubieten. Technische Lösungen, mit denen Hotels online buchbar werden, reichen von der einfachen Internetseite über webbasierte Buchungsplattformen bis hin zum professionellen Vertrieb durch **Hotelreservierungssysteme (HRS).**

Darüber hinaus bieten **„Central Reservation Systems“ (CRS)** meist zusätzliche, mehr oder weniger sinnvolle Marketingdienstleistungen an, deren Qualität und Intensität sich dann im Preis niederschlägt. Eine direkte Anbindung des hoteleigenen Frontoffice-Systems an den jeweiligen Reservierungsdienstleister sorgt dafür, dass Änderungen der Buchungslage (Verfügbarkeit, Preise) online sichtbar werden. Die Abrechnung mit Reservierungssystemen (z. B. www.booking.com) wird mit mindestens 12 %, meistens 15 % Provision vom Bruttopreis vorgenommen. Je stärker eine Onlinebuchungsplattform von Usern frequentiert wird, desto höher werden die Provisionen.

Die Höhe der Zimmerpreise gestaltet sich bei Reservierungssystemen nach Anzahl der Klicks, also der Zahl, wie oft der Betrieb über das Reservierungssystem aufgerufen wurde. (z. B. bei InterContinental, Le Meridien).

5.6 TV-Reiseshopping

Auch das Fernsehen wird als Vertriebsschiene für den Verkauf von Reisen verwendet. Die wichtigsten Anbieter sind „Sonnenklar TV“ und „TV Travel Shop“. Diese Kanäle treten ebenso wie ein Reisebüro als Reisevermittler auf.

Der besondere Vorteil des TV-Reiseshoppings ist die starke Emotionalisierung, die über keinen anderen Vertriebsweg gelingt. Reisen werden nicht nur angepriesen, sondern auch durch entsprechende Bilder und Informationen über das Land aufbereitet; auch kann ein Blick ins Hotelzimmer geworfen werden. So wird die Lust auf Reisen gesteigert.

Für die Kundin bzw. den Kunden wird das Buchen leicht gemacht: Eingeblendete Telefonnummern und Internetadressen laden zum direkten Buchen ein.

Der Fernwehsender schafft Fernweh – und Abhilfe dagegen

Der Trend bei der Wahl einer Destination geht in Richtung bewegte Bilder. Der Gast will so authentisch wie möglich erkennen, was ihn erwartet. Daher spielt das TV-Reiseshopping für Bucherinnen und Bucher neben Videos auf der Homepage, aber auch auf Plattformen wie Youtube eine immer entscheidendere Rolle.

Arbeitsaufgaben

1. Wie unterscheiden sich Reisebüros von Reiseveranstaltern?
2. Welche Leistungen bieten Reiseveranstalter?
3. Welche Gründe sind für Sie maßgebend, eine Urlaubsreise in einem Reisebüro zu buchen?
4. Welche Gründe gibt es für Hotels, Verträge mit Reisebüros abzuschließen?
5. Was wird durch das Kooperationsabkommen geregelt?
6. Worin unterscheiden sich Vermittlungstätigkeit und Besorgungsleistung?
7. Was ist ein Voucher und welche Informationen enthält er?

Notizen

Notizen

8. Sehen Sie sich folgenden Voucher an. Um welche Art handelt es sich? Beschreiben Sie die enthaltenen Punkte näher.

LOGITRAVEL

Ihr Hotelgutschein

Daten der Buchung

Buchungscode (Hotelveranstalter) / Booking reference: **11923678**
Kunde: **Maximilian Händler**
Buchungscode (Reisebüro) / Agency Ref.: **97003840**
Unterkunft / Accommodation: **Hotel Aurora**
Seeweg 10, 6213 Pertisau am Achensee
Tel. 43-5243-8304-0, Fax 43-5243-8304-19

Leistungen

Von	Bis	Anzahl	Zimmertyp	Beschreibung	Erwachsene	Kinder	Verpflegung
15/03/20..	18/03/20..	1	SB	Zimmer	1	0	Unterkunft und Frühstück ()

Reisende 1: **Maximilian Händler**

Stornierungsbedingungen (Siehe Punkt 7 + 8 der AGB Hotelbuchungen)

- **10,00€ - bei Stornierung zwischen dem 05/03/20.. und dem13/03/20..**
- **99,30€ - bei Stornierung am 14/03/20..**

Mit der Garantie von

Logitravel.de

Gebucht und bezahlt von / Booked an payable by: **Gullivers Travel Associates**, UST ID Nr. 2346215 82
Reiseagentur Nr. BAL BAL 471, 2004 - Alle Rechte vorbehalten

9. Was ist ein Kontingentvertrag?

10. Wo liegen die Vor- und Nachteile von Reservierungssystemen? Welche Trends zeichnen sich ab?

Ziele erreicht? – „Zusammenarbeit mit Reisebüros“

Thomas arbeitet nun schon seit vier Wochen in der Sales-und-Marketing-Abteilung. Er bekam Einblicke in die Tätigkeiten der Verkaufsabteilung und konnte bereits ein wenig Erfahrung im Umgang mit Reisebüros sammeln.

a) In der Berufsschule fragt ihn sein Kollege Martin, mit welchen Reisebüros sein Lehrbetrieb zusammenarbeitet. Finden Sie heraus, mit welchen Reisebüros Ihr eigener Lehrbetrieb kooperiert.

b) Beschreiben Sie die Vorteile, die Ihr Lehrbetrieb durch diese Kooperationen hat.

c) Thomas und seine Freundin möchten ihren gemeinsamen Sommerurlaub nun buchen. Thomas' Freundin möchte wissen, worin der Unterschied besteht, wenn sie den Urlaub direkt im Hotel oder über das Reisebüro buchen. Wie kann er seiner Freundin den Unterschied beschreiben?

d) Thomas erwähnt dabei, dass sein Hotelbetrieb einen Kontingentvertrag mit TUI hat und TUI daher einen Preis anbieten kann, der unter der Rack Rate liegt. Was meint er damit?

e) Thomas und seine Freundin haben ihren Urlaub im Reisebüro gebucht und dafür einen Voucher bekommen. Welche Informationen können auf diesem Voucher stehen?

Webmarketing

Tourismus und Internet sind nicht mehr voneinander zu trennen. Eine wachsende Vielfalt an Onlinevertriebs- und Onlinevermarktungswegen bietet der Unternehmerin bzw. dem Unternehmer unterschiedlichste Möglichkeiten, Gäste zu gewinnen.

Meine Ziele

Nach Bearbeitung dieses Kapitels kann ich

- die Bedeutung und die Komponenten einer guten Hotelhomepage erläutern;
- die Grundpfeiler des effektiven Onlinemarketings nennen;
- die verschiedenen elektronischen Vertriebswege beschreiben;
- selbstständig auf Reiseplattformen und Travel Search Engines recherchieren;
- Web Booking Engines und ihre Bedeutung für eine Hotelhomepage erklären;
- die Vermarktung über Onlinereiseplattformen beschreiben;
- die Bedeutung von Social Media für den Hotelbetrieb und hier im Speziellen von Bewertungsplattformen einschätzen;
- die Internetpreisgestaltung nachvollziehen.

1 Allgemeine Einführung und Bedeutung von Webmarketing

Eva plant mit ihrer Freundin Kathrin ein Wellnesswochenende. Die beiden finden im Internet zahlreiche Homepages von Hotels und sie wundern sich, wie unterschiedlich sich die Betriebe darstellen.

Beispiel eines Internetauftritts eines 4-Sterne-Betriebes: das Hotel Traunsee

Praktisch alle Hotelbetriebe – auch Klein- und Mittelbetriebe – sind heute mit einer eigenen Homepage im Internet vertreten. Dafür gibt es mehrere Gründe.

Ein Grund für die hohe Internetdurchdringung im Tourismus ist wohl, dass die Reise- und Urlaubsorganisation mit hohem **Informationsbedarf seitens der Kunden** verbunden ist.

Ein weiterer Grund liegt in der **Kommunikationsgeschwindigkeit und Kostenersparnis für den Webseitenbetreiber:** Kein anderes Medium kann in so kurzer Zeit so günstig multimedial und interaktiv die Fülle touristischer Leistungspakete direkt zur Kundin bzw. zum Kunden bringen wie das Internet.

Die kontinuierlich steigenden Umsatzzahlen der internationalen Onlinereiseplattformen bestätigen die **Beliebtheit der Internetnutzung für die Reiseplanung.** Aktuell verwenden **über 75 % aller Reisenden** das Internet als Unterstützung bei ihren Reisevorbereitungen und Reiseentscheidungen. Internationale Studien schätzen, dass Ende 2012 jede dritte Buchung weltweit online getätigt werden wird.

Circa 40 % aller Online-Einkäuferinnen bzw. -Einkäufer buchen mittlerweile Reiseleistungen über das Internet. Die private Internetnutzungsrate ist weiterhin im Steigen begriffen, es ist also davon auszugehen, dass auch der Onlinereiseumsatz weiter zunehmen wird.

Der **direkte Verkauf über die eigene,** benutzerfreundlich und suchmaschinenoptimiert programmierte und gestaltete **Hotelhomepage** sowie der **indirekte Vertrieb gemeinsam mit Internetpartnern** sind dieser Entwicklung zufolge zeitgemäß und unerlässlich.

Definition Anfragen und Buchen in Echtzeit

Die Begriffe **„Onlinebuchung“** und **„Onlineanfrage“** sind folgendermaßen zu verstehen: Mit Onlinebuchung ist eine Buchung in Echtzeit gemeint, die mithilfe des Internets getätigt worden ist. Das heißt, eine Unterkunft wird automatisch vom Internetuser gebucht, der sofort eine Buchungsbestätigung erhält. Wenn eine Buchung in Echtzeit nicht möglich ist und erst eine Buchungsbestätigung vom Beherbergungsbetrieb an den Internetuser geschickt wird, dann wird die Bezeichnung „Onlineanfrage“ verwendet.

Notizen

Arbeitsaufgaben

1. Nennen Sie die Gründe, warum ein Hotelbetrieb heute unbedingt im Internet vertreten sein muss.
2. Erklären Sie den Unterschied zwischen Onlinebuchung und Onlineanfrage.

2 Grundpfeiler des erfolgreichen E-Commerce für Hotels

Thomas bekommt Anfragen und Buchungen nicht nur per Telefon und E-Mail, sondern immer häufiger über das Internet und er stellt fest, dass diese von unterschiedlichen Quellen in die Rezeption gelangen.

Suchen Sie zehn Hotelbetriebe einer österreichischen Stadt in Ihrer Nähe und vergleichen Sie deren Homepages. Was gefällt Ihnen am besten und warum?

2.1 Effektives Onlinemarketing

Generell steht ein erfolgreiches Webmarketing in der Hotellerie auf folgenden Grundpfeilern bzw. Standbeinen:

Grundpfeiler des Webmarketing

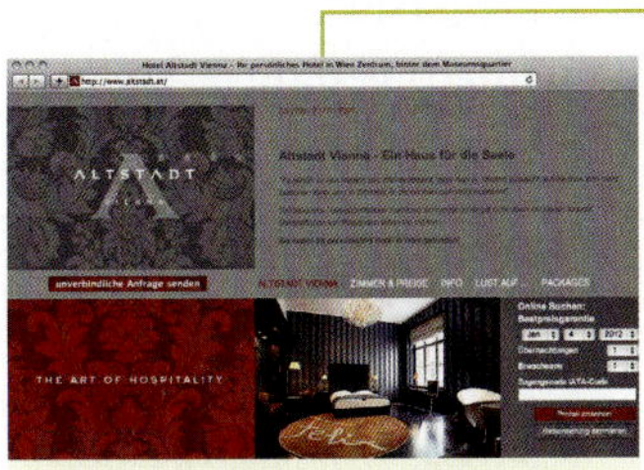

Präsentation und Online-Verkauf auf der eigenen Hotelhomepage

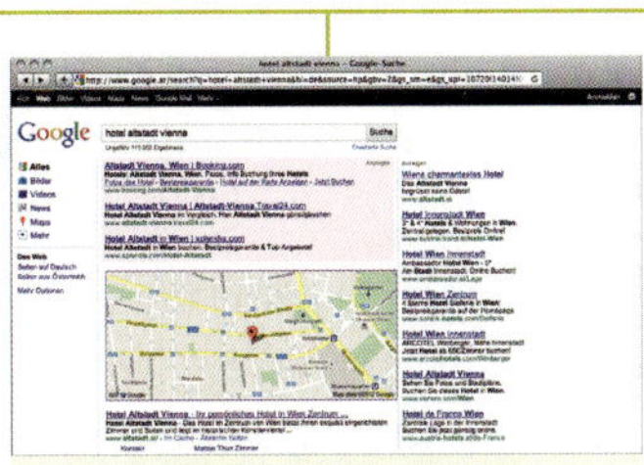

Suchmaschinenmarketing für die eigene Hotelhomepage

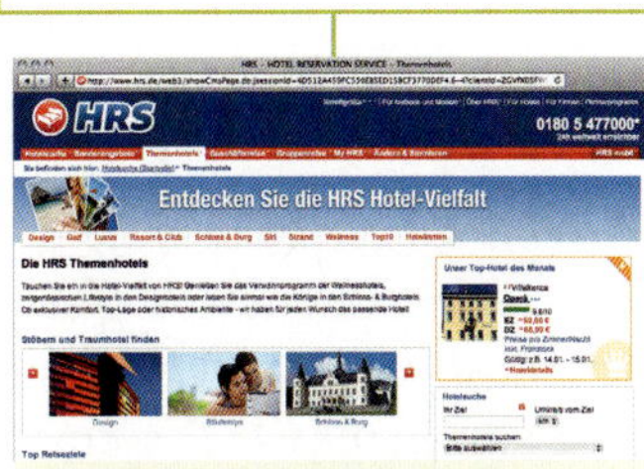

Weltweiter Verkauf über Free-Sale-Systeme (Onlinereiseplattformen oder Onlineverkaufsplattformen)

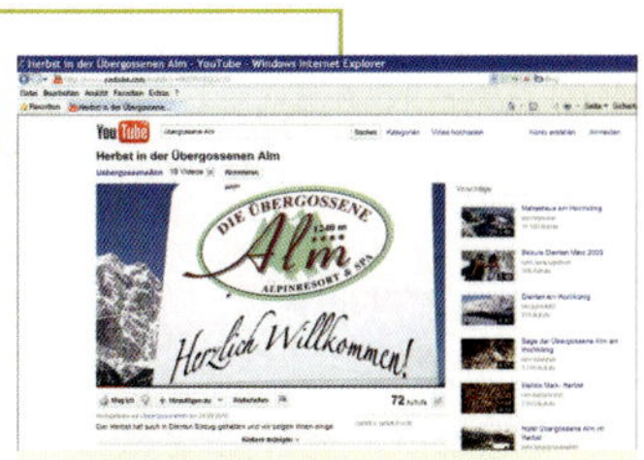

Social Media (Gästebewertungen, Facebook, Twitter, Youtube)

Effektives Onlinemarketing bringt das Hotelangebot zum Gast. Hier ein Überblick über die vielen Wege des Gastes in den Hotelbetrieb via Internet:

- Hotelhomepage.
- Onlinepräsentation des Beherbergungsbetriebs durch eine Tourismusorganisation.
- Onlinepräsentation über ein CR-System (CRS) einer Sales- & Marketing-Gemeinschaft oder eines Franchise-Unternehmens (z. B. Best Western).
- Onlinereservierung über ein CR-System einer Hotelkette (z. B. Marriott, SAS, Ritz-Carlton).
- Onlinepräsentation durch eine Angebotsgruppe (z. B. die Urlaubsspezialisten der Österreich Werbung: Schlank & Schön, Autriche Pro France, Fischwasser Österreich, Baby- und Kinderhotels oder Wanderhotels).
- Virtuelle Plattformen von Reiseveranstaltern (z. B. tui.de, neckermann.de, ab-in-den-urlaub.de, thomascook.de).
- Onlinereiseplattformen – Free-Sale-Systeme (z. B. booking.com, hrs.de, hotel.de, tiscover.com, venere.com).
- Travel Search Engines (TSE): vergleichende Suchmaschinen, die Preisvergleiche im Internet anstellen, indem sie mehrere Onlinereiseplattformen nach Hotel-, Flug- und Mietwagenangeboten absuchen und die Preise vergleichend darstellen (z. B. mobissimo.com, tripadvisor.com, trivago.de).
- GDS-gestützte Reiseplattformen: internetbasierte Verkaufssysteme für Reisebüros (z. B. hotels.com, expedia.com, travelocity.com, lastminute.com, orbitz.com, hotelclub.com).
- Homepages von Billigfluglinien (sogenannten Low Cost Carriers), nationalen Bahnunternehmen, Autovermietern etc.

CRS = Central Reservation System; zentrales Reservierungssystem im Internet.

Franchise = Vertriebsform, bei der ein Unternehmen seine Produkte durch einen Händler, der die Lizenz dafür besitzt, verkauft.

Travel Search Engines (TSE) = Preisvergleichsseiten im Internet (Details siehe nächste Seite).

GDS = Global Distribution Systems; internetbasierte Verkaufssysteme für Reisebüros.
Mehr darüber erfahren Sie auf der nächsten Seite.

Die elektronischen Vertriebswege im Detail

CRS **Central Reservation Systems**	Central Reservation Systems sind zentrale Reservierungssysteme zur Verwaltung von Kontingenten, Preisen und allgemeinen Hotelinformationen durch Hotels und deren Vertriebspartner. CRS werden von Reisebüros, Airlines und Sales- & Marketing-Kooperationen (z. B. Best Western, Hilton Hotels) verwendet. Letztere verwenden CRS mittlerweile auch als Internetbuchungsplattformen für ihre Mitgliederhotels.
TSE **Travel Search Engines, Preisvergleichsseiten**	Travel Search Engines sind vergleichende Reiseplattformen. TSEs listen Hotels und erlauben den Nutzern, Preisvergleiche zwischen den Plattformen anzustellen. Das heißt, die Preisunterschiede, die möglicherweise auf unterschiedlichen Reiseplattformen für ein und dasselbe Hotel (und Zimmerkategorie) existieren, werden hier in der Gegenüberstellung offensichtlich (z. B. mobissimo.com, trivago.de). TSEs verdienen ihr Geld mit Werbung und Kommissionen, die sie von den Onlinereiseplattformen erhalten (Cost per Click-Einnahmen: Werbemöglichkeit, bei der ein Click eines Users auf einen Link oder Werbebanner mit Kosten pro Click für den Werber verbunden ist).
GDS **Global Distribution Systems**	Global Distribution Systems waren von Airlines gegründet worden, lange bevor sich das Internet in seiner heutigen Form etablierte. Ursprünglich wurden die Systeme zur Buchung von Flügen und Mietautos genutzt, zu einem späteren Zeitpunkt auch zur Vermittlung von Hotelzimmern. Im Laufe der Zeit haben sich GDS zu weltweiten internetbasierten Verkaufssystemen für Reisebüros (z. B. Amadeus, Apollo-Galileo, Sabre Worldspan) gemausert. Das heutige Angebot wird vor allem von Reisebüros, aber auch direkt vom Endverbraucher (Buchung) genutzt.
Switch-Companies	Um Hotelinformationen vergleichbar zu machen, müssen gleiche Angebote auch gleich bezeichnet sein. Switch-Companies sind Unternehmen, welche Hotelinformationen aus CR-Systemen in ein für GD-Systeme lesbares und vergleichbares Format bringen, sozusagen Übersetzungsarbeit leisten. Ein Beispiel: Eine Zimmerkategorie „RSV23“ bedeutet „Room with Seaview for 2 or max. 3 people“. Findet der Switch im Hotelangebot den Vermerk: „Zimmer mit Meerblick“, übersetzt er ihn für das GD-System mit dem Code RSV. Die Codes dienen im System als Suchkriterien.
IDS **Internet Distribution Systems**	Internet Distribution Systems ist einerseits ein Überbegriff für alle internetbasierten Verkaufs- und Buchungssysteme, andererseits ist es die Bezeichnung für eine Internet-Vertriebsplattform, die über Pegasus Verfügbarkeiten und Preise bezieht und diese direkt dem Endverbraucher zur Verfügung stellt.

HRS Das Hotelportal

WORLDRES

tiscover.com Mein Bett in den Alpen

Gäste müssen den Betrieb finden können, sonst hilft das beste Angebot nichts

Vorteile eines Internetauftrittes für Hotelier und Gast

- **Erhöhung der Bekanntheit – weltweite Produktinfo:** Mit dem Onlineprospekt (der Homepage) oder der Präsentation auf Reiseplattformen bringt der Hotelier sein aktuelles Angebot sofort direkt zu seinen Zielgruppen.
- **Reduzierung der Offlinekosten:** Kostensenkung bei Gästeberatung an der Rezeption und am Telefon, bei Prospektversand etc.
- **Verbesserung der Auslastung:** In den saisonschwachen Zeiten erzielt man mit Packages, Spezialangeboten, Early-Bird-Angeboten und Schnäppchen zusätzliche Buchungen.
- **Leichtere und weltweite Ansprache der Zielgruppen und Quellmärkte:** Das World Wide Web ist per Definition weltumspannend. Die einzelnen Quellmärkte und Zielgruppen (Wellness, Golf etc.) sind damit leicht zu erreichen. Durch gezielte Ansprache von Zielmärkten via Internet kann unter anderem die Gästestruktur aktiv beeinflusst und verändert werden.
- **Zugänge zu neuen Vertriebskanälen:** Der Brancheneintrag bei Google (Google Places) präsentiert nicht nur die Unternehmensinformationen, sondern auch die Hotelhomepage und animiert zur Onlinebuchung. Außerdem vergleicht Google Places auch die Preise des Hotels und verlinkt zu den weltweiten Gästebewertungen.

2.2 Die Hotelhomepage als Webmarketing-Instrument

Eine aktuelle, ansprechende und gut gepflegte Homepage ist das Internettool Nummer eins für den Betrieb. Eines der wichtigsten Kriterien einer guten Homepage ist ihre Auffindbarkeit in den Tiefen des World Wide Web. Dazu bedarf es einer suchmaschinenoptimierten Programmierung und eines guten Suchmaschinenmarketings.

Suchmaschinenmarketing für die Hotelhomepage

Suchmaschinenmarketing gehört zum Werbe- und Marketingmix eines modernen Tourismusbetriebs. Bereits ca. 75 % des Onlineumsatzes lassen sich auf Suchanfragen über das Internet zurückführen. Das erklärt die Bedeutung einer optimalen Platzierung in Suchmaschinen.

Bei gutem Suchmaschinenmarketing ist der Hotelbetrieb in den großen Suchmaschinen wie google.com, bing.com und yahoo.com nicht nur durch Eingabe des Namens auf Top-Positionen der Gratislistungen auffindbar, sondern erscheint auch nach Eingabe der Keywords unter den ersten Treffern. Diese Listung bezeichnet man als **Ranking.**

Keywords = Schlüsselbegriffe.

Untersuchungen haben gezeigt, dass User nur etwa die ersten zehn Links des Suchergebnisses genau beachten. Deshalb sollte auf jeden Fall darauf hingearbeitet werden, die eigene Internetseite in den oberen Teil der ersten Ergebnisseite zu hieven.

Grundsätzlich gilt: Die wichtigste Eigenschaft einer Hotelhomepage ist „viel Text"! Der Grund dafür ist einfach: Suchmaschinen können nur Texte identifizieren und suchen alle Websites danach ab. Grafiken und Flash-Animationen schauen vielleicht schön aus, sind aber für Suchmaschinen unlesbar. Die Homepage sollte auch genügend Text zur Destination enthalten. So wird das Hotel auch gefunden, wenn als Suchbegriffe Charakteristika der Umgebung (Gebirge, Sehenswürdigkeiten, Almen etc.) eingegeben werden.

Siehe dazu auch Kapitel „Typografie und Layout", S. 86.

Destination = touristische Umgebung; Zielort, Zielgebiet.

Anfragen und Buchungen über die Hotelhomepage – Reaktionszeit bei der Beantwortung von Anfragen (Responsezeit)

Es gilt das angelsächsische Sprichwort: „Der frühe Vogel fängt den Wurm." Online- und E-Mail-Anfragen sollten **innerhalb von zwei Stunden** beantwortet sein, dann besteht eine **70 %ige Chance,** aus der Anfrage auch eine definitive Buchung zu machen.

Dass hier viel Verantwortung und Geld in der Hand der Rezeption liegt, ist offensichtlich.

Mobile Endgeräte und die Homepage

Der Internetverkehr wird in den kommenden Jahren weiter explodieren. In den nächsten Jahren soll sich der weltweite IP-Datenverkehr auf knapp ein Zettabyte vervielfachen. Hauptverantwortlich für das starke Wachstum sind mobile Internetverbindungen. Das Mobiltelefon wird in allen Lebensbereichen immer häufiger als Internetzugang genutzt; natürlich auch für den Bereich Urlaub und Reisen.

Die immer weiter zunehmende Kurzfristigkeit bei Onlinebuchungen im Hotel hat ihren Grund in der vermehrten Nutzung der mobilen Endgeräte als Buchungstool.

Zum Suchen von Reisedestinationen immer beliebter – das I-Pad

Conversion Rate = Kennzahl, gebildet aus der Anzahl der Besucher (Visits) einer Site im Verhältnis zur Anzahl der Transaktionen dieser Site; sie zeigt also das Umwandlungsverhältnis von Besuchern zu Käufern bzw. Gästen auf.

Die Nachfrage von Buchern am Anreisetag ist groß, weiters sind die **Conversion Rates** überdurchschnittlich hoch.

Für den Onlineverkauf ist wichtig, dass es eine Version der Hotelhomepage gibt, die für mobile Endgeräte optimiert ist. Auch dort eingebaute Inhalte von anderen Datenbanken, wie z. B. eine Onlinebuchbarkeit mittels Web Booking Engine (WBE), müssen hier umprogrammiert bzw. optimiert werden, damit alle Bereiche der Hotelhomepage denselben Standard aufweisen.

I-Pad und I-Phone können bis dato keine Flashanimationen darstellen. Das muss bei den mobilen Endversionen der Homepage beachtet werden.

Der Newsletter als Marketinginstrument

E-Mail-Marketing ist eines der wachstumsstärksten Direktmarketing-Instrumente und gleichzeitig eines der effektivsten Informations- und Kommunikationsmedien. E-Mail-Marketing bietet hervorragende Möglichkeiten, die Zielgruppen eines Hotels kostengünstig, schnell und effektiv zu erreichen.

Auswahl des technischen Systems

Gestaltungsvorschläge für Newsletter finden Sie z. B. unter http://www.sc-networks.com/de/referenzen/galerie.

Mit der richtigen Technik können Newsletter-Kampagnen personalisiert, zielgruppengenau und inhaltlich individuell durchgeführt werden. Bei der Wahl des richtigen Systems ist daher besonders darauf zu achten, dass Newsletter-Kampagnen schnell und zuverlässig ausgesendet werden und im Rahmen der Erfolgskontrolle die Kampagne auch präzise gemessen werden kann (Öffnungsrate, Klickrate etc. müssen statistisch erfasst und ausgewertet werden können).

Bei der Wahl des geeigneten Systems sollte auf folgende Anforderungen geachtet werden

- Ausführliche Empfängerverwaltung
- Automatische An- und Abmeldevorgänge mittels Webformularen
- Einfache Erstellung der Newsletter mittels WYSIWYG-Editor auf Grundlage von vorgefertigten Designvorlagen
- Umfassende Möglichkeiten für die Personalisierung des Newsletters (Personalisierung von Anrede, Bildern, Betreffzeile, Absenderadresse, nach Verhalten, z. B. Klicks etc.)
- Ausführliche Testmöglichkeiten vor dem Versand: Spam-Analyse, Prüfung der Zustellbarkeit etc.
- Versand an Zielgruppen, frei wählbare Absender- und Antwortadresse, zeitgesteuerter Versand, Versand im Text-, HTML- oder Multipart-Format
- Eventbasierte Versandmöglichkeit (Geburtstagsmailing etc.)
- Versand an Teilmengen der Empfänger
- Ausführliche Messmöglichkeiten: Messung der Öffnungsrate, Klickrate, An- und Abmeldestatistik, Opt-in-Statistik (Statistik über die Bestätigung)
- Sicherheit des Systems: verschlüsselte Datenübertragung mittels SSL (Secure Sockets Layer), Sicherung der Abonnenten und der Mailingvorlagen

WYSIWYG = **W**hat **Y**ou **S**ee **I**s **W**hat **Y**ou **G**et (Das, was du siehst, ist das, was du bekommst). Damit ist gemeint, dass WYSIWYG-Editoren Newsletter-Vorlagen bieten, die den Newsletter beim Erstellen genauso darstellen, wie er dann von den Abonnenten empfangen wird bzw. wie deren Browser den Newsletter darstellen. Diese Editoren machen die Gestaltung von Newslettern einfach.

Multipart-Format = Text- und HTML-Darstellung in einem. Der Newsletter wird, wenn er in diesem Format erstellt wurde, beim Versenden in zwei Versionen ausgeschickt: Einerseits wird eine reine Textvariante des Newsletters für jene Empfänger geschickt, deren Rechnerkonfiguration die Anzeige von HTML in E-Mails einschränkt oder ganz unterbindet. Zusätzlich wird die optisch ansprechend gestaltete HTML-Version für diejenigen Empfänger geschickt, deren E-Mail-Client die Darstellung des HTML ermöglicht.

Permission E-Mail-Marketing

Um E-Mail-Marketing erfolgreich durchführen zu können, müssen einige wichtige Grundregeln eingehalten werden. E-Mail-Marketing muss auf dem Konzept des Permission E-Mail-Marketing basieren.

Permission E-Mail-Marketing ist der **personalisierte und gezielte Versand von E-Mails an Personen, welche zuvor dem Erhalt dieser Mails zugestimmt haben.** Wenn die Anmeldung in einen Newsletter-Verteiler elektronisch durchgeführt wird, kommt in der Regel das Double Opt-in-Verfahren zum Einsatz. Beim Double Opt-in muss der Eintrag der Abonnentenliste **in einem zweiten Schritt** bestätigt werden.

Meist wird hierzu eine E-Mail-Nachricht mit Bitte um Bestätigung an die eingetragene Kontaktadresse gesendet.

Handelt es sich um ein echtes, das heißt erwünschtes Opt-in, bekommt der Abonnent eine Bestätigung seiner angegebenen Kontaktdaten. Handelt es sich dagegen um einen missbräuchlich erfolgten Eintrag, kann sich der unfreiwillige Abonnement-Kandidat vor einem Eintrag in die Abonnentenliste schützen, indem er auf die Bestätigungsanfrage nicht reagiert.

Eine Registrierung beim Double Opt-in wird erst dann wirksam, wenn sie bestätigt wird. Dieses Verfahren hat sich mittlerweile im Direktmarketing durchgesetzt und wird auch im Wege der Adressgenerierung fast ausschließlich verwendet.

Detaillierte Informationen zur gesetzeskonformen Gestaltung von Newslettern finden Sie als Download auf der Website der Wirtschaftskammer: http://portal.wko.at.

Kriterien für erfolgreiches Newsletter-Marketing

- Die Betreffzeile und der Absender sind in der Regel das erste, das der Empfänger eines Newsletters liest. Achten Sie daher auf einen aussagekräftigen und persönlich gestalteten Betreff und auf die korrekte und ausführliche Angabe des Absenders.
- Erstellen Sie eine kurze Inhaltsangabe am Anfang des Newsletters.
- Achten Sie bei der Erstellung des Inhalts auf ein ausgewogenes Verhältnis zwischen News und Verkaufsangeboten. Der Newsletter sollte auch wirklich „News" und nicht nur eine Ansammlung von Pauschalangeboten beinhalten. Aktiver Verkauf und Information über Neuigkeiten sollten in einem sinnvollen Verhältnis liegen.
- Meist will man in einer Newsletter-Kampagne die Gäste zu einem Kauf bzw. zu einer Anfrage motivieren (z. B. mit einem Link zu einem Pauschalangebot oder zum Onlinebuchungsformular). Man soll bei der Erstellung der Inhalte darauf achten, dass die wesentlichen Vorteile kurz und bündig herausgehoben werden und das Angebot erst über einen weiterführenden Link auf einer Landing Page ausführlich behandelt wird. Der Abonnent soll das Gefühl bekommen, im Newsletter noch ausführlicher und vor allem individueller informiert zu werden.
- Beschreiben Sie der Interessentin bzw. dem Interessenten vor der Registrierung den Nutzen des Newsletters.
- Bewerben Sie den Newsletter auch aus dem Inhaltsbereich Ihrer Homepage.
- Bestätigen Sie die erfolgreiche Abonnierung durch ein E-Mail.
- Erstellen Sie einen Kampagnenplan für die Newsletter-Kampagnen. Versenden Sie in regelmäßigen Abständen.
- Achten Sie auf ein druckbares Layout (siehe technisches System, links).
- Empfangen Sie den User, der auf Links im Newsletter klickt, mit einer deutlichen Landing Page.
- Testen Sie den fertigen Newsletter mit verschiedenen E-Mail-Clients und gängigen Free-Mail-Systemen.
- Jede Ausgabe des Newsletters muss die Information zur Abmeldung beinhalten.

Landing Page = „Landeseite"; jene Webseite, die man durch Klicken eines Links erreicht.

Web Booking Engines (WBE) – Onlinebuchungstools auf der eigenen Homepage

Die Onlinebuchbarkeit in Echtzeit auf der eigenen Homepage sollte das Ziel jedes Hotelbetriebs sein. Um hierfür nicht eine eigene Datenbank entwickeln zu müssen, empfiehlt es sich, einen Softwarepartner mit einer für den Betrieb geeigneten Lösung zu finden. Eine Web Booking Engine (WBE) ist die Onlinebuchung mithilfe einer hinter der Homepage liegenden Datenbank. Diese Buchungstechnik wird von folgenden Partnern angeboten:

Hier ist eine Web Booking Engine in die Homepage des Betriebs integriert

- Onlinebuchungsplattformen wie booking.com, tiscover.com, nethotels.com.
- Technologieanbieter, wie z. B. Bookassist, Seekda, Easybooking, Caesardata etc.
- Frontoffice-Systeme wie z. B. Fidelio, Protel etc.
- GD- und CR-Systeme (GDS, CRS) wie z. B. Best Western, Small Luxury Hotel of the World, Accor etc.

Die beste Lösung ist die Wahl eines Technologiepartners, da bei dieser Form der Zusammenarbeit die Oberherrschaft über Kontaktdaten, Verfügbarkeiten und Preisgestaltung beim Hotel bleibt, was bei den Onlinebuchungsplattformen nicht der Fall ist (siehe Kapitel AGBs, Onlinereiseplattformen, S. 170). Den wertvollen Web-Traffic mit qualifizierten Besucherinnen und Besuchern auf der Homepage sollte jedes Hotel für sich beanspruchen und nicht auf Buchungsplattformen transferieren. Dies gewährleistet, dass die Kundin bzw. der Gast auch mit ihren bzw. seinen Kontaktdaten in der Hoteldatenbank Eingang findet und diese für den Hotelbetrieb so wichtigen Daten nicht der Buchungsplattform vorbehalten bleiben.

Welche Lösung hat Ihr Lehrbetrieb gewählt in Bezug auf Kontaktdaten und Verfügbarkeiten?

Die Kosten für Buchungen über solche Technologieanbieter betragen ca. 5 % des gebuchten Umsatzes in Form einer Provision.

Wichtig ist: Die Homepage sollte suchmaschinenoptimiert programmiert sein und es sollten in regelmäßigen Abständen Suchmaschinenmarketing-Kampagnen geschalten werden (Beispiel: Google Adwords).

Die Web Booking Engine, mit der der Hotelbetrieb zusammenarbeitet, sollte auch auf der Facebook-Fanseite des Hotels installiert werden.

2.3 Onlinereiseplattformen für den Hotelvertrieb

Neben der gut positionierten Homepage ist Schritt Nummer zwei im Webmarketing, den Betrieb über Onlinereiseplattformen zu vermarkten.

Die Wahl der passenden Onlinereiseplattformen für einen Hotelbetrieb war anfangs mühsam. Es gab Hunderte von Anbietern, zwischen denen man sich entscheiden musste. Das wurde durch eine massive Marktbereinigung einerseits leichter, weil übersichtlicher, andererseits auch schwerer für die Hotels, da die Marktführer (Big Players) nun weltweit die Regeln für den Onlineverkauf bestimmen (Beispiel: steigende Provisionssätze, verpflichtende Ratenparität und Last Room Availability).

Ratenparität = Gleichheit der Preise.

Last Room Availability = Das jeweils letzte verfügbare Zimmer auf der betreffenden Plattform muss zur Buchung freigegeben werden.

Siehe dazu im Detail das Kapitel „Allgemeine Geschäftsbedingungen“ auf S. 170.

Die Big Players

Expedia	mit den Reiseportalen venere.com, elong.com, hotels.com, hotwire.com. Bis vor Kurzem war auch tripadvisor.com Teil des Konzerns, wurde aber aufgrund von Bedenken bezüglich der kommerziellen Verflechtungen von Onlinereiseplattform (expedia.com) und Gästebewertungsplattform (tripadvisor.com) abgespalten.
Priceline Inc.	mit priceline.com, booking.com, agoda.com.
Kuoni	mit den Reisebüros, und seit Anfang März 2011 auch mit GTA (gta-travel.com, octopustravel.com, travelcube.com, travelbound.com).
Sabre	mit travelocity.com, lastminute.com, zuji.com. Seit 2007 von Privateigentümern betrieben.
Orbitz	mit orbitz.com, cheaptickets.com, ebookers.com, hotelclub.com, ratestogo.com, asia-hotels.com.

GTA = Gullivers Travel Associates.

Die hier angeführten Reiseportale machen Jahresumsätze in Milliardenhöhe.

Der Billboard-Effekt

Laut einer Cornell-Studie führt der sogenannte Billboard-Effekt zu einer signifikanten Steigerung bei den Zimmerreservierungen und ist somit von großer Bedeutung bei Entscheidungen für Vertriebskanäle. In dieser Studie wird nachgewiesen, dass sich die Erwähnung von Hotels in Onlinereiseplattformen positiv auf die Zahl der Onlinebuchungen für dieses Hotel ganz allgemein auswirkt. D. h., wenn ein Hotel in vielen Onlinereiseplattformen und Bewertungsplattformen gelistet (und auch bewertet) wird, steigert das das Vertrauen des Endverbrauchers (des Gastes) in das Produkt ganz generell.

Cornell = die Cornell University ist eine Universität in New York State; sie ist die führende Universität für die Bereiche Hotellerie, Gastronomie und Tourismus.

Die Informationssuche des Gastes beginnt oft auf virtuellen Marktplätzen: Mehrere interessante Hotels werden nach Preis und Leistung miteinander verglichen.

> Die von den Onlinereiseplattformen investierten Milliarden für Onlinewerbung (z. B. Pay-per-Click-Werbekampagnen) kommen indirekt auch dem Hotel zugute, da der recherchierende Gast damit ständig konfrontiert ist. 2011 stammten bereits 10 % der Google-Adwords-Einnahmen aus den Kampagnen der Reiseindustrie.

PPC-Werbung (Pay per Click) = alle Onlinemarketing-Modelle, die auf Basis von CPC (Cost per Click) abgerechnet werden. Hierbei bezahlt man nur, wenn das Werbemittel auch wirklich geklickt wurde. Ein Beispiel dafür ist u. a. Google Adwords.

Die Erkenntnisse des Billboard-Effekts beeinflussen die tägliche Arbeit an der Rezeption nur indirekt. Sie haben jedoch großen Einfluss auf die strategischen Überlegungen zu Verkauf und Webmarketing im Allgemeinen. Der Verkauf über mehrere Onlinebuchungsplattformen über die hoteleigene Homepage ist genauso unerlässlich wie die Eintragung und Verwaltung der Hotelpräsentationen auf den Onlinebewertungsplattformen (z. B. holidaycheck.de, tripadvisor.com). Je breiter ein Hotelunternehmen im Internet aufgestellt ist (sowohl auf Verkaufs- als auch auf Social-Media-Plattformen), desto größer ist das Vertrauen der Konsumentinnen und Konsumenten in das Hotelprodukt – und das wiederum erhöht die Möglichkeit der Direktbuchung (des Direktverkaufs) auf der Hotelhomepage.

Mobile Apps der Onlinereiseplattformen

Folgende Onlinereiseplattformen haben bereits mobile Apps auf den Markt gebracht: booking.com, expedia.com, hotels.com, hotel.de, hrs.de, priceline.com, orbitz.com.

Apps = Kurzform von Applications; so werden Anwendungen (Programme) für Tablet-Computer und Smartphones bezeichnet.

Available on the Apple App Store

Die angebotenen Funktionen der Apps sind bei allen Anbietern sehr ähnlich

- Auswahl der Reiseleistung (Hotel, Flug, Autovermietung, etc.)
- Destination
- Reisedaten
- Anzahl der gesuchten Zimmer
- Eingabe eines Hotelnamens

Nach der Anzeige der Suchergebnisse kann dann ein Filter eingestellt werden, der folgende Möglichkeiten der Reihung anbietet

- Popularität: Der Betrieb mit der höchsten Anzahl von Buchungen wird zuerst gelistet.
- Sortierung der Hotels von A bis Z oder Z bis A.
- Preis: Der günstigste bzw. teuerste Preis wird zuerst angezeigt.
- Gästebewertungen: Das am besten bewertete Hotel wird zuerst angezeigt.
- Kategorien werden nach Sternen gereiht.
- Die Reihung erfolgt nach attraktiven Orten: Flugplatz, Tourismushighlights etc.

Wichtige Informationen zur Zusammenarbeit mit Onlinereiseplattformen

Allgemeine Geschäftsbedingungen (AGBs)

Die Allgemeinen Geschäftsbedingungen der bedeutenden Reiseplattformen unterscheiden sich nicht wesentlich voneinander. Neben den Standards, wie z. B. Provisionssätze, Abrechnungs-Modalitäten (Rechnung, Zahlung mittels Kreditkarte, No-Shows etc.), Garantieanforderungen oder Verhalten im Überbuchungsfall, gibt es seit einiger Zeit die Ratenparität und die Last Room Availability.

No-Show = bestellte, aber nicht in Anspruch genommene Leistung; Nichterscheinen eines Gastes ohne Angabe von Gründen.

Natürlich muss ein Hotelbetrieb nicht alle seine Leistungen und Pakete online anbieten.

Die verpflichtende Ratenparität bedeutet, dass die Raten (Zimmerpreise) eines Hotels auf dem betreffenden Reiseportal nicht über denen der Reiseportal-Mitbewerber liegen dürfen. Das heißt, dass ein Hotel eine bestimmte Reiseleistung (z. B. ein Doppelzimmer mit Seeblick für maximal vier Personen) auf allen Onlinereiseplattformen, mit denen es zusammenarbeitet, zu denselben Konditionen anbieten muss und keine davon benachteiligen darf. Grund dafür ist, dass die Onlinereiseplattformen ihren Kunden die „Bestpreisgarantie" geben. Diese können sie nur versprechen, wenn sie auch ihre Vertragspartner (die Hotels) dazu verpflichtet haben. Natürlich wird diese Ratenparität auch kontrolliert.

In regelmäßigen automatisierten Raten-Checks (Preis-Checks) mittels Rate Shopping Tools werden alle Vertragspartner auf ihre Vertragstreue geprüft.

Rate Shopping Tools = Software, mit deren Hilfe die Ratenparität automatisiert (also nicht händisch) überprüft werden kann.

Die Last Room Availability bedeutet, dass das jeweils letzte freie Zimmer auf der betreffenden Onlinereiseplattform zur Buchung freigegeben sein muss. Der Grund für diese Vereinbarung ist, dass die Onlinereiseplattformen sicherstellen wollen, dass das letzte verfügbare Zimmer jedenfalls auf der eigenen Plattform (und nicht auf der eines Mitbewerbers) buchbar ist. Gleichzeitig mit der Ratenparität wird auch die Last Room Availability in regelmäßigen automatisierten Checks mit denselben Rate Shopping Tools überprüft.

Bei regelmäßigen Verstößen wird die Zusammenarbeit aufgelöst.

Spezialangebote, Deals, Kooperationen mit Groupon

Immer wieder treten die Onlinebuchungsplattformen an ihre Kunden mit Special Promotions heran, die eine besondere Hervorhebung der partizipierenden Betriebe versprechen. In Form von Bannern und Suchmaschinenmarketing-Kampagnen wird die Aufmerksamkeit auf diese Hotelangebote gelenkt.

Special Promotions = spezielle Werbeangebote, Verkaufsaktionen.

Beispiele

- **3 = 2:** Buche 3 Nächte, zahle 2; das entspricht einem Discount von 33,3 % bei einem MLOS.
- **Stay 3 safe 20 %:** Buche 3 Nächte und spare 20 % bei einem MLOS von 3 Nächten; meistens mit einer Vergabe von zusätzlichem fixem Kontingent bzw. einer fixen Verfügbarkeit verbunden.
- **Opaque-Aktion:** Eine Reduktion von zusätzlich mindestens 20 % (auf den meistens schon herabgesetzten Promotion-Tarif) ist üblich.

MLOS = Minimum Length of Stay; Minimumaufenthalt von z. B. 3 Nächten.

Opaque-Modelle = verdeckte Angebotsdarstellung mit Preis, aber ohne Hotelname.
Erst nachdem der Gast das Angebot angenommen und bezahlt hat, werden alle Hoteldetails bestätigt. Grund dafür ist, dass bei dieser verdeckten Angebotsdarstellung die Ratenparität und die Last Room Availability unterlaufen werden kann, da der Hotelname nicht veröffentlicht ist. Buchbar über z. B. lastminute.com (Top Secret Hotels) oder priceline.com.

Nach Vorbild des mittlerweile berühmt-berüchtigten Gutschein-Internet-Riesen **Groupon** planen die Onlinereiseplattformen Ähnliches oder realisieren gemeinsam **Gutscheinportale.** Das Groupon-Modell funktioniert folgendermaßen: Ein Unternehmen bietet eine Leistung mit einem Discount von mindestens 50 % in Form eines Gutscheines an, den man im Internet auf groupon.com angeboten bekommt und kaufen kann. Der Kunde zahlt den Gutscheinwert an Groupon. Erst nachdem der Kunde den Gutschein beim Unternehmen eingelöst hat, zahlt Groupon dem Unternehmen seinen Anteil am eingenommenen Umsatz. Das sind in der Regel ca. 25 % des Wertes der Leistung.

> **Beispiel**
> 1 Übernachtung kostet offiziell 100 Euro, der Groupon-Gutschein wird für 50 Euro verkauft, das Unternehmen bekommt nach Einlösung des Gutscheins 25 Euro von Groupon.

Der Marktführer expedia.com will mit Groupon eine gemeinsame Plattform für Schnäppchenjäger aufbauen (Groupon Getaways with Expedia).

Zugang zu den Flash Deals des Onlinereiseportals booking.com

Eines der wichtigsten Onlinereiseportale – booking.com – bietet die sogenannten **Flash Deals** an. Nach dem oben beschriebenen Modell werden hier unter diesem Produktnamen (Flash Deals) Leistungen mit einem Discount von ca. 50 % des üblicherweise verkauften Leistungswertes angeboten. Diese Angebote werden auch auf Facebook promotet.

Auch Priceline hat ein weltweites Gutschein-/Discount-Programm gestartet. Die sogenannten „Deals" bieten nun neben dem bereits bekannten Programm „Freebies" auch Discounts um die 50 % auf alle Reiseleistungen an.

Gästebewertungen auf Onlinereiseplattformen

Alle relevanten Onlinereiseplattformen bieten den Usern die Möglichkeit, sich über die subjektiv erlebte Qualität des Urlaubs auszutauschen, also eine schriftliche Bewertung auf der Plattform zu veröffentlichen. So entstehen Virtual Communities, welche individuelle Entscheidungsfindungen massiv beeinflussen (siehe auch Kapitel „Hotelbewertungsplattformen", S. 174).

Virtual Communities = auch Web Communities oder Online Communities; Kundennetzwerke zum gezielten Informationsaustausch.

Kontaktinformationen der Gäste, die über Reiseplattformen buchen

Bei Buchungen über Plattformen ist die besondere Aufmerksamkeit der Rezeptionistin bzw. des Rezeptionisten beim Check-in gefordert: Da die Onlinereiseplattformen sehr zurückhaltend bei der Weitergabe der Kontaktdaten der Gäste sind (Vor- und Nachname, Adresse, E-Mail-Adresse, Telefonnummer), muss die Rezeptionistin bzw. der Rezeptionist alle Gästedaten, die vorab nicht gesammelt werden konnten, aufnehmen und in das Frontoffice-System eingeben.

Marketingtools und -unterstützung der Onlinereiseplattformen

Onlinebuchungsplattformen bieten den teilnehmenden Hotels auch Marketingunterstützung an.

Folgende Angebote gibt es

- Versand von Newslettern mit Spezialangeboten.
- Bonussysteme zur Verbesserung der Kundenbindung.
- Gewinnspiele und Preisausschreiben.
- Gratis Videos bei der Hotelpräsentation (z. B. hrs.de).
- Web 2.0 und Social Media-Anwendungen: Like-Button von Facebook bei der Hotelpräsentation.
- Web Booking Engine: Die Onlinebuchungsplattform bietet als Verkaufsunterstützung die Möglichkeit an, ein Onlinebuchungstool für die eigene Hotelhomepage zu installieren.

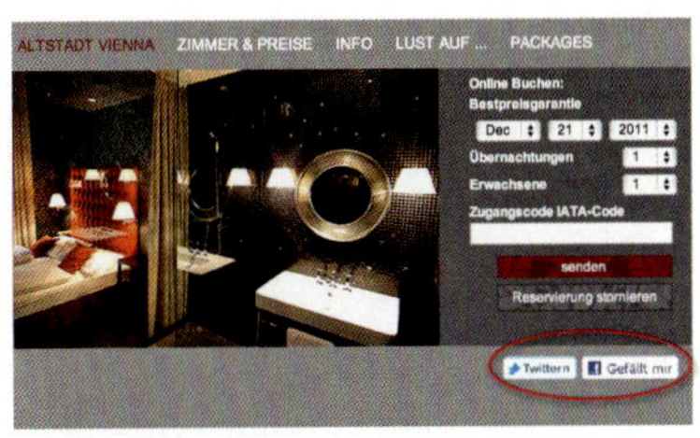

Like-Buttons zu Twitter und Facebook auf der Homepage des Hotels Altstadt Vienna

Provisionsabrechnung

Extranet = personifizierter Zugang zu Internetseiten, der dem autorisierten User erlaubt, Inhalte zu verändern. Beispiel: Preis- und Verfügbarkeitswartung bei Onlinereiseplattformen.

Generell erfolgt die Provisionsabrechnung zwischen Hotel und Onlinereiseplattformen via Extranet, per E-Mail, Brief oder Fax. Die Provisionsabrechnung ist wie folgt zu behandeln:

- Kontrolle der Provisionsaufstellung
- Gegebenenfalls Änderung dieser Aufstellung (An-/Abreisen geändert, Storno, No-Show, Preisänderung etc.)
- Rücksendung an die Onlinereiseplattform mit der Bitte um Kenntnisnahme
- Kontrolle bei Provisionsrechnung, ob Änderungen auch berücksichtigt wurden
- Unverzügliche Zahlung der Provisionsrechnung

Zur Erinnerung: Wenn die Web Booking Engines einer Onlinereiseplattform auf der eigenen Homepage installiert sind, gelten für Buchungen, die dadurch generiert werden, geringere Provisionssätze (ca. 3 %).

> Eine schnelle Kontrolle und Zahlung ist sehr zu empfehlen, da manche Reiseplattformen das Ranking der Hotels auf ihrer Seite unter anderem von der Geschwindigkeit der Überweisung der Provision abhängig machen.

GD-Systeme (GDS) als Onlinereiseplattformen

Weltweit verwenden circa 600 000 Reisebüros mit ihren Buchungsterminals GD-Systeme zur Buchung ihrer Flüge, Mietautos und Hotelzimmer.

Der Preis für den Endverbraucher darf trotz der relativ hohen Vertriebskosten von bis zu 32,5 % nicht höher sein als der vom Hotel auf anderen Onlinereiseplattformen gelistete Preis für dasselbe Produkt. Diese Vereinbarung ist Teil des abgeschlossenen Vertrags und nennt sich **Rate Parity,** also **Preisgleichheit.**

Mit den ersten Erfolgen bei Internetbuchungen haben die Betreiber einiger GD-Systeme die Inhalte ihrer Systeme auch dem Endverbraucher zur Verfügung gestellt. Sie haben ertragskräftige Internetplattformen (z. B. travelocity.com, lastminute.com, hotels.com, expedia.com) gegründet, über die sie direkt mit den Hotels (auf Nettopreisbasis) kooperieren. Sie verhalten sich also wie „virtuelle Reiseveranstalter", die auf den vom Hotel gewährten Nettopreis einen sogenannten Mark-up (Aufschlag) von 20 bis 32,5 % aufrechnen und zu diesem Bruttopreis dann an den Endverbraucher verkaufen.

Man nennt dieses Preiskalkulationsmodell **Merchant-Modell.**

2.4 Social Media

Das Internet startet mit Web 2.0 in ein neues Zeitalter. Webseiten reagieren flexibel auf die Wünsche des Benutzers, sich öffentlich mitzuteilen oder seine eigene Geschichte zu veröffentlichen. Aber was bedeutet Web 2.0 und welche Auswirkungen bzw. Chancen ergeben sich für die Hotellerie?

Die neue Generation des interaktiven Dialogs

User-generierter Content = von Benutzern des Internets erstellter Inhalt.

Das Internet wird heute ganz anders genutzt als noch vor einigen Jahren. Es können große Datenmengen heruntergeladen werden. Mit weltweiten Onlinetelefonkonferenzen kann viel Geld, mit dem Versand rechtsgültiger Verträge per E-Mail viel Zeit gespart werden. Der nächste (r)evolutionäre Schritt ist längst gesetzt: Die Webwelt hat durch die unter dem Begriff Web 2.0 zusammengefassten Neuerungen einen Umbruch vollzogen – und die Hotellerie ist mittendrin. Unter Web 2.0 versteht man User-generierten Content: War das Internet am Anfang die Möglichkeit für Unternehmen, sich zu präsentieren, so gestalten jetzt die Kunden/Gäste (User) sehr wesentlich die Inhalte des World Wide Webs mit. Beispiele dafür sind Wikipedia, Gästebewertungsplattformen, Internetforen und Facebook.

Neue Webanwendungen für den Betrieb nutzen

Für viele Hotelbetreiberinnen bzw. Hotelbetreiber wird sich der Geschäftsalltag noch stärker verändern als schon bisher. Bieten zahlreiche Onlinereiseplattformen schon lange bequeme Buchungsmöglichkeiten, ist der Markt nun mit Web 2.0 um einiges transparenter: Wer ein Hotelzimmer buchen will, kann sich binnen Sekunden darüber informieren, was anderen vor ihm an dem Hotel gefallen hat oder auch nicht.

Blogs = Webtagebücher.

Blogs und Hotelbewertungen

Web 2.0 ist aber nicht nur Chance, sondern auch Verpflichtung: Blogs bieten Einblicke in die Alltags- und Gedankenwelt von Zeitgenossen und zeigen, was die Web Community (siehe S. 171) von ihnen hält. In diesen Tagebüchern schildern Internetuser z. B. ihre Urlaubsaufenthalte. Binnen Sekunden lässt sich daher herausfinden, wie Hotelzimmer ausgestattet sind und ob die Servicequalität so gut ist, wie gepriesen. Für alle relevanten Reiseplattformen ist es bereits Standard, dass Gäste ihre Aufenthalte bewerten können (z. B. tiscover.com, expedia.com, hrs.de, booking.com).

Wenn Gäste eine Reise tun, wollen sie sich heute nicht nur auf die Meinung von Bekannten und Verwandten verlassen, sondern möglichst viele Erfahrungen objektiver Kritikerinnen und Kritiker einholen – was ihnen niemand verwehren kann (oder will), schon gar nicht, wenn ihnen das eine zunehmende Zahl von Reiseplattformen mit ihrem Angebot so erleichtert. Auf diesen Plattformen finden die Urlauberinnen und Urlauber von morgen schon heute Hotelbewertungen und können so ihre Reiseentscheidung treffen.

Mit durchaus kritischen Einträgen muss man rechnen (und leben), gegen unwahre, diffamierende Einträge kann und sollte aber vorgegangen werden. Dabei unterstützen die Rechtsabteilungen der Hoteliervereinigungen und der Hotel- und Gaststättenverbände.

Die **Einträge auf den Plattformen sind subjektive, also ganz persönliche, Erfahrungsberichte.** Auf den Plattformen wird großteils besonders darauf hingewiesen, dass die Einträge objektiv und wahrheitsgemäß zu sein haben und persönliche Erfahrungswerte widerspiegeln sollen. Ebenso wird darauf aufmerksam gemacht, dass den Bewertungen entgegnet werden kann bzw. dass das Hotel darauf bestehen kann, dass die Einträge gelöscht werden.

Nun ist in der Verfassung verankert, dass jeder das Recht auf freie Meinungsäußerung hat – auch wenn die Aussagen verärgern können oder den Ruf des Hotels schädigen. Anders verhält es sich bei „unwahren Tatsachenbehauptungen". Diese können in das geschützte Recht des (wirtschaftlichen) Rufs des Hoteliers eingreifen, wenn sie abstrakt geeignet sind, geschäftsgefährdend zu sein, und der Hotelgast die Unrichtigkeit der von ihm verbreiteten Tatsachenbehauptungen kannte oder kennen musste.

Über welche Vertriebskanäle gelangen Ihre Gäste in Ihr Haus? Zu welchen Vertriebsschienen tendieren die Gäste der Zukunft? Was sind die Vorteile der Buchung über das Reisebüro? Welchen Einfluss haben mittlerweile Plattformen wie Youtube, Facebook oder Twitter?

Die Grenze zwischen (zulässigen) reinen Werturteilen und (nicht zulässigen) unwahren Tatsachenbehauptungen ist fließend und für jeden Einzelfall konkret zu prüfen. Der rechtliche Handlungsspielraum für Hoteliers ist dadurch sehr beschränkt. Der Hotelier ist v. a. verpflichtet, die Unwahrheit der Aussagen zu beweisen – was problematisch sein kann.

Hier zur leichteren Unterscheidung ein paar Beispiele:

Tatsachenbehauptungen	Bewertungen
■ „Zugesagter Internetanschluss im Zimmer nicht vorhanden." ■ „Ungeziefer im Zimmer." ■ „Zimmer schmutzig."	■ „Nicht zu empfehlen." ■ „Ausstattung gefällt nicht." ■ „Enttäuschend." ■ „Essen schmeckt nicht." ■ „Angebot lässt zu wünschen übrig."

Wie kann der Hotelier konkret gegen negative Einträge vorgehen?

Auf manchen Plattformen hat der Hotelier die Möglichkeit, zu den Bewertungen öffentlich Stellung zu nehmen oder die betreffenden Einträge gänzlich löschen zu lassen.

Hotelbewertungsplattformen

Jedes Hotel sollte sich bei den wichtigsten Bewertungsportalen (tripadvisor.com, holidaycheck.at, trivago.at) anmelden und einen Hotel-Account erstellen.

Account = Zugangsberechtigung.

Reviews = Onlinebewertungen von Hotelleistungen durch Gäste, z. B. tripadvisor.com, holidaycheck.de.

Widgets = Anwendungen für Internetuser (siehe auch Apps, S. 169). Ein Widget ist im Gegensatz zu einem App kein eigenständiges Programm, sondern wird in ein vorhandenes Programm eingebettet.

Mit diesem Account können unter anderem folgende Funktionen genutzt werden

- Benachrichtigungsfunktion bei neuen Reviews per Mail
- Updates des Hotelprofils und von News
- Hotelbilder-Upload
- Gestalten und Herunterladen von Widgets für die Hotelwebsite

Positive Bewertungen sind eine enorme Hilfe im Hotelmarketing. Da sie von den Internetusern als objektive Beschreibungen empfunden werden, ist es sehr wichtig, dafür zu sorgen, dass ein Hotel viele – wenn möglich positive – Bewertungen erhält. Daher sollten die Gäste bei der Abreise oder danach per E-Mail gebeten werden, das Hotel zu bewerten. In diesem E-Mail sollten direkte Links zur Hotelpräsentation auf den Onlinebuchungsplattformen bzw. -bewertungsplattformen enthalten sein, damit der Gast die Seiten rasch und einfach finden kann.

Als Absicherung gegen Missbrauch muss bei einigen Hotelbewertungsplattformen vor der Bewertung die Hotelrechnung übermittelt werden.

Die Social Media-Portale Facebook, Google+, Twitter und Youtube

Für Hotels ist es ein Muss, sich Unternehmenspräsentationen auf Social Media-Portalen wie Facebook, Google+, Twitter, Xing, LinkedIn oder Youtube anzulegen. Grund dafür ist nicht in erster Linie, dass man mit seinen Gästen hier so gut kommunizieren kann. Vielmehr geht es um die Aufmerksamkeit der Suchmaschinen, z. B. Google, die als wichtigstes Prinzip das der Relevanz haben. D. h., je häufiger sich der Content auf einer Seite ändert, desto relevanter und interessanter ist er auch für die Google-Kunden, die Internetuser. Je höher die Relevanz von Google eingeschätzt wird, desto weiter oben ist die Homepage bei der Suchanzeige zu finden. Wenn nun bei solchen Social Media-Präsentationen mehrere neue Einträge pro Tag von Google bemerkt werden, dann wird das gesamte Unternehmen (auch die hoteleigene Homepage) von Google aufgewertet und dadurch vom Kunden besser aufgefunden.

Relevanz = Wichtigkeit, Erheblichkeit; im Zusammenhang mit Google hat dieses Wort eine noch umfassendere Bedeutung: Google ist sich bewusst, dass es nur dann das Suchportal Nummer eins bleibt, wenn die User dort leicht finden, was sie suchen. D. h., dass die Suchergebnisse von großer „Relevanz" sind. Daher untersucht Google alle Homepages und bewertet diese nach streng geheim gehaltenen Bewertungskriterien.

2011 hat Facebook 700 Millionen registrierte Nutzerinnen und Nutzer, davon ist die Hälfte täglich online, im Schnitt eine Stunde pro Tag.

Facebook-User befinden sich in einem „vertrauten Umfeld", denn im Normalfall ist man mit Usern auf Facebook befreundet, die man tatsächlich „irgendwie" kennt. Dadurch wird den geteilten und diskutierten Inhalten auch mehr vertraut und weit mehr Relevanz zugebilligt als anderen Internetquellen.

Auf Facebook-Präsentationen werden alle Hotelinformationen, Neuigkeiten, Veranstaltungen, Fotos und Videos geladen und mit den Fans geteilt, die diese wiederum mit ihren Freunden teilen usw. So entsteht ein kleiner Schneeballeffekt, der neue Fans bringt, die zu Gästen werden können.

Jeder (zufriedene) Gast sollte bei oder nach Abreise per E-Mail ersucht werden, auf den Social Media-Plattformen wie Facebook, Twitter oder Youtube seine Erfahrungen zu beschreiben bzw. seine Meinungen zu posten.

Auch die Internetsuche wird sozialer

Die intensive Nutzung der Social Media-Portale in Bezug auf den Hotelbetrieb hat Auswirkungen auf das Suchergebnis bei Google & Co. Schon jetzt werden Websites bzw. Links, die in Social Media wie Facebook oft geteilt oder diskutiert wurden, besser gereiht. In Kürze wird bei jedem Suchtreffer auf der Suchergebnisseite zu sehen sein, welcher der Facebook- oder Twitter-Freunde diesen Link bereits in seinem Netzwerk geteilt hat. Unser Suchergebnis wird also sozialer, bekommt eine Art **soziales Gütesiegel.**

Social Media ist daher für Unternehmen, die mehrheitlich zufriedene Gäste haben, eine große Chance.

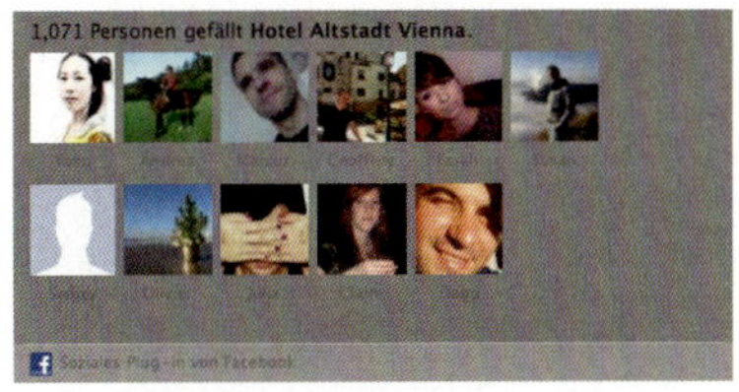

Diese Social Media-User haben den Like-Button des Hotel Altstadt Vienna gedrückt

2.5 Preisgestaltung im Internet/Pricing

Revenue Management (Yield Management) in Zeiten des Online Pricings bringt ganz neue Herausforderungen für die Hotellerie mit sich. Die gewohnten Preisstrukturen werden um die Möglichkeiten im Onlineverkauf bereichert und erweitert.

Worauf muss geachtet werden? Die gewohnten Preisstrukturen mit den Discount-Staffeln für die Vertriebspartner (Firmen, Reisebüros, Incomer, Wiederverkäufer) werden auf den Vertriebskanal – das Internet – ausgedehnt. Die bisher üblichen Preisnachlässe auf den Listenpreis werden von den Onlinevertriebspartnern gleichermaßen mittels Provisionen auf die BAR (Best Available Rate) gefordert.

Je nach Vertrag gilt es Netto- oder Bruttoraten für die Preiskalkulation zu beachten. Die große Herausforderung für die Hotellerie ist es, die Parität der Raten auf allen Vertriebskanälen – online und offline – zu gewährleisten. Der Preis für eine bestimmte Hotelleistung für einen bestimmten Zeitraum muss für den Endverbraucher überall derselbe sein: Die Onlinevertriebskosten (Vermittlungsprovisionen und Mark-ups) werden vom Hotel getragen und müssen somit in dessen Preiskalkulation mit aufgenommen werden. Sowohl die Partner, die mit Nettopreisen und Mark-ups als auch jene, die mit Bruttopreisen arbeiten, präsentieren ihre Produkte auf demselben virtuellen Marktplatz, d. h., dass die Ratenparität für die Gäste auf Kosten des Hotelbetriebes geht.

Revenue Management (Yield Management) = Ertragsmanagement.

BAR = Best Available Rate. Rate, die dem Prinzip der Ratenparität entspricht, auf allen Vertriebswegen dieselbe ist und ohne Restriktionen (z. B. Minimumaufenthalt, kein Gratis-Storno möglich) gebucht werden kann.

Nettorate = Rate exklusive Provision. Preise werden von Großhändlern netto eingekauft und mit einem Aufschlag (Mark-up) weiterverkauft.

Bruttorate = Preise inklusive Provision.

Mark-up = Aufschlag auf die Nettorate in Prozent oder als Betrag.

Preisvergleich mit Travel Search Engines (TSEs)

Die Allgemeinen Geschäftsbedingungen (AGBs) der Onlinereiseplattformen, die mittlerweile die Ratenparität und die Last Room Availability als Standard festgesetzt haben, folgen hier nur dem Trend, den die User von Preisvergleichsseiten sehr freudig beschritten haben. Travel Search Engines sind Preisvergleichsseiten. Sie listen Hotels oder Airlines nicht direkt, sondern präsentieren eine Reihe von Links zu Onlinereiseplattformen, um die Angebote für den User vergleichbar zu machen. Ähnlich wie Internetsuchmaschinen sucht eine **Travel Search Engine** Reiseplattformen nach relevanten Ergebnissen ab und stellt die Ergebnisse vergleichend gegenüber.

Diese Auflistung ist aufsteigend sortiert. Daher ist das günstigste Zimmer als erstes sichtbar.

Aufgrund dieser Ratentransparenz haben die großen Onlinereiseplattformen ihre AGBs angepasst: Die verpflichtende Ratenparität und die Last Room Availability wurden ergänzt. Da die Hotels auf die Buchungen und E-Commerce-Umsätze der

Beispiele für Travel Search Engines
hotelscomparison.com
mobissimo.com
trivago.de
checkfelixx.com (für Flüge)

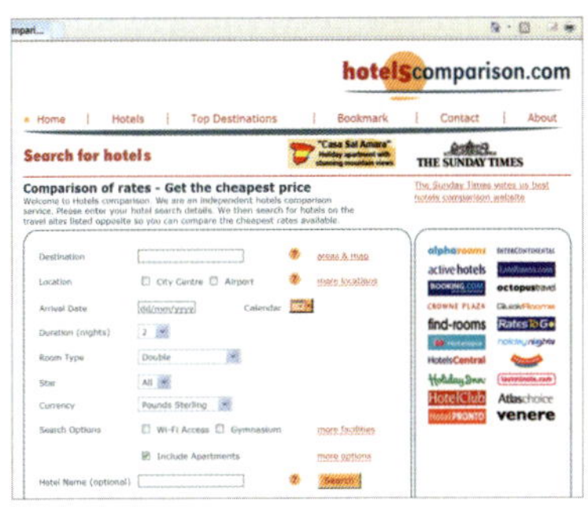

Onlinereiseplattformen nicht mehr verzichten können, konnten diese Änderungen auch durchgesetzt werden.

Ratenparität

Als oberstes Prinzip gilt: **Alle im Internet verfügbaren Preise für eine jeweils klar definierte Kategorie müssen gleich sein.** Das heißt, egal, ob ein Gast über die Hotelhomepage, direkt am Telefon oder bei einer Onlinereiseplattform nach einem bestimmten Preis sucht, die Preisauskunft muss immer dasselbe Ergebnis bringen.

Wichtig ist weiters, dass auf der Web Booking Engine der hoteleigenen Homepage (zumindest für die auf Onlinereiseplattformen auch angebotenen Zimmer) **nicht nur dieselben Preise, sondern auch dieselben Buchungs- und Stornobedingungen** gelten.

> Leider kommt es oft vor, dass die Hotelhomepage restriktiver ist, weil die Web Booking Engines eine differenzierte Darstellung erlauben. Der Gast hat dann den Eindruck, nur in der Onlinereiseplattform das buchen zu können, was er wirklich will. Und dann passiert genau das, was das Hotel nicht will: Der Bucher geht wieder zurück auf die Seite der Onlinereiseplattform und bucht jenes Angebot, das er auf der Hotelhomepage in dieser Form nicht finden konnte. Dies ist sicher nicht im Sinne des Hoteliers! Denn die Vertriebskosten via Web Booking Engine sind ein Bruchteil derer der Onlinereiseplattformen.

Schwierigkeiten mit der Preisparität bei Reiseveranstalter-Seiten

Wie schon beschrieben, präsentieren sich auch alle namhaften Reiseveranstalter mit ihren Angeboten auf eigenen Buchungsplattformen. Allerdings kommt es dadurch immer häufiger zu Preisungleichheiten auf Preisvergleichsseiten. Der Grund dafür besteht in der Preiskalkulation: Reiseveranstalterpreise werden einmal jährlich mit dem Hotel vereinbart und sind dann fix. Auf diese Preise werden nun die sogenannten Mark-ups (also die Aufschläge) der Reiseveranstalter und deren Vertriebspartner aufgeschlagen und im Internet veröffentlicht. Da die Preise auf den Onlinereiseplattformen gemäß den Gesetzmäßigkeiten des Yield Managements (Ertragsmanagements) täglichen Änderungen unterworfen sind, kommt es automatisch zu Preisdifferenzen. Die vom Kunden bzw. Gast gewünschte Preistransparenz und weitgehende Preishomogenität ist dadurch nicht mehr gewährleistet. Die Hotels verlieren dadurch die Preishoheit über ihre Angebote und verärgern ihre Buchungspartner durch fehlende Markttransparenz.

Homogenität = Einheitlichkeit.

Preis-Leistungs-Verhältnis, Preisdurchsetzung

Das Verhalten der Konsumentinnen und Konsumenten hat sich in den letzten Jahren stark verändert, der Reisemarkt passt sich seinen Gästen an: Unsere Gäste sind zum Großteil Smart Shopper, die gute Qualität zu günstigen Preisen suchen, sie verreisen öfter und dafür kürzer. ... Und das Internet mit Web 2.0 hilft ihnen dabei.

Smart Shopper = qualitätsbewusste/r, informierte/r Käuferin bzw. Käufer, die/der maximale Qualität zu niedrigstem Preis nachfragt. Die Smartheit resultiert aus zunehmendem Wissen über Preise und Leistungen mit dem Ziel einer Bescheidenheit auf höchstem Niveau.

Smart Shopper sind nicht automatisch auf der Suche nach dem billigsten Preis, sondern sie suchen nach dem besten Preis-Leistungs-Verhältnis.

Um als Hotel eine gute Preisdurchsetzung zu erreichen, muss das Profil geschärft werden, müssen Gästesegmente (Zielgruppen) klar angesprochen werden, und es müssen starke und internationale Vertriebspartner gewählt werden. Wenn dies passiert ist, sollte nach dem Prinzip „Verfügbarkeit ist Trumpf" gehandelt werden.

Wichtig für einen erfolgreichen elektronischen Verkauf ist es, die jeweils kommenden 365 Tage mit Raten (Preisen) und Verfügbarkeiten ins Internet (Homepage, Onlinereiseplattformen) zu stellen.

Ziel ist es, auf allen elektronischen Vertriebswegen mit

- **mehreren Preistypen** (Frühbucher, Non Refundable Rates, Last Minute, BAR [Best Available Rates], Hot Deals [z. B. Gutscheinangebote von booking.com, siehe S. 170] etc.) und
- **mehreren Kategorientypen** (Einzelzimmer, Doppelzimmer, Economy Zimmer, Superior Zimmer, Junior-Suiten, Studios, Familienzimmer, Apartments etc.)

zu arbeiten. So können alle Leistungen und unterschiedlichen Qualitäten eines Hotels zu Geld gemacht werden. Jede positive Eigenschaft oder jedes Ausstattungsmerkmal eines Zimmers kann einen höheren Preis rechtfertigen.

Non Refundable Rates = nicht erstattbare Preise.

Vergleichen Sie die Preise Ihres Ausbildungsbetriebes auf verschiedenen Onlineplattformen und auf der eigenen Homepage.

Die Social Media-Elemente (wie Gästebewertungen, Like-Buttons etc.) können bei der Preisdurchsetzung sehr gute Dienste leisten. Bei guten Bewertungen und positiven Kommentaren sind Gäste ohne Weiteres bereit, einen höheren Preis zu zahlen. Die guten Bewertungen bürgen für einen ungetrübten Hotelaufenthalt.

Preisdurchsetzung = Durchsetzung der Preispolitik, auch höherpreisige Kategorien, Saisonen oder Leistungspakete (Packages) eines Hotels.

Bei der grenzüberschreitenden Inanspruchnahme von Dienstleistungen wird bei Abrechnungen die Umsatzsteuer mit dem sogenannten Reverse Charge-Verfahren behandelt. Reverse Charge bedeutet „Umkehr der Steuerschuld". Dabei ist nicht der Leistungserbringer, sondern der Leistungsempfänger Schuldner der Umsatzsteuer. Da die Firmensitze der meisten Onlinereiseplattformen im Ausland sind (der Firmensitz von booking.com ist z. B. in Amsterdam), gilt für Kommissionsabrechnungen die Reverse Charge. Es kann auf der Kommissionsabrechnung der Hinweis: „USt ist verrechnet durch Reverse Charge" vermerkt sein, muss aber nicht. Der Leistungsempfänger muss von sich aus diese Steuerschuld mit dem Steuerbetrag in der Umsatzsteuervoranmeldung eintragen.

www.wko.at, Suchbegriff: Reverse Charge.

Gegenüberstellung der Onlinepreispolitik von Stadt- und Ferienhotellerie

In der Ferienhotellerie existiert eine striktere Preisgestaltung als in der Stadthotellerie. Es herrscht eine geringere Bereitschaft, mit Reiseveranstaltern und Tour Operators zusammenzuarbeiten, da diese mindestens 25 % Abschlag auf die Listenpreise als Grundlage für eine Zusammenarbeit verlangen. Pro Vermittler entstehen Kosten von acht bis zwölf Prozent Kommission, das heißt, dass zwischen Reiseveranstalter/Incomer und Hotel möglicherweise drei Subunternehmen verdienen müssen:

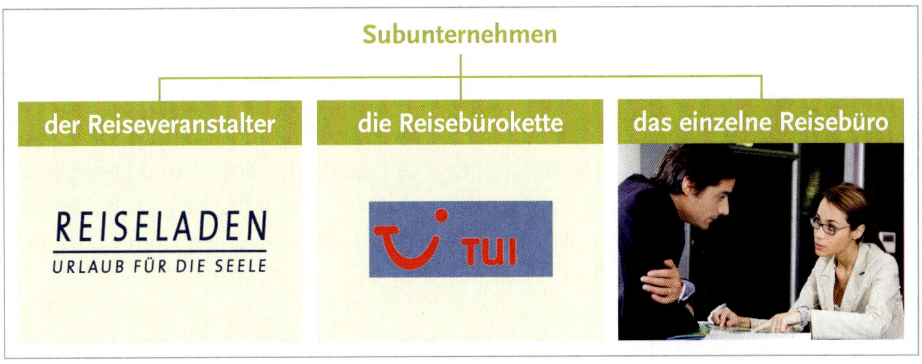

Preispolitik Stadthotellerie

Die Preise auf der offiziellen Preisliste von Stadthotels sind oft Jahrespreise oder eher hohe Von-bis-Preise, die eine gewisse Gestaltungsfreiheit zulassen. Der Grund dafür ist, dass ein sehr hoher Listenpreis für Kongress- und Messetermine vorhanden sein muss, denn an diesen Terminen können diese Preise auch durchgesetzt werden. Die Preisdurchsetzung ist in der verbleibenden Zeit geringer als in der Ferienhotellerie.

Die Stadthotellerie berücksichtigt in ihrer Preisgestaltung Kongress- und Messetermine

Auf den Reiseplattformen spiegelt sich eine ähnlich große Flexibilität in der Preisgestaltung wider. Den Prinzipien des Yield Managements folgend, sind die Preise stark von Faktoren wie „aktuelle Buchungslage", „Feiertage", „Großevents/Kongresse" etc. abhängig.

Die Ferienhotellerie hat Preisunterschiede vor allem zwischen den einzelnen Saisonen

Preispolitik Ferienhotellerie

Anders als in der Stadthotellerie sind hier die Preisunterschiede zwischen den einzelnen Saisonen eher hoch. Das bedeutet, dass die Listenpreise einen viel geringeren Verhandlungsspielraum aufweisen als in der Stadthotellerie. Die Daten- und Verfügbarkeitswartung der Reiseplattformen ist aufwendiger, da die Anzahl der Zimmerkategorien, die Packages sowie die Kinderermäßigungen in der Ferienhotellerie vielfältiger sind.

> Generell nutzen Stadthotels Reiseplattformen lieber als Ferienhotels, da jene es gewohnt sind, mit größeren Preisnachlässen/Provisionssätzen bzw. Preisschwankungen zu arbeiten.

Channel Management

Gemeint ist damit die Organisation und Koordination der Preise und Verfügbarkeiten in den unterschiedlichen elektronischen Vertriebskanälen.

Diese differenzierte Preis-Leistungs-Darstellung in allen Internetbuchungsplattformen benötigt natürlich viel Zeit und Sorgfalt. Die Koordination kann per Hand, also bei jeder Reiseplattform entsprechend den gegebenen Yield- und Revenue-Management-Möglichkeiten einzeln durchgeführt bzw. gesteuert werden.

Es besteht auch die Möglichkeit, diese Arbeit durch eine **Channel Management-Software (CMS)** zu unterstützen. Mittels eines „ausführlichen Formulars" werden alle Preise, Kategorien und Einschränkungen für alle Onlinereiseplattformen auf einmal eingegeben. Die CMS wartet von sich aus und automatisch alle Systeme mit den vom Hotelier festgelegten Preisen. Es benötigt lediglich Präzision bei der Eingabe aller Verkaufsprinzipien (Auf- und Abschläge, Bedingungen) beim Set-up der CMS nach der Installation des Programms auf dem Computer.

Urlaub – für jeden von uns bedeutet dieses Wort etwas anderes und löst verschiedene Assoziationen aus – und so unterschiedlich die Urlaubstypen sind, so unterschiedlich können und sollen auch die Buchungssysteme sein

Ausblick

Informationstechnologie (IT) und Tourismus – zwei starke Partner, die gemeinsam stärker werden. Beide Branchen verzeichnen weltweit ein überproportionales Wachstum. Sowohl Informationstechnologie als auch Tourismus- und Freizeitwirtschaft gehören mehr und mehr zu den führenden Wirtschaftszweigen. Beide sind einem ständigen Wandel unterworfen – Strukturen, Mitspieler auf dem Markt und Produkte ändern sich laufend.

„Urlaub" – das ist ein Bündel von Produkten, das über IT intelligent vermarktet werden kann. Und weil E-Commerce mehr bedeutet als nur „Verkauf über Onlinemedien", wird jedem Surfer mehr als nur eine Homepage angeboten.

Darauf muss die Hotellerie reagieren und die modernen Kommunikationstechnologien gezielt im Marketingmix einsetzen. Denn Bucher werden zu „Wiederholungsbuchern". Das bedeutet, dass mit der ersten Buchung noch lange nicht alle Möglichkeiten der Kundenbetreuung ausgeschöpft sind. Mit laufenden Informationen über Angebote und Neuheiten können Gäste zu Stammgästen werden.

Arbeitsaufgaben

1. Stellen Sie sich vor, Sie sind Geschäftsreisende/r und suchen für eine Nacht ein preisgünstiges Zimmer in Wien. Bedenken Sie, dass Sie für Ihre Arbeit einen Internetanschluss im Hotelzimmer brauchen. Ebenfalls benötigen Sie einen Parkplatz. Suchen Sie im Internet für ein bestimmtes Datum ein für Sie passendes Zimmer. Nach welchen Kriterien suchen und entscheiden Sie?
2. Suchen Sie im Internet ein Package für ein romantisches Wellnesswochenende in Loipersdorf nach Ihren Wünschen. Über die Kosten brauchen Sie sich keine Gedanken zu machen, da es sich um ein Geschenk handelt und Sie aussuchen dürfen, was Ihnen gefällt. Ihnen ist wichtig, dass Sie Ruhe bekommen (kein Kinderhotel) und dass ein Candle-Light-Dinner angeboten wird. Nach welchen Kriterien suchen und entscheiden Sie?
3. Eine Familie mit zwei Kindern im Alter von drei und acht Jahren möchte eine nicht zu kostspielige Woche Urlaub im Salzkammergut verbringen. Das gewünschte Hotel soll in der Nähe eines Badesees oder Schwimmbads sein, es soll Kinderbetreuung angeboten werden und wenn möglich einen Streichelzoo geben. Suchen Sie für diese Familie drei mögliche Betriebe im Internet heraus und begründen Sie Ihre Auswahl.

Notizen

Ziele erreicht? – „Webmarketing“

Eva und Thomas müssen, damit sie ihr „Produkt“ – nämlich ihren Hotelbetrieb und seine Leistungen – gut verkaufen können, wissen, was ihre Gäste von ihrem Betrieb bzw. von vergleichbaren Konkurrenzbetrieben halten. Auch für Sie ist es hilfreich, über die Positionierung Ihres Lehrbetriebs Bescheid zu wissen. Begeben Sie sich daher mit Eva und Thomas auf die Reise ins World Wide Web und schauen Sie, wie Gäste über vergleichbare Hotelbetriebe denken.

a) Thomas ist neugierig: Was kostet eigentlich das günstigste vergleichbare Zimmer der Destination, in der sich sein Lehrbetrieb befindet? Er sucht in den Travel Search Engines nach Betrieben, die seinem Lehrbetrieb (4 Sterne) entsprechen, und ist gespannt, ob der eigene Betrieb aufscheint. Begeben auch Sie sich auf die Suche in Ihrer Destination und suchen Sie für ein konkretes Datum das günstigste Einzelzimmer.

b) Evas Chefin beauftragt sie mit Rechercheaufgaben zur Destination, in dem sich ihr Lehrbetrieb befindet, um herausfinden zu können, ob bzw. wie oft ihr Betrieb genannt wird und wie er auf die Kundinnen bzw. Kunden wirkt. Eva soll zu folgenden Kriterien recherchieren: Das am besten bewertete Hotel der Destination in puncto

- Ausstattung, Zimmer,
- Verpflegung,
- Sauberkeit,
- Serviceleistung, Freundlichkeit
- Wellnessangebot,
- Angebot für Kinder,
- Lage,
- Sport und Unterhaltung.

Machen Sie diese Recherche für Ihre Destination und analysieren Sie anhand der Kundenbewertungen, welche Kriterien für eine gute Bewertung ausschlaggebend sind. Erweitern bzw. verändern Sie nach Bedarf obenstehende Kriterien. Listen Sie anschließend auf, wo Ihr Betrieb die Nase vorn hat und wo Ihre Konkurrenz Ihnen etwas voraus hat.

c) Eva erstellt ein Follow-up-Schreiben, in dem die abgereisten Gäste gebeten werden, in Bewertungsplattformen ihre eigenen Erfahrungen ihres Aufenthalts im Betrieb zu schildern. Wie könnte dieses Schreiben aussehen? Formulieren Sie dieses Schreiben für Ihren Lehrbetrieb und führen Sie darin auch die Links jener Plattformen an, die der Gast verwenden soll. Achten Sie darauf, dass das Schreiben nicht nur eine Bitte bzw. Aufforderung ist, sondern in einen freundlichen Kontext verpackt ist und ein Dankeschön für seinen Aufenthalt integriert ist.

d) Der Hotelbetrieb, in dem Thomas beschäftigt ist, lässt sich die Website von einem Technologiepartner neu gestalten. Welche wichtigen Punkte wird die Frontoffice Managerin bei der Besprechung mit dem Partner anführen?

Fachbegriffe

18:00-Uhr-Reservierung	Bei kurzfristigen Reservierungen wird der Check-in-Zeitpunkt auf 18:00 Uhr begrenzt; trifft der Gast bis zu diesem Zeitpunkt nicht ein oder meldet er sich nicht, kann das Zimmer anderwertig vergeben werden (nicht garantierte Reservierung).
4 Ps	Marketing-Mix aus den Elementen Product, Price, Place, Promotion (Produkt-, Preis-, Distributions- und Kommunikationspolitik). Diese Aufteilung wurde erstmals von Jerome McCarthy vorgeschlagen.
Access Point	Sprachgesteuerter Infoterminal.
Adult	Erwachsener.
Agenda	Kalender, Reservierungsbuch.
Akontozahlung	Anzahlung, Deposit.
Akronyme	Abkürzungen, die v. a. in E-Mails verwendet werden (z. B. mfg: Mit freundlichen Grüßen).
All-inclusive	Logis und Verpflegung inbegriffen.
Allotment	→ Kontingent.
Animateur	Gästebetreuerin, Gästebetreuer, Unterhalterin, Unterhalter.
Arrangement	Leistungsumfang, z. B. VP, HP.
Arrival	Ankunft.
Availability Status	Status verfügbarer Zimmer. Housekeeping gibt bekannt, ob Zimmer bezugsfertig sind, z. B. CR (clean ready), VD (vacant dirty), OOO (out of order), NFS (not for sale).
Average Room Rate	Durchschnittlicher Beherbergungserlös pro belegtem Zimmer.
Aviso	Buchungsvorschau von Reisevermittlern/-veranstaltern (nur → PAX, keine Namen).
B & B	Bed and Breakfast (Zimmer mit Frühstück).
Backoffice	Bürobereich der Rezeption.
Baggage, Luggage	Gepäck.
Bell Captain	Vorgesetzter der Lohndiener (Porter) und Pagen (Bellboys).
Billing Form	Kreditkartenformular.
Briefing	Kurze Einsatzbesprechung, z. B. für Bankette, Veranstaltungen.
Bruttorate	Preis mit enthaltener Provision (im Reisebürovertrag).
Business Traveller	Geschäftsreisende, Geschäftsreisender.
Cancellation (CXL)	Stornierung (internationale Abkürzung).
Cancellation Fee	Stornogebühr.
Carrier	Verkehrsträger (Fluggesellschaft).
Cashier	Kassierin, Kassier; für die Kasse verantwortlich.
Catering	Speisen und Getränke an Orte liefern, an denen üblicherweise keine Speisen und Getränke abgegeben werden.
Check-in	Anreise und alle damit verbundenen Arbeiten und Formalitäten.
Check-out	Abreise und alle damit verbundenen Arbeiten und Formalitäten.
City Ledger	Auch Paymaster; Zwischenkonto für Debitorenrechnungen; Sammelkonto für Gruppenbuchungen oder Veranstaltungen, auf dem Leistungen bis zur Rechnungslegung gesammelt werden.
Claim	Reklamation, Beschwerde, Anspruch.
Closed Date	Ausgebuchter Termin.
Coaching	Personalentwicklung; einer Mitarbeiterin bzw. einem Mitarbeiter wird eine Person zur Seite gestellt, um sie bzw. ihn zu beraten und zu fördern.
Complimentary	Buchung auf Haus; kostenlose Aufmerksamkeit des Hauses.

Concierge	Hotelportier, Chefin der Halle, Chef der Halle.
Continental Plan (CP)	Übernachtung mit kontinentalem Frühstück.
Controlling	Kontrolle im Hotel (intern); bietet betriebswirtschaftliche Informationen zur Unterstützung von Managemententscheidungen.
Convention	Tagung oder Kongress.
Corporate Design (CD)	Gleichartige Gestaltung aller Produkte eines Unternehmens als Ausdruck und Bestandteil der → Corporate Identity.
Corporate Identity (CI)	Firmenidentität, einheitliches Erscheinungsbild des Unternehmens, Selbstbild; im Gegensatz zum Fremdbild, dem → Image.
Corporate Wording	Einheitliches schriftliches Auftreten des Unternehmens nach außen. Dadurch wird gewährleistet, dass die von Mitarbeiterinnen und Mitarbeitern verfassten Texte den Unternehmenswerten entsprechen und auch gesetzlich korrekt sind. Das Corporate Wording ist Teil der → Corporate Identity.
Counter	Schalter.
CRM	Customer Relationship Marketing, Clienting, Realtime Marketing oder One-to-One-Marketing; Marketing, gezielt auf die Bedürfnisse der Kunden und Marktpartner ausgerichtet; Lernen von den Kunden.
Daily Report/Morning Report	Tagesbericht (z. B. beim Meeting).
Database Marketing	Auf Daten basierende Marketingaktivitäten.
Deadline	Letzter Ankunfts- bzw. Reservierungstermin.
Debitor	Schuldner, der Waren von einem Lieferer auf Kredit bezogen hat; das Wort wird meist im Plural (Debitoren) verwendet und steht auch für offene Rechnungen.
Definitive Reservierung	Fixe Buchung → garantierte Reservierung.
Departure	Abreise.
Deposit	Anzahlung, Akontozahlung, Hinterlegung.
Depot	Aufbewahrung (Safe etc.).
Depotschein	Nachweis für im Hotelsafe hinterlegte Wertsachen.
Destination	Zielort, Zielgebiet.
Direct Booking	Buchung und Check-in finden zum selben Zeitpunkt statt, bei → Walk-in.
Direct Mailing	Werbeaussendung an konkrete Adressen bzw. Zielgruppen.
Disagio	Gebühr der Kreditkarten- oder Bankomatabrechnung, Abschlag.
Distributionspolitik	Planung und Abwicklung der Absatzwege, z. B. über Reisebüros oder direkt an die Gäste.
Doorman	Türsteherin, Türsteher.
Double Occupancy	Doppelbelegung eines Hotelzimmers, Überbuchung.
Early Departure	Vor- oder frühzeitige Abreise.
Echtzeitbuchung	Echtzeitbuchung bedeutet, es wird nicht zuerst angefragt und auf die Anfrage geantwortet, sondern aus einer Datenbank heraus sofort gebucht und unverzüglich bestätigt.
Erlöse	Alle aus einem Verkauf eingenommenen Gelder.
European Plan (EP)	→ Continental Plan.
Exchange Rate	Umrechnungskurs.
Extension	Verlängerung des Aufenthalts.
F & B, Food & Beverage	Wirtschaftsbereich; Speisen und Getränke.
Fakturierung	Rechnungslegung.
Familiarization Trip (Fam Trip)	Informationsreise, um mit einem Reiseland vertraut zu werden.
Follow-up	Rückfrage auf ein unbeantwortet gebliebenes Angebot bzw. Nachbetreuung nach Abreise.
Forecast	Buchungsvorschau.

Foreign Individual Tourist	Individualtourist aus dem Ausland.
Frontoffice	Rezeption, Kassa und Conciergebereich, Halle, Empfang.
Full Board	Vollpension.
Functionsheet	Hausinterner Laufzettel für Veranstaltungen.
Garantierte Reservierung	Durch Anzahlung oder Kreditkarte garantierte Hotelzimmerbuchung (im Gegensatz zur → optionalen Reservierung).
Give-away	Werbegeschenk, kleine Aufmerksamkeit des Hauses.
Grand lit	Französisches Bett (großes Bett).
Guaranteed Booking	→ Garantierte Reservierung.
Guest Amenities	Annehmlichkeiten für Gäste, wie Shampoo, Lotion, Slippers, aber auch Kinderspielzeug.
Guest Check	Gästerechnung.
Guest History	Gästekartei.
Guest Relation(s)	Gästebetreuung (Relation = Beziehung, Verhältnis); auch im Plural verwendet.
Guest Relation Manager	Betreut besonders wichtige Gäste im Hotel.
Guest Supplies	Zusatzartikel für Gäste, wie Shampoo, Duschbad, Bademantel etc.
Half Board	Halbpension.
Handling	Betreuung, Durchführung, Handhabung.
Hotelcard, Hotelpass	Gästeausweis.
Housekeeping Department	Hausdamenabteilung.
Human Resources Manager	Personaldirektorin, Personaldirektor.
Image	Fremdbild (eines Unternehmens); im Gegensatz zum Selbstbild, der → Corporate Identity.
Implant	„Implantat"; ein in einem großen Konzern integriertes Reisebüro, das nur die Reisetätigkeit der Mitarbeiterinnen und Mitarbeiter dieser Firma organisiert.
Imprinter	Prägemaschine zur Abrechnung mit Kreditkarten.
Incentives	Firmen belohnen und motivieren ihre Mitarbeiterinnen und Mitarbeiter, indem sie ihnen eine Reise mit den gesamten Aufenthaltskosten bezahlen.
Incoming Tourismus	Bezeichnung des aus dem Ausland hereinkommenden Tourismus.
Individualtourismus	Die Reise wird von den Reisenden selbst organisiert.
Infant	Kind.
Informationskamm	Informationen in der Fußzeile eines Briefes, z. B. Geschäftsbezeichnung, Firmenadresse, Bankverbindung, UID-ATU-Nummer (auf dem Briefpapier bereits vorgedruckt).
Informationsrack (Inforack)	Informationsständer.
ITB	Internationale Tourismusbörse Berlin.
Job Rotation	Mitarbeiterinnen bzw. Mitarbeiter tauschen innerhalb des Betriebs ihre Tätigkeiten.
Jobsharing	Teilzeitarbeit; Teilen eines Vollzeitarbeitsplatzes auf zwei Mitarbeiterinnen bzw. Mitarbeiter.
Key Account Manager	In dieser Position ist man für besonders wichtige Kunden (Schlüsselkunden) verantwortlich.
KISS-Regel	Keep it short and simple: Regel zur Erstellung von Werbetexten und Informationsblättern oder Pressemitteilungen.
Kommission	Im eigenen Namen für fremde Rechnung ausgeführt (ein Auftrag); erhält z. B. das Reisebüro, wenn es als Veranstalter auftritt; Ware in Kommission übernehmen: Der Verkauf erfolgt nur nach Bedarf, nicht verkaufte Ware wird an den Lieferanten zurückgegeben.
Konsortien	Reisebürogruppen und -zusammenschlüsse.
Kontingent	Bestimmte Anzahl vorreservierter Zimmer, z. B. Reisebürokontingent.
Late Arrival	Spätankunft.
Layover	Verzögerung, wenn Flugzeuge nicht starten können.

Legende	Bildtext (für die Gestaltung von schriftlichen Informationen wie Foldern).
Leisure Traveller	Freizeitreisende, Freizeitreisender.
Logis	Unterkunft.
Loss-Leader-Preis	Lockpreis.
Low Cost Carrier	Billigfluglinie.
Mailing	Aussendung, z. B. Weihnachtspost, Werbebriefe.
Management	Direktion.
Manager on Duty	Diensthabende Managerin, diensthabender Manager; vertritt die Direktorin bzw. den Direktor, wenn diese bzw. dieser außer Dienst ist (am Abend, am Wochenende).
Marge	Preisspanne, Preisdifferenz; z. B. zwischen angeführtem Zimmerpreis im Internet und jenem Zimmerpreis, der mit der Internet-Buchungsplattform abgerechnet wird.
Mark-up	Aufschlag.
Master Key	Generalschlüssel.
Meeting	Besprechung, Sitzung.
Message	Nachricht.
MICE	Überbegriff für das Segment Meetings, Incentives, Conventions, Events.
Miscellaneous	Verschiedenes; Beleg, der für diverse Barauslagen ausgefüllt wird (Sightseeing-Touren, Konzertkarten etc.).
Modified American Plan (MAP)	Halbpension (HP) mit amerikanischem Frühstück und Abendessen.
MTD	Month to Date; Bezugsgröße für den Vergleich von Kennzahlen; Hinweis, dass sich die Kennzahl auf den Zeitraum vom Monatsersten bis zum heutigen Tag bezieht.
Mystery Guest Analysis (MYGA)	Auch Mystery Guest Check; Testkunden (Mystery Shoppers) beurteilen dabei den Hotelbetrieb anonym.
Nettorate	Preis ohne Provision (im Reisebürovertrag).
Night Audit	Tagesabschluss (die Zusammenfassung aller Buchungen eines Tages) wird in der Nacht durchgeführt; Nachtlauf im Frontoffice-Programm.
Night Auditor	Nachtportier; zuständig für den Tagesabschluss.
Night Manager	→ Manager on Duty in der Nacht.
No-Show	Der Gast hat gebucht und ist nicht eingetroffen, ohne zu stornieren; Bezeichnung für eine bestellte, aber nicht in Anspruch genommene Leistung.
Occupancy	Auslastung.
Office Center	Bürobereich, der den Gästen zur Verfügung steht; PC-Terminals, Drucker, Faxgerät, Kopierer etc. können hier von den Gästen benützt werden; meist in großen Hotels, die v. a. Geschäftsreisende zu ihren Kunden zählen.
Offseason	Nebensaison.
Onlinebuchung	Buchung per Internet.
Option	Vorreservierung mit Verfallsfrist (Deadline).
Outgoing Tourismus	In das Ausland gehender Tourismus.
Overbooking	Überbuchung.
Package, Pauschalangebot	Mehrere Leistungen werden als Bündel zusammengestellt (z. B. Empfang mit Cocktail, Nächtigung, Sightseeing-Tour, geführte Wanderungen, Wellnessanwendungen).
Paid-out	Barauszahlungen für hotelfremde Leistungen. Es wird ein Paid-out-Receipt ausgefüllt, damit die Leistung auf die Gästerechnung aufgebucht werden kann → Petty-Cash.
Paraphe	Kurzzeichen, meist die Anfangsbuchstaben des Namens.
Paraphrasieren	Etwas verdeutlichend umschreiben, wiederholen, genau erläutern.
PAX	Personenanzahl (nur für internen Gebrauch); passenger „x“ = beliebiger Passagier (aus der Flugzeugbranche); auch: Persons approximately = ungefähre Personenanzahl.

Petty-Cash	→ Paid-out.
Porter	Gepäckträgerin, Gepäckträger, Lohndienerin, Lohndiener.
Porterage	Entgelt für Gepäcktransport.
Potenziell	Möglich, denkbar; ein potenzieller Gast ist eine Person, die zum Gast werden kann (z. B. nach einer Anfrage).
Property Management System (PMS)	Frontoffice-Software; zur Organisation der gesamten Gästebetreuung und zur Unterstützung aller die Gästebeziehungen betreffenden Aktivitäten.
Protokoll	Niederschrift von getätigten Aussagen in einer Besprechung.
Provision	Prozentuelle Beteiligung an getätigten Verkäufen; erhält das Reisebüro, wenn es als Vermittler auftritt, oder die Rezeption, wenn sie Tickets oder Sightseeing-Touren verkauft.
Public Relations – PR	Öffentlichkeitsarbeit.
Quellmarkt	Herkunftsländer jener Gästegruppen, die einen Betrieb, eine Region oder ein Land vorwiegend besuchen.
Rabatt (Diskont)	Preisnachlass.
Rackrate	Vollpreis.
Rate	Preis.
Rate Parity	Preisgleichheit für das gleiche Produkt – wichtig vor allem für Angebote im Internet.
Real Time Booking	→ Echtzeitbuchung.
Recreation	Erholung.
Registration Form	Gäste(buch)blatt.
Rekapitulation (Reka)	Hotelabrechnung, Eintragung der täglichen Ein- und Ausgaben (z. B. Zimmerpreis für jede Belegung, Restaurantrechnungen, die auf das Zimmer gebucht werden, Massagen).
Relax...	Entspannungs...
Release Date	Verfallsdatum für Kontingente.
Report	Bericht; Reports werden mit der Tagesanalyse automatisch im → Property Management System erstellt.
Reservation Manager	Für die Reservierungsabteilung verantwortlich.
Responsezeit	Zeitspanne, bis auf eine Anfrage ein Angebot übermittelt wird.
Restanten	Gäste im Haus, die noch nicht ausgecheckt haben.
Restrictions	Ganz bestimmte Buchungsbedingungen.
Retailer	Reisevermittler.
Revenue Management	→ Yield Management.
Review	Bewertung.
Room Service	Zimmer- und Etagenservice.
Rooms Division	Beherbergungsabteilung.
Sales Call	Gezielte Verkaufsaktion, um mit neuen Kunden (Reisebüros, Firmen) in Verbindung zu kommen.
Sales Manager	Verkaufsdirektorin, Verkaufsdirektor.
Sent-away	Umquartierung eines Gastes in ein adäquates Hotel.
Shiftleader	Diensthabende erste Rezeptionistin bzw. diensthabender erster Rezeptionist, für die jeweilige Schicht im Frontoffice verantwortlich.
Shuttle Service	Transportservice für Gäste, z. B. Busverbindung vom Hotel in die Stadt.
Site Inspection	Kennenlernen der Umgebung außerhalb des offiziellen Reiseprogramms zur Planung von großen Tagungen, Kongressen. Aus Site Inspections werden z. B. die Damenprogramme zusammengestellt.

Spam	Urspr.: Spam ® „(minderwertiges) Frühstücksfleisch"; heute: Flut an unerwünschten E-Mails bzw. unaufgefordert an viele Internetnutzer auf einmal versandtes E-Mail zu Werbezwecken bzw. an viele Newsgroups gleichzeitig übermittelte Nachricht mit belanglosem Inhalt.
Special Event	Besondere Veranstaltung.
Special Treatment	Besondere Betreuung, z. B. von VIPs (VIP-Treatment).
Stay-over	Gäste, die zur Zeit im Haus sind.
Stop-over	Zwischenlandung.
Tea and Coffee Making Facilities	Tee-und-Kaffee-Mise-en-Place; Wasserkocher, Teebeutel, Löskaffeebeutel, Zuckersorten, Sahne, Tassen, Löffel – auf einem Tablett im Gästezimmer bereitgestellt.
Telephone Operator (TO)	Telefonistin, Telefonist.
Tentative Reservierung	→ Optionale Reservierung.
Ticketing	Kartenbesorgung.
TIM	→ Travel Information Manual.
Timetable	Fahr- oder Flugplan.
T-MONA	Tourismus Monitor Austria – Fragebogenerhebung über den Tourismus.
Tour Operator	Reiseleiter, Reiseveranstalter.
Tourismusdestination	Geografischer Raum oder Ort, der als ein Reiseziel begriffen wird.
Transfer	Gästetransport, z. B. vom Flughafen zum Hotel.
Travel Agent	Reisevermittler, auch Reisebüroangestellte bzw. Reisebüroangestellter.
Travel Information Manual	Handbuch für Reiseinformationen.
Trolley	Transportwagen für Gepäck; Zimmerservicewagen.
Turndown Service	Abendservice: Zurückschlagen der Bettdecken, „Betthupferl", Kontrolle bzw. Reinigung des Badezimmers.
Unaccompanied Minor (UM)	Unbegleitetes Kind.
Update	Aktualisierung, auf neuesten Stand bringen.
Upgrading	Der Gast bekommt ein Zimmer in höherer Kategorie ohne Aufpreis.
Upselling	Verkauf einer hochwertigeren Zimmerkategorie als die vom Gast bestellte.
Usance	Gepflogenheit im Geschäftsverkehr.
USP	Unique Selling Proposition; einzigartige Verkaufsaussage.
Validity	Gültigkeit, z. B. von Kreditkarten oder Gutscheinen.
VIP	Very Important Person; Stammgast oder wichtige Person.
Voucher	Gutschein des Reisebüros.
Waiting List	Warteliste.
Wake-up Call	Weckruf.
Walk-in	Gast, der ohne Reservierung ein Zimmer möchte.
Walk-out	Gast verlässt das Hotel, ohne zu bezahlen (evtl. Firmenrechnung).
Wellness	Wohlbefinden, Gesundheit.
W-Fragen	Wer? Was? Wo? Wann? Wie? Warum? Das sind die sechs W-Fragen.
Wholesaler	Reiseveranstalter.
Yield Management	Ertragsmanagement, richtet sich nach Angebot und Nachfrage.
YTD	Year to Date; Bezugsgröße für den Vergleich von Kennzahlen; Hinweis, dass sich die Kennzahl auf den Zeitraum vom Jahresersten bis zum heutigen Tag bezieht.

Zimmerpreisbezeichnungen

Room Rate	Zimmerpreis.
Per Person	Pro Person.
Rack Rate, Published Rate	Vollzahlerpreis, Standardzimmerpreis.
Minimum Rate	Mindestzimmerpreis.
Moderate Rate	Mittlerer Zimmerpreis.
Maximum Rate	Höchster Zimmerpreis.
Company Rate, Corporate Rate	Firmenpreis.
Complimentary	Kostenlose Zimmernutzung eines Gastes (z. B. Einladung der Direktorin bzw. des Direktors).
Confidential Rate	Zimmerpreis, der nicht veröffentlicht wird; nur in besonderen Fällen gewährt.
Group Rate	Preis für Gruppen.
Package Rate	Ein Leistungspaket (Package) ist im Preis inbegriffen.
Discounted Rate	Preis mit gewährtem Nachlass.
Negotiated Rate, Wholesale Rate	Preis für Reisebüros, Konsortien und große Firmen; die Bezeichnung variiert je nach Verwendung und Vertriebspartner.
Promotional Rate, Special Rate	Sonderpreis für bestimmte Anlässe.
Last-Minute-Rate	Besonders günstiger Preis für Gäste, die sehr kurzfristig buchen.

Platz für weitere Fachbegriffe

Arbeitsaufgaben

1. Welche Fachbegriffe passen auf diese Statements?

- ... bekommt das Reisebüro, wenn es als Vermittler auftritt (z. B. Gast bucht über das Reisebüro ein Hotelzimmer).
- Passanten, Buchung ohne vorherige Reservierung.
- ... bekommt das Reisebüro, wenn es als Veranstalter auftritt (z. B. Gruppenreise).
- Hotelabrechnung, Eintragung der täglichen Ein- und Ausgaben (z. B. Zimmerpreis für jede Belegung, Restaurantrechnungen, die auf das Zimmer gebucht werden, Massagen).
- Der Gast hat gebucht, ist aber ohne Stornierung nicht eingetroffen.
- Anruf nach einem unbeantwortet gebliebenen Angebot beim Gast.
- Gäste aus dem Ausland buchen im Hotel.
- Ein einzigartiges Verkaufsargument.
- Leistungspaket.
- Eine Familie aus Villach bucht einen Urlaub in Griechenland.
- Bestimmte Anzahl vorreservierter Zimmer oder Plätze.
- Aktualisieren, auf den neuesten Stand bringen.
- Eine Firma belohnt ihre Mitarbeiterinnen und Mitarbeiter mit einem Hotelaufenthalt oder einer Reise.
- Gebühr der Kreditkarten- oder Bankomatkartenabrechnung.

2. Lesen Sie folgende Texte und erklären Sie die Fachbegriffe bzw. setzen Sie die geeigneten Fachbegriffe ein:

	=	Nicht weniger als acht Prozent des Hotelbuchungsumsatzes gehen in der Ferienhotellerie durch **No-Show** verloren.
	=	Alle Aktivitäten im Haus, wie das **Check-in,** das **Check-out** und die **Fakturierung,** laufen an der Rezeption zusammen.
	=	Zu den Tätigkeiten einer Rezeption gehören das laufende Bearbeiten einer **Agenda** sowie der **Rekapitulation.**
Wenn Sie Ihre Wertsachen im Hoteltresor aufbewahren, erhalten Sie eine **Bestätigung.**	=	
Die **Bewirtung von Gästen** außer Haus bei diversen Festveranstaltungen steigert den Umsatz.	=	
Reisebüros erhalten für ihre **Vermittler-** oder **Veranstaltertätigkeit** eine **Vergütung**.	=	
Als PS verfassen wir immer eine **einzigartige Werbeaussage.**	=	
In der Stadthotellerie finden die meisten Buchungen als **Walk-in** statt.	=	
Die **Hausdamenabteilung** arbeitet bei **Veranstaltungen** eng mit dem **Empfang** zusammen.	=	

Internetadressen

Jobs	
http://www.hoteljob-international.de	Österreich – England
http://www.rollingpin.at	Nr. 1 Jobvermittlung national – international
http://www.gastrojobs.at	Jobvermittlung national
Hotels	
http://www.tiscover.at	Hotels in Österreich
http://www.tiscover.com	Schweiz, Liechtenstein, Deutschland, Österreich
http://www.lhw.com	Führende Hotels weltweit (*****)
http://www.designhotels.com	Designerhotels
http://www.ichotelsgroup.com	Intercontinental, Holiday Inn
http://www.hotelnet.com	Hotelfinder
http://www.nethotels.com	Hotelfinder
http://www.roomquest.com	Hotelfinder
http://www.hrs.com	Hotelfinder
http://www.hotelguide.com	Hotelfinder
http://www.spg.com	Clubseite: Starwood preferred guests
http://www.hotelverband.at	Wirtschaftskammer, Hotellerie
Schulen	
http://www.gastgewerbe.at	Berufsschule für Gastgewerbe Wien
http://www.lbs-aigen.ac.at	Landesberufsschule für Tourismus Aigen im Ennstal
http://www.tbs-oberwollanig.at	Fachberufsschule für Tourismus Oberwollanig
http://lbswaldegg.ac.at/schule	Landesberufsschule für Tourismus Waldegg
http://www.tfbs-landeck.tsn.at	Tiroler Fachberufsschule für Tourismus und Handel Landeck
http://tfbs.develotec.com	Tiroler Fachberufsschule für Tourismus Absam
http://www.lbs-obertrum.salzburg.at	Landesberufsschule Obertrum für die Lehrberufe des Hotel- und Gastgewerbes
http://www.lbs-lochau.at	Landesberufsschule Lochau
http://www.diehotellerie.at	Themenhefte für die Lehrabschlussprüfung (LAP)
Verkehr	
http://www.oebb.at	Österreichische Bundesbahnen
http://www.westbahn.at	WESTbahn
http://www.flughafen.at	Österreichische Flughäfen
http://www.austrian.com	Austrian Airlines
Sonstiges	
http://www.wetter.at	Wettervorhersagen Österreich
http://www.wetter.com	Wettervorhersagen international
http://zmr.bmi.gv.at	Zentrales Melderegister
http://www.herold.at	Elektronisches Telefonbuch
http://www.austria-tourism.at	Österreich Werbung
http://www.bmwfj.gv.at	Bundesministerium für Wirtschaft, Familie und Jugend, Tourismus
http://www.help.gv.at	Wegweiser durch die Ämter in Österreich
http://www.post.at	Österreichische Post

Stichwortverzeichnis

A

B

C

D

E

F

ALLGEMEINE GESCHÄFTSBEDINGUNGEN FÜR DIE HOTELLERIE 2006

(AGBH 2006)

Fassung vom **15.11.2006**

Inhaltsübersicht

1

§ 1 Geltungsbereich

1.1 Diese Allgemeinen Geschäftsbedingungen für die Hotellerie (im Folgenden „AGBH 2006“) ersetzen die bisherigen ÖHVB in der Fassung vom 23. September 1981.

1.2 Die AGBH 2006 schließen Sondervereinbarungen nicht aus. Die AGBH 2006 sind gegenüber im Einzelnen getroffenen Vereinbarungen subsidiär.

§ 2 Begriffsdefinitionen

2.1 Begriffsdefinitionen:

„Beherberger“: Ist eine natürliche oder juristische Person, die Gäste gegen Entgelt beherbergt.

„Gast“: Ist eine natürliche Person, die Beherbergung in Anspruch nimmt. Der Gast ist in der Regel zugleich Vertragspartner. Als Gast gelten auch jene Personen, die mit dem Vertragspartner anreisen (zB Familienmitglieder, Freunde etc).

„Vertragspartner“: Ist eine natürliche oder juristische Person des In- oder Auslandes, die als Gast oder für einen Gast einen Beherbergungsvertrag abschließt.

„Konsument“ und „Unternehmer“: Die Begriffe sind im Sinne des Konsumentenschutzgesetzes 1979 idgF zu verstehen.

„Beherbergungsvertrag“: Ist der zwischen dem Beherberger und dem Vertragspartner abgeschlossene Vertrag, dessen Inhalt in der Folge näher geregelt wird.

2

§ 3 Vertragsabschluss – Anzahlung

3.1 Der Beherbergungsvertrag kommt durch die Annahme der Bestellung des Vertragspartners durch den Beherberger zustande. Elektronische Erklärungen gelten als zugegangen, wenn die Partei, für die sie bestimmt sind, diese unter gewöhnlichen Umständen abrufen kann, und der Zugang zu den bekannt gegebenen Geschäftszeiten des Beherbergers erfolgt.

3.2 Der Beherberger ist berechtigt, den Beherbergungsvertrag unter der Bedingung abzuschließen, dass der Vertragspartner eine Anzahlung leistet. In diesem Fall ist der Beherberger verpflichtet, vor der Annahme der schriftlichen oder mündlichen Bestellung des Vertragspartners, den Vertragspartner auf die geforderte Anzahlung hinzuweisen. Erklärt sich der Vertragspartner mit der Anzahlung (schriftlich oder mündlich) einverstanden, kommt der Beherbergungsvertrag mit Zugang der Einverständniserklärung über die Bezahlung der Anzahlung des Vertragspartners beim Beherberger zustande.

3.3 Der Vertragspartner ist verpflichtet, die Anzahlung spätestens 7 Tage (einlangend) vor der Beherbergung zu bezahlen. Die Kosten für die Geldtransaktion (zB Überweisungsspesen) trägt der Vertragspartner. Für Kredit- und Debitkarten gelten die jeweiligen Bedingungen der Kartenunternehmen.

3.4 Die Anzahlung ist eine Teilzahlung auf das vereinbarte Entgelt.

§ 4 Beginn und Ende der Beherbergung

4.1 Der Vertragspartner hat das Recht, so der Beherberger keine andere Bezugszeit anbietet, die gemieteten Räume ab 16.00 Uhr des vereinbarten Tages („Ankunftstag") zu beziehen.

4.2 Wird ein Zimmer erstmalig vor 6.00 Uhr Früh in Anspruch genommen, so zählt die vorhergegangene Nacht als erste Übernachtung.

4.3 Die gemieteten Räume sind durch den Vertragspartner am Tag der Abreise bis 12.00 Uhr freizumachen. Der Beherberger ist berechtigt, einen weiteren Tag in Rechnung zu stellen, wenn die gemieteten Räume nicht fristgerecht freigemacht sind.

3

§ 5 Rücktritt vom Beherbergungsvertrag – Stornogebühr

Rücktritt durch den Beherberger

5.1 Sieht der Beherbergungsvertrag eine Anzahlung vor und wurde die Anzahlung vom Vertragspartner nicht fristgerecht geleistet, kann der Beherberger ohne Nachfrist vom Beherbergungsvertrag zurücktreten.

5.2 Falls der Gast bis 18.00 Uhr des vereinbarten Ankunftstages nicht erscheint, besteht keine Beherbergungspflicht, es sei denn, dass ein späterer Ankunftszeitpunkt vereinbart wurde.

5.3 Hat der Vertragspartner eine Anzahlung (siehe 3.3) geleistet, so bleiben dagegen die Räumlichkeiten bis spätestens 12.00 Uhr des dem vereinbarten Ankunftstages folgenden Tag reserviert. Bei Vorauszahlung von mehr als vier Tagen, endet die Beherbergungspflicht ab 18 Uhr des vierten Tages, wobei der Ankunftstag als erster Tag gerechnet wird, es sei denn, der Gast gibt einen späteren Ankunftstag bekannt.

5.4 Bis spätestens 3 Monate vor dem vereinbarten Ankunftstag des Vertragspartners kann der Beherbergungsvertrag durch den Beherberger, aus sachlich gerechtfertigten Gründen, es sei denn, es wurde etwas anderes vereinbart, durch einseitige Erklärung aufgelöst werden.

Rücktritt durch den Vertragspartner – Stornogebühr

5.5 Bis spätestens 3 Monate vor dem vereinbarten Ankunftstag des Gastes kann der Beherbergungsvertrag ohne Entrichtung einer Stornogebühr durch einseitige Erklärung durch den Vertragspartner aufgelöst werden.

5.6 Außerhalb des im § 5.5. festgelegten Zeitraums ist ein Rücktritt durch einseitige Erklärung des Vertragspartners nur unter Entrichtung folgender Stornogebühren möglich:

- bis 1 Monat vor dem Ankunftstag 40 % vom gesamten Arrangementpreis;

- bis 1 Woche vor dem Ankunftstag 70 % vom gesamten Arrangementpreis;

- in der letzten Woche vor dem Ankunftstag 90 % vom gesamten Arrangementpreis.

4

bis 3 Monate	3 Monate bis 1 Monat	1 Monat bis 1 Woche	In der letzten Woche
keine Stornogebühren	40 %	70 %	90 %

Behinderungen der Anreise

5.7 Kann der Vertragspartner am Tag der Anreise nicht im Beherbergungsbetrieb erscheinen, weil durch unvorhersehbare außergewöhnliche Umstände (zB extremer Schneefall, Hochwasser etc) sämtliche Anreisemöglichkeiten unmöglich sind, ist der Vertragspartner nicht verpflichtet, das vereinbarte Entgelt für die Tage der Anreise zu bezahlen.

5.8 Die Entgeltzahlungspflicht für den gebuchten Aufenthalt lebt ab Anreisemöglichkeit wieder auf, wenn die Anreise innerhalb von drei Tagen wieder möglich wird.

§ 6 Beistellung einer Ersatzunterkunft

6.1 Der Beherberger kann dem Vertragspartner bzw den Gästen eine adäquate Ersatzunterkunft (gleicher Qualität) zur Verfügung stellen, wenn dies dem Vertragspartner zumutbar ist, besonders wenn die Abweichung geringfügig und sachlich gerechtfertigt ist.

6.2 Eine sachliche Rechtfertigung ist beispielsweise dann gegeben, wenn der Raum (die Räume) unbenutzbar geworden ist (sind), bereits einquartierte Gäste ihren Aufenthalt verlängern, eine Überbuchung vorliegt oder sonstige wichtige betriebliche Maßnahmen diesen Schritt bedingen.

6.3 Allfällige Mehraufwendungen für das Ersatzquartier gehen auf Kosten des Beherbergers.

§ 7 Rechte des Vertragspartners

7.1 Durch den Abschluss eines Beherbergungsvertrages erwirbt der Vertragspartner das Recht auf den üblichen Gebrauch der gemieteten Räume, der Einrichtungen des Beherbergungsbetriebes, die üblicher Weise und ohne besondere Bedingungen den Gästen zur Benützung zugänglich sind, und auf die übliche Bedienung. Der Vertragspartner hat seine Rechte gemäß allfälligen Hotel- und/oder Gästerichtlinien (Hausordnung) auszuüben.

5

§ 8 Pflichten des Vertragspartners

8.1 Der Vertragspartner ist verpflichtet, spätestens zum Zeitpunkt der Abreise das vereinbarte Entgelt zuzüglich etwaiger Mehrbeträge, die auf Grund gesonderter Leistungsinanspruchnahme durch ihn und/oder die ihn begleitenden Gästen entstanden sind zuzüglich gesetzlicher Umsatzsteuer zu bezahlen.

8.2 Der Beherberger ist nicht verpflichtet, Fremdwährungen zu akzeptieren. Akzeptiert der Beherberger Fremdwährungen, werden diese nach Tunlichkeit zum Tageskurs in Zahlung genommen. Sollte der Beherberger Fremdwährungen oder bargeldlose Zahlungsmittel akzeptieren, so trägt der Vertragspartner alle damit zusammenhängenden Kosten, etwa Erkundigungen bei Kreditkartenunternehmungen, Telegramme, usw.

8.3 Der Vertragspartner haftet dem Beherberger gegenüber für jeden Schaden, den er oder der Gast oder sonstige Personen, die mit Wissen oder Willen des Vertragspartners Leistungen des Beherbergers entgegennehmen, verursachen.

§ 9 Rechte des Beherbergers

9.1 Verweigert der Vertragspartner die Bezahlung des bedungenen Entgelts oder ist er damit im Rückstand, so steht dem Beherberger das gesetzliche Zurückbehaltungsrecht gemäß § 970c ABGB sowie das gesetzliche Pfandrecht gem § 1101 ABGB an den vom Vertragspartner bzw dem vom Gast eingebrachten Sachen zu. Dieses Zurückbehaltungs- oder Pfandrecht steht dem Beherberger weiters zur Sicherung seiner Forderung aus dem Beherbergungsvertrag, insbesondere für Verpflegung, sonstiger Auslagen, die für den Vertragspartner gemacht wurden und für allfällige Ersatzansprüche jeglicher Art zu.

9.2 Wird das Service im Zimmer des Vertragspartners oder zu außergewöhnlichen Tageszeiten (nach 20,00 Uhr und vor 6,00 Uhr) verlangt, so ist der Beherberger berechtigt, dafür ein Sonderentgelt zu verlangen. Dieses Sonderentgelt ist jedoch auf der Zimmerpreistafel auszuzeichnen. Der Beherberger kann diese Leistungen aus betrieblichen Gründen auch ablehnen.

9.3 Dem Beherberger steht das Recht auf jederzeitige Abrechnung bzw Zwischenabrechnung seiner Leistung zu.

6

§ 10 Pflichten des Beherbergers

10.1 Der Beherberger ist verpflichtet, die vereinbarten Leistungen in einem seinem Standard entsprechenden Umfang zu erbringen.

10.2 Auszeichnungspflichtige Sonderleistungen des Beherbergers, die nicht im Beherbergungsentgelt inbegriffen sind, sind beispielhaft:

a) Sonderleistungen der Beherbergung, die gesondert in Rechnung gestellt werden können, wie die Bereitstellung von Salons, Sauna, Hallenbad, Schwimmbad, Solarium, Garagierung usw;
b) für die Bereitstellung von Zusatz- bzw Kinderbetten wird ein ermäßigter Preis berechnet.

§ 11 Haftung des Beherbergers für Schäden an eingebrachten Sachen

11.1 Der Beherberger haftet gemäß §§ 970 ff ABGB für die vom Vertragspartner eingebrachten Sachen. Die Haftung des Beherbergers ist nur dann gegeben, wenn die Sachen dem Beherberger oder den vom Beherberger befugten Leuten übergeben oder an einen von diesen angewiesenen oder hiezu bestimmten Ort gebracht worden sind. Sofern dem Beherberger der Beweis nicht gelingt, haftet der Beherberger für sein eigenes Verschulden oder das Verschulden seiner Leute sowie der aus- und eingehende Personen. Der Beherberger haftet gemäß § 970 Abs 1 ABGB höchstens bis zu dem im Bundesgesetz vom 16. November 1921 über die Haftung der Gastwirte und anderer Unternehmer in der jeweils geltenden Fassung festgesetzten Betrag. Kommt der Vertragspartner oder der Gast der Aufforderung des Beherbergers, seine Sachen an einem besonderen Aufbewahrungsort zu hinterlegen nicht unverzüglich nach, ist der Beherberger aus jeglicher Haftung befreit. Die Höhe einer allfälligen Haftung des Beherbergers ist maximal mit der Haftpflichtversicherungssumme des jeweiligen Beherbergers begrenzt. Ein Verschulden des Vertragspartners oder Gastes ist zu berücksichtigen.

11.2 Die Haftung des Beherbergers ist für leichte Fahrlässigkeit ausgeschlossen. Ist der Vertragspartner ein Unternehmer wird die Haftung auch für grobe Fahrlässigkeit ausgeschlossen. In diesem Fall trägt der Vertragspartner die Beweislast für das Vorliegen des Verschuldens. Folgeschäden oder indirekte Schäden sowie entgangene Gewinne werden keinesfalls ersetzt.

11.3 Für Kostbarkeiten, Geld und Wertpapiere haftet der Beherberger nur bis zum Betrag von derzeit € 550,--. Der Beherberger haftet für einen darüber hinausgehenden Schaden nur in dem Fall, dass er diese Sachen in Kenntnis ihrer Beschaffenheit zur Aufbewahrung übernommen hat oder in dem Fall, dass der Schaden von ihm selbst oder einen seiner Leute verschuldet wurde. Die Haftungsbeschränkung gemäß 12.1 und 12.2 gilt singemäß.

7

11.4 Die Verwahrung von Kostbarkeiten, Geld und Wertpapieren kann der Beherberger ablehnen, wenn es sich um wesentlich wertvollere Gegenstände handelt, als Gäste des betreffenden Beherbergungsbetriebes gewöhnlich in Verwahrung geben.

11.5 In jedem Fall der übernommenen Aufbewahrung ist die Haftung ausgeschlossen, wenn der Vertragspartner und/oder Gast den eingetretenen Schaden ab Kenntnis nicht unverzüglich dem Beherberger anzeigt. Überdies sind diese Ansprüche innerhalb von drei Jahren ab Kenntnis oder möglicher Kenntnis durch den Vertragspartner bzw Gast gerichtlich geltend zu machen; sonst ist das Recht erloschen.

§ 12 Haftungsbeschränkungen

12.1 Ist der Vertragspartner ein Konsument, wird die Haftung des Beherbergers für leichte Fahrlässigkeit, mit Ausnahme von Personenschäden, ausgeschlossen.

12.2Ist der Vertragspartner ein Unternehmer, wird die Haftung des Beherbergers für leichte und grobe Fahrlässigkeit ausgeschlossen. In diesem Fall trägt der Vertragspartner die Beweislast für das Vorliegen des Verschuldens. Folgeschäden, immaterielle Schäden oder indirekte Schäden sowie entgangene Gewinne werden nicht ersetzt. Der zu ersetzende Schaden findet in jedem Fall seine Grenze in der Höhe des Vertrauensinteresses.

§ 13 Tierhaltung

13.1 Tiere dürfen nur nach vorheriger Zustimmung des Beherbergers und allenfalls gegen eine besondere Vergütung in den Beherbergungsbetrieb gebracht werden.

13.2 Der Vertragspartner, der ein Tier mitnimmt, ist verpflichtet, dieses Tier während seines Aufenthaltes ordnungsgemäß zu verwahren bzw zu beaufsichtigen oder dieses auf seine Kosten durch geeignete Dritte verwahren bzw beaufsichtigen zu lassen.

13.3 Der Vertragspartner bzw Gast, der ein Tier mitnimmt, hat über eine entsprechende Tier-Haftpflichtversicherung bzw eine Privat-Haftpflichtversicherung, die auch mögliche durch Tiere verursachte Schäden deckt, zu verfügen. Der Nachweis der entsprechenden Versicherung ist über Aufforderung des Beherbergers zu erbringen.

8

13.4 Der Vertragspartner bzw sein Versicherer haften dem Beherberger gegenüber zur ungeteilten Hand für den Schaden, den mitgebrachte Tiere anrichten. Der Schaden umfasst insbesondere auch jene Ersatzleistungen des Beherbergers, die der Beherberger gegenüber Dritten zu erbringen hat.

13.5 In den Salons, Gesellschafts-, Restauranträumen und Wellnessbereichen dürfen sich Tiere nicht aufhalten.

§ 14 Verlängerung der Beherbergung

14.1 Der Vertragspartner hat keinen Anspruch darauf, dass sein Aufenthalt verlängert wird. Kündigt der Vertragspartner seinen Wunsch auf Verlängerung des Aufenthalts rechtzeitig an, so kann der Beherberger der Verlängerung des Beherbergungsvertrages zustimmen. Den Beherberger trifft dazu keine Verpflichtung.

14.2 Kann der Vertragspartner am Tag der Abreise den Beherbergungsbetrieb nicht verlassen, weil durch unvorhersehbare außergewöhnliche Umstände (zB extremer Schneefall, Hochwasser etc) sämtliche Abreisemöglichkeiten gesperrt oder nicht benutzbar sind, so wird der Beherbergungsvertrag für die Dauer der Unmöglichkeit der Abreise automatisch verlängert. Eine Reduktion des Entgelts für diese Zeit ist allenfalls nur dann möglich, wenn der Vertragspartner die angebotenen Leistungen des Beherbergungsbetriebes infolge der außergewöhnlichen Witterungsverhältnisse nicht zur Gänze nutzen kann. Der Beherberger ist berechtigt mindestens jenes Entgelt zu begehren, das dem gewöhnlich verrechneten Preis in der Nebensaison entspricht.

§ 15 Beendigung des Beherbergungsvertrages – Vorzeitige Auflösung

15.1 Wurde der Beherbergungsvertrag auf bestimmte Zeit abgeschlossen, so endet er mit Zeitablauf.

15.2 Reist der Vertragspartner vorzeitig ab, so ist der Beherberger berechtigt, das volle vereinbarte Entgelt zu verlangen. Der Beherberger wird in Abzug bringen, was er sich infolge der Nichtinanspruchnahme seines Leistungsangebots erspart oder was er durch anderweitige Vermietung der bestellten Räume erhalten hat. Eine Ersparnis liegt nur dann vor, wenn der Beherbergungsbetrieb im Zeitpunkt der Nichtinanspruchnahme der vom Gast bestellten Räumlichkeiten vollständig ausgelastet ist und die Räumlichkeit auf Grund der Stornierung des Vertragspartners an weitere Gäste vermietet werden kann. Die Beweislast der Ersparnis trägt der Vertragspartner.

15.3 Durch den Tod eines Gastes endet der Vertrag mit dem Beherberger.

9

15.4 Wurde der Beherbergungsvertrag auf unbestimmte Zeit abgeschlossen, so können die Vertragsparteien den Vertrag, bis 10.00 Uhr des dritten Tages vor dem beabsichtigten Vertragsende, auflösen.

15.5 Der Beherberger ist berechtigt, den Beherbergungsvertrag mit sofortiger Wirkung aus wichtigem Grund aufzulösen, insbesondere wenn der Vertragspartner bzw der Gast

a) von den Räumlichkeiten einen erheblich nachteiligen Gebrauch macht oder durch sein rücksichtsloses, anstößiges oder sonst grob ungehöriges Verhalten den übrigen Gästen, dem Eigentümer, dessen Leute oder den im Beherbergungsbetrieb wohnenden Dritten gegenüber das Zusammenwohnen verleidet oder sich gegenüber diesen Personen einer mit Strafe bedrohten Handlung gegen das Eigentum, die Sittlichkeit oder die körperliche Sicherheit schuldig macht;
b) von einer ansteckenden Krankheit oder eine Krankheit, die über die Beherbergungsdauer hinausgeht, befallen wird oder sonst pflegedürftig wird;
c) die vorgelegten Rechnungen bei Fälligkeit innerhalb einer zumutbar gesetzten Frist (3 Tage) nicht bezahlt.

15.6 Wenn die Vertragserfüllung durch ein als höhere Gewalt zu wertendes Ereignis (zB Elementarereignisse, Streik, Aussperrung, behördliche Verfügungen etc) unmöglich wird, kann der Beherberger den Beherbergungsvertrag jederzeit ohne Einhaltung einer Kündigungsfrist auflösen, sofern der Vertrag nicht bereits nach dem Gesetz als aufgelöst gilt, oder der Beherberger von seiner Beherbergungspflicht befreit ist. Etwaige Ansprüche auf Schadenersatz etc des Vertragspartners sind ausgeschlossen.

§ 16 Erkrankung oder Tod des Gastes

16.1 Erkrankt ein Gast während seines Aufenthaltes im Beherbergungsbetrieb, so wird der Beherberger über Wunsch des Gastes für ärztliche Betreuung sorgen. Ist Gefahr in Verzug, wird der Beherberger die ärztliche Betreuung auch ohne besonderen Wunsch des Gastes veranlassen, dies insbesondere dann, wenn dies notwendig ist und der Gast hiezu selbst nicht in der Lage ist.

16.2 Solange der Gast nicht in der Lage ist, Entscheidungen zu treffen oder die Angehörigen des Gastes nicht kontaktiert werden können, wird der Beherberger auf Kosten des Gasten für ärztliche Behandlung sorgen. Der Umfang dieser Sorgemaßnahmen endet jedoch in dem Zeitpunkt, in dem der Gast Entscheidungen treffen kann oder die Angehörigen vom Krankheitsfall benachrichtigt worden sind.

10

16.3 Der Beherberger hat gegenüber dem Vertragspartner und dem Gast oder bei Todesfall gegen deren Rechtsnachfolger insbesondere für folgende Kosten Ersatzansprüche:

a) offene Arztkosten, Kosten für Krankentransport, Medikamente und Heilbehelfe
b) notwendig gewordene Raumdesinfektion,
c) unbrauchbar gewordene Wäsche, Bettwäsche und Betteinrichtung, anderenfalls für die Desinfektion oder gründliche Reinigung all dieser Gegenstände,
d) Wiederherstellung von Wänden, Einrichtungsgegenständen, Teppichen usw, soweit diese im Zusammenhang mit der Erkrankung oder den Todesfall verunreinigt oder beschädigt wurden,
e) Zimmermiete, soweit die Räumlichkeit vom Gast in Anspruch genommen wurde, zuzüglich allfälliger Tage der Unverwendbarkeit der Räume wegen Desinfektion, Räumung o. ä,
f) allfällige sonstige Schäden, die dem Beherberger entstehen.

§ 17 Erfüllungsort, Gerichtsstand und Rechtswahl

17.1 Erfüllungsort ist der Ort, an dem der Beherbergungsbetrieb gelegen ist.

17.2 Dieser Vertrag unterliegt österreichischem formellen und materiellen Recht unter Ausschluss der Regeln des Internationalen Privatrechts (insb IPRG und EVÜ) sowie UN-Kaufrecht.

17.3 Ausschließlicher Gerichtsstand ist im zweiseitigen Unternehmergeschäft der Sitz des Beherbergers, wobei der Beherberger überdies berechtigt ist, seine Rechte auch bei jedem anderem örtlichem und sachlich zuständigem Gericht geltend zu machen.

17.4 Wurde der Beherbergungsvertrag mit einem Vertragspartner, der Verbraucher ist und seinen Wohnsitz bzw gewöhnlichen Aufenthalt in Österreich hat, geschlossen, können Klagen gegen den Verbraucher ausschließlich am Wohnsitz, am gewöhnlichen Aufenthaltsort oder am Beschäftigungsort des Verbrauchers eingebracht werden.

17.5 Wurde der Beherbergungsvertrag mit einem Vertragspartner, der Verbraucher ist und seinen Wohnsitz in einem Mitgliedsstaat der Europäischen Union (mit Ausnahme Österreichs), Island, Norwegen oder der Schweiz, hat, ist das für den Wohnsitz des Verbrauchers für Klagen gegen den Verbraucher örtlich und sachlich zuständige Gericht ausschließlich zuständig.

§ 18 Sonstiges

18.1 Sofern die obigen Bestimmungen nichts Besonderes vorsehen, beginnt der Lauf einer Frist mit Zustellung des die Frist anordnenden Schriftstückes an die Vertragspartner, welche die Frist zu wahren hat. Bei Berechnung einer Frist, welche nach Tagen bestimmt ist, wird der Tag nicht mitgerechnet, in welchen der Zeitpunkt oder die Ereignung fällt, nach der sich der Anfang der Frist richten soll. Nach Wochen oder Monaten bestimmte Fristen beziehen sich auf denjenigen Tage der Woche oder des Monates, welcher durch seine Benennung oder Zahl dem Tage entspricht, von welchem die Frist zu zählen ist. Fehlt dieser Tag in dem Monat, ist der in diesem Monat letzte Tag maßgeblich.

18.2 Erklärungen müssen dem jeweils anderen Vertragspartner am letzten Tag der Frist (24 Uhr) zugegangen sein.

18.3 Der Beherberger ist berechtigt, gegen Forderung des Vertragspartners mit eigenen Forderungen aufzurechnen. Der Vertragspartner ist nicht berechtigt mit eigenen Forderungen gegen Forderungen des Beherbergers aufzurechnen, es sei denn, der Beherberger ist zahlungsunfähig oder die Forderung des Vertragspartners ist gerichtlich festgestellt oder vom Beherberger anerkannt.

18.4 Im Falle von Regelungslücken gelten die entsprechenden gesetzlichen Bestimmungen.

KOOPERATIONSABKOMMEN

über die Vermittlung von Unterkunft und Verpflegung des Fachverbandes Hotellerie mit dem Fachverband der Reisebüros

INHALTSVERZEICHNIS

Eigentümer, Herausgeber und Verleger: Fachverband Hotellerie, verantwortlich Mag.Gregor Herzog; Fachverband der Reisebüros, verantwortlich Dr. Thomas Wolf, alle Wirtschaftskammer Österreich, 1045 Wien, Wiedner Hauptstraße 63.

KOOPERATIONSABKOMMEN

über die Vermittlung von Unterkunft und Verpflegung des Fachverbandes Hotellerie mit dem Fachverband der Reisebüros

Kooperationsabkommen

über die Vermittlung von Unterkunft und Verpflegung des Fachverbandes Hotellerie mit dem Fachverband der Reisebüros.

Der Fachverband Hotellerie und der Fachverband der Reisebüros empfehlen ihren Mitgliedern die Beachtung und Einhaltung der nachfolgend angeführten Bestimmungen dieses Kooperationsabkommens. Es kommt dann zur Anwendung, wenn zwischen dem Beherbergungsbetrieb einerseits und dem Reiseunternehmer andererseits kein Einzelvertrag abgeschlossen wurde.

Dieses Abkommen kommt ferner als Ergänzung für alle in einem Einzelvertrag nicht geregelten Bestimmungen zur Anwendung.

Besorgungsleistung

Eine Besorgung liegt vor, wenn das Reiseunternehmen eine Buchung in eigenem Namen bei seinen Vertragspartnern (Beherbergungsbetrieb usw.) tätigt und seinen Kunden selbst wieder eine eigene Rechnung legt. Bei Besorgungsleistungen wird ein Rabatt gewährt.

Vermittlungstätigkeit

Tritt ein Reiseunternehmen bei der Beschaffung von Leistungen für seine Kunden in fremdem Namen und für fremde Rechnung auf, so liegt eine Vermittlung vor. Bei Vermittlung von Leistungen wird eine Provision gezahlt.

§ 1 DIE RESERVIERUNG

1. Vereinbarungen über die gewerbsmäßige Besorgung bzw. Vermittlung von Unterkunft und Verpflegung dürfen nur von Mitgliedern des Fachverbandes Hotellerie mit Mitgliedern des Fachverbandes der Reisebüros getroffen werden. (Im nachfolgenden kurz als Beherbergungsbetrieb(e), Reiseunternehmen bezeichnet).
2. Jeder Reservierungsauftrag an den Beherbergungsbetrieb muss den Leistungsumfang, den Bruttopreis der bestellten Leistung sowie die Provisionshöhe enthalten. Das Reiseunternehmen garantiert die Zahlung der vereinbarten Leistungen im Rahmen dieses Kooperationsabkommen.
3. Jeder erfolgte Reservierungsauftrag muss vom Beherbergungsbetrieb schriftlich bestätigt werden (Brief, Telegramm, Fernschreiben, Telefax, Computer usw.) und muss sich ausdrücklich auf den Reservierungsauftrag beziehen, den Leistungsumfang

3

sowie den Bruttopreis und den Provisionssatz angeben. Besteht ein Rahmenvertrag, so genügt der Hinweis auf diesen. Die Reservierungsbestätigung vom Beherbergungsbetrieb muss unmittelbar, spätestens jedoch innerhalb von drei Tagen nach Erhalt des Reservierungsauftrages erfolgen.

§ 2 VORAUSZAHLUNG

Der Beherbergungsbetrieb kann die Bestätigung eines Reservierungsauftrages von der Vorauszahlung abhängig machen. Diese Vorauszahlung hat immer den Charakter einer Sicherheitsleistung.

Wenn der Beherbergungsbetrieb eine Vorauszahlung verlangt hat, wird der Abschluß des Beherbergungsvertrages erst dann rechtsgültig, wenn die Zahlung zum vereinbarten Termin beim Beherbergungsbetrieb eingelangt ist (Bringschuld). Der Beherbergungsbetrieb räumt damit dem Reiseunternehmen eine Option für die Reservierung ein.

§ 3 GUTSCHEIN (VOUCHER)

Der Hotelgutschein regelt den Leistungsanspruch des Gastes gegenüber dem Hotelier und muss mit dem vorangegangenen Reservierungsauftrag übereinstimmen. Für das Reiseunternehmen stellt dieser eine Zahlungsverpflichtung dar, der es gemäß den vertraglichen Bestimmungen nachzukommen hat. Ausnahme siehe Z 4.

1. Hotelgutschein
   Der Hotelgutschein muss die Anzahl der Personen, den Zimmerstandard, die Zimmeraufteilung, die Art der Verpflegung sowie die Ankunfts- und Abreisedaten enthalten.

2. Hotelgutschein - Fullkredit
   Ein solcher Hotelgutschein berechtigt den Gast für die Dauer seines Aufenthaltes laut Gutschein zur unbegrenzten Inanspruchnahme aller Beherbergungsleistungen, die für das Reiseunternehmen die Zahlungsverpflichtung gegenüber dem Beherbergungsbetrieb übernommen hat. Der Beherbergungsbetrieb muss dem Reiseunternehmen die vom Kunden unterschriebenen Rechnungen zu Bruttopreisen über konsumierte Leistungen zur Verfügung stellen (ohne Zuschlag und Provision). Es genügt auch eine Zusammenstellung, die aber gleichfalls vom Kunden zu unterfertigen ist.

3. Reservierungsgutschein
   Für den Fall, dass die Bezahlung durch den Gast erfolgen soll, muss dies auf dem Hotelgutschein deutlich ersichtlich gemacht werden.

4. Fremdgutschein
   (Gutschein vom nicht bestellenden Reisebürounternehmen). Der Beherbergungsbetrieb hat die Rechnung an das inländische Reiseunternehmen unter Anschluß des Fremdgutscheines über die vereinbarten Leistungen zu richten.

4

§ 4 BEZAHLUNG AN DEN BEHERBERGUNGSBETRIEB

1. Die Bruttopreise, die der Beherbergungsbetrieb für seine im Hotelvertrag enthaltenen Leistungen vom Reiseunternehmen fordert, dürfen keineswegs höher als die im Hoteltarif für Direktkunden angegebenen Preise liegen, gleichgültig ob die Rechnung vom Reiseunternehmen oder vom Reisenden direkt bezahlt wird. Hat der Beherbergungsbetrieb dem Reiseunternehmen Sonderpreise eingeräumt, so hat er sich bei der Rechnungslegung an diese vereinbarten Preise zu halten.

2. Der Beherbergungsbetrieb ist verpflichtet, die vereinbarten Preise einzuhalten. Im Fall einer Preisänderung dürfen die neuen Preise erst nach Ablauf einer Frist von 30 Tagen nach Ankündigung angewendet werden. Derartige Preisänderungen sind jedoch ohne Wirksamkeit auf die vom Beherbergungsbetrieb bereits bestätigten Reservierungen bzw. Rahmenbedingungen.

3. Die vom Reiseunternehmen zu bezahlenden Leistungen sind jene, die in dem an den Beherbergungsbetrieb gerichteten Reservierugnsauftrag enthalten sind bzw. wie sie im Hotelgutschein festgelegt wurden.
   a) Außer im Fall einer Vereinbarung, dass die Rechnung direkt vom Gast bezahlt wird, ist das Reiseunternehmen, das den Hotelvertrag abgeschlossen hat, verpflichtet, die Rechnung zu bezahlen.
   b) Die Rechnung ist grundsätzlich am Tag der Abreise fällig. Die Bezahlung der Rechnung hat abzüglich der Provision bzw. des Rabattes laut § 5 innerhalb der vereinbarten Frist zu erfolgen oder mangels einer anderen vertraglichen Vereinbarung innerhalb von 21 Tagen nach Rechnungserhalt ohne Skonto.
   c) Bei längeren Aufenthalten kann der Beherbergungsbetrieb während des Aufenthaltes des Gastes vom Reiseunternehmen Teilzahlungen für die bereits erbrachten Leistungen fordern.
   d) Werden die vom Reiseunternehmen bestellten Hotelleistungen direkt vom Gast beglichen, ist der Beherbergungsbetrieb verpflichtet, die Provision für das Reiseunternehmen sicherzustellen.

§ 5 BEZAHLUNG AN DAS REISEUNTERNEHMEN

1. Grundsätze für die Provisions- bzw. Rabattgewährung:
   Der Beherbergungsbetrieb ist verpflichtet, dem Reiseunternehmen für jeden durch den Kooperationsvertrag geregelten Hotelvertrag einen gewissen Prozentsatz vom Preis der aufgrund des Hotelgutscheines erbrachten Leistungen (Arrangement) zu be-

zahlen. Er darf eine solche Provision bzw. einen Rabatt ausschließlich nur einem Reiseunternehmen und keinem anderen Vertragspartner gewähren.

2. Die Provision für die Vermittlung von Unterkunft und gebuchter Verpflegung beträgt mindestens 8 Prozent vom Pensionspreis einschließlich aller Abgaben inklusive Umsatzsteuer oder 10 Prozent vom Unterkunfts- und Verpflegungspreis ausschließlich aller Abgaben und Steuern.
   Wird die Provision von den Leistungen einschließlich der Mehrwertsteuer berechnet, so beinhaltet sie bereits einen Teil der auf die Provision entfallenden Mehrwertsteuer, derzeit 10 Prozent, so dass nur noch die Differenz auf den vollen Mehrwertsteuersatz, derzeit 20 Prozent, welcher auf die Vermittlungsleistung Anwendung findet, dazuzuschlagen ist.
   Bei Besorgungsleistungen wird ein Rabatt gewährt. Die bei Vermittlungsleistungen entwickelten Grundsätze gelten anlog:
   a) Die Provision ist auch für eine vom Beherbergungsbetrieb akzeptierte Aufenthaltsbestätigung zu bezahlen, wenn der Kunde die Hotelrechnung beglichen hat.
   b) Als Aufenthaltsverlängerung wird jeder neue Aufenthalt eines Gastes im Beherbergungsbetrieb im Verlauf derselben Reise angesehen, auch wenn der Aufenthalt eine Unterbrechung erfährt, vorausgesetzt, dass diese weniger als 15 Tage beträgt.
   c) Eine Provision kann dagegen nicht für einen über 60 Tage hinausgehenden Zeitraum - Verlängerung inbegriffen - für denselben Gast gewährt werden.
   d) Tätigt eine von einem Reiseunternehmen vermittelte Gruppe in der Folge eine individuelle Hotelbuchung im gleichen Haus, dann ist der Beherbergungsbetrieb dem Reiseunternehmen gegenüber provisionspflichtig, wenn der letzte vermittelte Aufenthalt dieser Gruppe nicht länger als acht Monate zurückliegt. Es muss sich hiebei um eine Buchung auf Basis einer Serie - mindestens drei Gruppen pro Saison - bzw. um eine solche aus einer Kontingentvereinbarung handeln.

3. Der Beherbergungsbetrieb zieht den Betrag der an das Reiseunternehmen zu zahlenden Provision vom Gesamtbetrag der Rechnung ab.

4. a) Wird die Rechnung vom Gast direkt an den Beherbergungsbetrieb bezahlt, so hat dieser dem Reiseunternehmen die Provision innerhalb von 21 Tagen nach Abreise des Gastes zu bezahlen.
   b) Wurde eine Vorauszahlung geleistet, so hat der Beherbergungsbetrieb dem Reiseunternehmen bei Annullierung innerhalb der durch einen Vertrag oder durch dieses Abkommen festgelegten Fristen, diesen Betrag innerhalb von 21 Tagen nach der Annullierung zurückzuerstatten.

§ 6 ANNULLIERUNGEN

1. Grundsatz der schriftlichen Annullierung:
   Jede Annullierung hat schriftlich, unter Bezugnahme des vorgesehenen Ankunftsdatums (Brief, Telegramm, Fernschreiben, Telefax, Computer usw.) zu erfolgen.

2. Jede mündliche oder telefonische Annullierung durch das Reiseunternehmen muss von diesem unverzüglich, längstens jedoch innerhalb von drei Tagen schriftlich bestätigt werden. Damit die Annullierung zum Zeitpunkt der mündlichen Mitteilung wirksam werde, muss in der schriftlichen Bestätigung ausdrücklich darauf Bezug genommen werden. Wird die mündliche Annullierung durch eine schriftliche Bestätigung seitens des Beherbergungsbetriebes festgehalten, so bedarf es keiner weiteren Bestätigung durch das Reiseunternehmen.

3. Die Bedingungen und die Fristen für totale oder teilweise Annullierungen des Hotelvertrages, ebenso die Art und Höhe eines möglichen Schadenersatzes im Fall einer verspäteten Annullierung sind Gegenstand von Sondervereinbarungen, die je nach Art der Verträge voneinander abweichen.

§ 7 ALLGEMEINE GEGENSEITIGE VERPFLICHTUNGEN RECHTE UND PFLICHTEN AUFGRUND DES KOOPERATIONSABKOMMENS

1. Das Reiseunternehmen verpflichtet sich, die für die verlangten Reservierungen nötigen Informationen vollständig und in allen Einzelheiten bekanntzugeben.

2. Die Leistungen, die der Beherbergungsvertrag in Übereinstimmung mit dem Beherbergungsvertrag gegenüber Einzel- als auch Gruppenreisenden, die von einem Reiseunternehmen vermittelt oder besorgt wurden, erbringt, müssen von gleicher Güte sein, wie jene Leistungen, die der Beherbergungsbetrieb unter denselben Bedingungen seinen direkt buchenden Gästen erbringt.

3. Der Gast hat das Recht, die gemieteten Räume ab 14 Uhr des vereinbarten Tages zu beziehen.

4. Wird ein Zimmer erstmalig vor 6 Uhr früh in Anspruch genommen, so zählt die vorhergegangene Nacht als erste Übernachtung, sofern das Reiseunternehmen eine diesbezügliche Reservierung vorgenommen hat.

5. Die gemieteten Räume sind durch den Gast am Tag der Abreise bis 12 Uhr freizumachen.

7

6. Die Ausstellung eines Hotelgutscheines stellt grundsätzlich eine Zahlungsverpflichtung durch das Reiseunternehmen dar. Dies gilt auch bei Reservierungen im Sinn des § 4 Z lit.a bei Nichteintreffen des Gastes.

7. Der Beherbergungsbetrieb hat dem Reiseunternehmen die bestellten und zugesicherten Zimmer zur Verfügung zu halten und die versprochenen Leistungen zu erbringen. Er kann ohne besondere Vereinbarung oder Veranlassung den Reservierungsauftrag nicht rückgängig machen.
Verletzt der Beherbergungsbetrieb diese seine Verpflichtung, so hat er jedenfalls dem Reiseunternehmen Schadenersatz für den tatsächlich erlittenen Schaden zu zahlen (wie z.B. zusätzliche Reisekosten, Preisdifferenz zur Ersatzunterkunft).
Der Beherbergungsbetrieb kann Gäste ausnahmsweise in einem gleich- oder höherwertigen Beherbergungsbetrieb in der späteren Umgebung unterbringen, wenn das Reiseunternehmen spätestens acht Tage vor der Ankunft davon in Kenntnis gesetzt wurde und zustimmte. In diesem Fall hat das Reiseunternehmen kein Recht, für eine solche Ersatzunterbringung einen Schadenersatz zu fordern.
Wenn eine Beeinträchtigung der Hotelleistung für den Gast absehbar ist, ist der Beherbergungsbetrieb verpflichtet, diese unverzüglich dem Reiseunternehmen mitzuteilen. Sollte der Beherbergungsbetrieb für die Beeinträchtigung eine Preisermäßigung anbieten wollen, soll das gleichzeitig mit der Information an das Reiseunternehmen erfolgen. Dem Reiseunternehmen steht das Recht zu, für die Dauer der Beeinträchtigung schadenersatzlos vom Vertrag zurückzutreten.
Der Beherbergungsbetrieb ist dem Reiseunternehmen gegenüber denn aus der Haftung entlassen, wenn er seiner Informationspflicht betreffend das Vorhandensein einer den Urlaub beeinträchtigenden Gegebenheit an das Reiseunternehmen nachgekommen ist.
Im Fall eines Rechtsstreites zwischen einem Kunden und dem Reiseunternehmen haftet der Beherbergungsbetrieb für jene Ersatzansprüche, die sich aus der nicht oder nicht gehörig erbrachten Hotelleistung ergeben. Bei Prozessanhängigkeit hat das beklagte Reiseunternehmen dem betroffenen Beherbergungsbetrieb den Streit zu verkünden.

8. Subjektive Unzufriedenheit des Gastes mit einer Unterkunft ist nicht vom Beherbergungsbetrieb zu verantworten, sofern er die vereinbarte Leistung erbringt und solang ein ordentliches Gericht nicht zu einer gegenteiligen Auffassung gelangt.

9. Die in Abs. 7 vorgesehene Schadenersatzzahlung hat seitens des Beherbergungsbetriebes innerhalb von 21 Tagen nach Erhalt der Aufforderung durch das Reiseunternehmen zu erfolgen.

8

§ 8 GRUNDSÄTZE FÜR DIE HAFTUNGSBEFREIUNG BEI HÖHERER GEWALT

1. Ist eine der Parteien des Hotelvertrages durch höhere Gewalt, das heißt durch nicht vorhergesehene, mit wirtschaftlich zumutbaren Mitteln unabwendbare, von ihrem Willen unabhängige Ereignisse nicht in der Lage, ihren Verpflichtungen nachzukommen, so wird sie davon befreit, ohne dass ein Anspruch auf Schadenersatz entsteht.

2. Ist es dem Beherbergungsbetrieb oder dem Reiseunternehmen nicht möglich, seine vertraglichen Verpflichtungen, insbesondere aufgrund von höherer Gewalt zu erfüllen, hat es den anderen Partner mit allen ihm zur Verfügung stehenden Mitteln sofort zu informieren, um den Schaden möglichst gering zu halten.

3. Kommt es hinsichtlich eines Falles höherer Gewalt zu Meinungsverschiedenheiten, so sollen die Vertragspartner eine Beilegung auf gütlichem Weg versuchen. Im Fall einer Nichteinigung können sie sich an das im § 15 dieses Kooperationsabkommens vorgesehene Schiedsgericht wenden.

§ 9 VERPFLICHTUNGEN, DIE SICH AUS BERUFSETHISCHEN GRÜNDEN ERGEBEN

1. Der Beherbergungsbetrieb ist verhalten, dem Reiseunternehmen genaue Angaben hinsichtlich Kategorie, Lage des Beherbergungsbetriebes und der Qualität seiner Leistungen zu machen.

2. Das Reiseunternehmen ist verpflichtet, sich dem Kunden gegenüber an die ihm vom Beherbergungsbetrieb gemäß Abs.1 gemachten Angaben zu halten.

3. Der Beherbergungsbetrieb wird es unterlassen, Gäste, die von einem Reiseunternehmen vermittelt wurden - gleichgültig mit welchen Mitteln -, als direkte Gäste anzuwerben.

4. Das Reiseunternehmen wird es unterlassen, Gäste des Beherbergungsbetriebes - gleichgültig mit welchen Mitteln - als direkter Kunde anzuwerben.

§ 10 VERTRAGSBEDINGUNGEN FÜR EINZELREISENDE

1. Definition
Ein Vertrag für Einzelreisende ist ein solcher, der für Reisende abgeschlossen wird, die keine Gruppe im Sinn des § 11 Abs.1 und 2 darstellen.

9

2. Annullierungsfristen
Ist im Vertrag keine gegenteilige Bedingung vorgesehen, so sind folgende Mindestfristen bei Meldung der Annullierung vom Reiseunternehmen an den Beherbergungsbetrieb einzuhalten:
   a) in der Stadthotellerie:
   Abbestellungen für Einzelreisende müssen mindestens sieben Tage vor dem vereinbarten Ankunftstag des Gastes in Händen des Beherbergungsbetriebes sein. Trifft die Nachricht in kürzerer Zeit als sieben Tage ein, so kann der Beherbergungsbetrieb eine Entschädigung verlangen, wenn er durch den Zurücknahme der Reservierung einen nachzuweisenden Schaden erlitten hat.
   b) in der Ferienhotellerie:
   Abbestellungen für Einzelreisende müssen mindestens 14 Tage vor dem vereinbarten Ankunftstag in Händen des Beherbergungsbetriebes sein. Eine einzelvertragliche Regelung wird empfohlen. Annullierungen, die in kürzerer als der oben festgesetzten Frist erfolgen, geben das Recht auf Schadenersatz seitens des Beherbergungsbetriebes.

3. Ein Schadenersatz kann pro Person und annullierter Reservierung pauschal festgesetzt werden und zwar
   a) bei einer Reservierung bis zu sechs Nächtigungen 75 Prozent des Betrages gemäß der am Hotelgutschein angeführten Leistung, bis maximal zum Preis von drei Nächtigungen oder
   b) auf einen im voraus bestimmten Betrag, der bei der Reservierung vereinbart werden muß.

4. Im Fall einer nicht pauschalierten Schadenersatzregelung kann der Beherbergungsbetrieb vom Reiseunternehmen den Ersatz des konkret nachgewiesenen Schadens verlangen. Dem Beherbergungsbetrieb obliegt es, sich um eine anderweitige Vermietung der nicht in Anspruch genommenen Räume den Umständen entsprechend zu bemühen (Schadenersatzminderungspflicht).

5. a) Im Fall einer vorzeitigen Abreise oder der Nichtinanspruchnahme von vereinbarten Leistungen, hat das Reiseunternehmen dem Beherbergungsbetrieb Schadenersatz für den tatsächlich erlittenen Schaden zu leisten. Subjektive Unzufriedenheit des Gastes mit einer Unterkunft ist nicht vom Beherbergungsbetrieb zu verantworten, sofern er die vereinbarte Leistung erbringt.
   Der Gast ist nach Möglichkeit auf die Folgen seiner vorzeitigen Abreise aufmerksam zu machen.
   b) Für eine bloße Vermittlung haftet das Reiseunternehmen nur bis zur Höhe der im Hotelgutschein ausgewiesenen Vorauszahlung.
   c) Deckt die durch das Reiseunternehmen erfolgte Vorauszahlung nur einen Teil der Gesamtrechnung, so kann sich der Beherbergungsbetrieb zur Begleichung des Differenzbetrages direkt an den Gast wenden, wenn kein Zahlungsversprechen mittels Hotelgutschein vorliegt.

10

   d) Bei Nichteintreffen (no show) eines Gastes, dessen Reservierung auch nicht verspätete annulliert worden ist und dessen verspätete Ankunft nicht mitgeteilt worden war, ist das Reiseunternehmen verhalten, dem Beherbergungsbetrieb für den tatsächlich erlittenen Schaden Ersatz zu leisten. Der Beherbergungsbetrieb hat das Reiseunternehmen umgehend über das Nichteintreffen des Gastes (der Gäste) zu informieren.
   e) Die Schadenersatzzahlung hat innerhalb von 21 Tagen nach Rechnungserhalt zu erfolgen.

6. a) Das Reiseunternehmen darf seinen Kunden keine höheren Preise verrechnen als die vom Beherbergungsbetrieb ihm bekanntgegebenen Bruttopreise.
   b) Bei Nettopreisvereinbarungen (z.B.Kontingentverträgen) obliegt die Preisgestaltung dem Reiseunternehmen und darf die unter § 4 Abs.1 genannten Preise nicht überscheiten.
   c) Die Kosten für die Reservierung können jedoch dem Kunden zuzüglich zur Hotelrechnung angelastet werden.

§ 11 VERTRÄGE FÜR GRUPPENREISENDE

1. Definition
Als Gruppenreisende sind gemeinsam reisende Personen zu betrachten, die vom Reiseunternehmen und vom Beherbergungsbetrieb als eine Einheit angesehen werden. Reservierung und Bestätigung derselben erfolgen jeweils mittels eines einzigen Schriftstückes, welches für jeden Reisenden die gleichen Leistungen vorsieht. Der Gesamtpreis (Gruppenpreis) ist in einer einzigen Rechnung auszuweisen.

2. Als Gruppe gilt eine Reisegemeinschaft mit einer Mindestteilnehmerzahl von 15 Personen.

3. Die Buchungsvorschau für die genannte Gruppe ist dem Beherbergungsbetrieb auf dessen Verlangen 30 Tage vor Ankunft zu übermitteln. Das Reiseunternehmen übersendet dem Beherbergungsbetrieb die Namensliste der Gruppenmitglieder sowie die definitive Zimmereinteilung mindestens 14 Tage (zwei Wochen) vor Ankunft der Gruppe. Das Reiseunternehmen trifft die volle Verantwortung bei Nichteinhalten dieser Verpflichtung.

4. Hat der Beherbergungsbetrieb jedoch die Liste bis 14 Tage vor dem Ankunftstermin nicht erhalten, so ist er verpflichtet, das Reiseunternehmen davon in Kenntnis zu setzen.

5. Im Fall, dass die Bestimmungen des § 7 Abs.7 zur Anwendung kommen, ist der Beherbergungsbetrieb verpflichtet, alle Personen dieser Gruppe in ein und demselben Hotel unterzubringen.

11

§ 12 ZAHLUNGSBEDINGUNGEN

Die Zahlungsbedingungen werden normalerweise in Einzelverträgen festgelegt.

Die Rechnung ist grundsätzlich am Tag der Abreise des Gastes oder der Reisegruppe fällig, wenn keine besonderen Vereinbarungen getroffen wurden, hat die Bezahlung durch das Reiseunternehmen innerhalb von 21 Tagen nach Rechnungserhalt netto Hotel zu erfolgen. Aus eventuellen Banküberweisungen dürfen dem Beherbergungsbetrieb keinerlei Spesen erwachsen.

1. Sollte keine einzelvertragliche Regelung vorgesehen sein, wird pro 20 zahlenden Gästen ein Freiplatz im Doppelzimmer gewährt. Weiters werden alle anderen Leistungen, die von der Gruppe im voraus gebucht wurden, wie etwa Halbpension, Frühstücksbuffet, ebenfalls der Freiperson als nicht zu bezahlende Leistung gewährt.
2. Der im Hotelvertrag angegebene Preis darf dem Reisenden weder durch das Reiseunternehmen noch durch den Beherbergungsbetrieb bekanntgegeben werden.

§ 13 ANNULLIERUNGEN - GRUPPEN

1. Wenn gegenteilige Bedingungen nicht vereinbart wurden, so sind die Mindestfristen für die spesenfreie Annullierung, die das Reiseunternehmen gegenüber dem Beherbergungsbetrieb einzuzahlen hat, folgende:
   a) 30 Tage vor dem vorgesehenen Ankunftstag für eine Annullierung von mehr als 50 Prozent der Teilnehmer;
   b) 14 Tage vor dem vorgesehenen Ankunftstag für eine Annullierung von weniger als 50 Prozent der Teilnehmer.
   c) Bei einem Abschluß von Gruppenserienbuchungen hat der Beherbergungsbetrieb bei Fehlen einer einzelvertraglichen Regelung das Recht, bei Nichterfüllung des Vertrages, das sind Stornierungen über die Hälfte der vorgenommenen Gruppen einer Serie innerhalb der ersten zwei Monate der vertraglich vorgesehenen Laufzeit eines Serienvertrages, vom gesamten Vertrag zurückzutreten, ohne gegenüber dem Reiseunternehmen schadenersatzpflichtig zu werden. Der Beherbergungsbetrieb hat die bis zu diesem Zeitpunkt fix vorgenommenen Buchungen zu garantieren. Er darf jedoch für diese Reservierungen eine volle Vorauszahlung verlangen. Später einlangende Buchungen sind nicht mehr Gegenstand des abgeschlossenen Vertrages.
   d) Wenn ein Reiseunternehmen mit Zahlungen an den Beherbergungsbetrieb im Rückstand ist, so hat dieser das Recht, eine Nachfrist von zehn Tagen zu setzen. Wenn auch nach dieser Frist die Rechnung(en) nicht völlig bezahlt wurde(n), hat der Beherbergungsbetrieb das Recht, wahlweise einzelne oder alle Buchungen des betroffenen Reiseunternehmens von seiner Seite aus zu stornieren, ohne dass er dadurch schadenersatzpflichtig wird.
   Von dieser Vertragsauflösung hat der Beherbergungsbetrieb umgehend das Reiseunternehmen schriftlich zu verständigen (Brief, Telegramm, Fernschreiben, Telefax, Computer etc.).
   Besteht das Reiseunternehmen auf der Beherbergung von bereits bestätigten Buchungen, so ist der Beherbergungsbetrieb gehalten, diese zu akzeptieren, jedoch nur unter der Voraussetzung, dass das Reiseunternehmen die vollen Kosten für die vereinbarten Leistungen dieser Reservierungen unter einem im voraus sofort bezahlt.
   Der Beherbergungsbetrieb ist im Fall der Nichtbezahlung von vorhergehenden Rechnungen, an Stelle der Stornierung, auch berechtigt, den bestehenden Einzelvertrag einseitig dahingehend abzuändern, dass er in der Folge für bestehende Verträge die Bezahlung vor Bezug der Zimmer verlangt, wobei er für die erste folgende Reservierung auch die Bezahlung der noch offenen Rechnungen bei sonstiger automatischer Stornierung verlangen kann.

12

2. Der Beherbergungsbetrieb kann dann keinen Schadenersatz verlangen, wenn die Verringerung der auf der Namensliste angegebenen Personenanzahl 10 Prozent der Gesamtzahl der Reisegruppe nicht übersteigt, jedoch unter der Bedingung, dass das Reiseunternehmen den Beherbergungsbetrieb mindestens fünf Werktage vor dem vereinbarten Ankunftstag der Gruppe darüber nachweislich benachrichtigt hat. Bei Unterschreiten dieser Frist ist die Entschädigung dieselbe wie beim Einzelgast.
3. Annullierungen, die in kürzeren als den oben festgesetzten Fristen erfolgen, geben das Recht auf Schadenersatz. Bei Nichteintreffen (no show) der Gruppe kommen die Bestimmungen für Einzelreisende zur Anwendung.
4. Ein Schadenersatz kann pro annullierter Reservierung pauschal festgesetzt werden, und zwar:
   a) auf 75 Prozent des Betrages der annullierten Bestellung unter Zugrundelegung der im Vertrag festgesetzten Bedingungen und Sondertarife oder
   b) auf einen im voraus bestimmten Betrag der bei der Reservierung vereinbart werden muss.
5. Im Fall einer nichtpauschalierten Schadenersatzregelung kann der Beherbergungsbetrieb vom Reiseunternehmen den Ersatz des konkret nachgewiesenen Schadens verlangen. Dem Beherbergungsbetrieb obliegt es, sich um eine anderweitige Vermietung der nicht in Anspruch genommenen Räume den Umständen entsprechend zu bemühen (Schadenminderungspflicht).
6. Für Reservierungen, die innerhalb von 14 Tagen vor dem Ankunftstag getätigt werden, gilt folgendes:
   Das Reiseunternehmen kann innerhalb von drei Tagen ab Buchungsauftrag kosten- und spesenfrei stornieren. Fällt in

diesen Zeitraum ein Sonn- oder Feiertag, so verlängert sich diese Frist um einen Tag. Reservierungen, auf die diese Sonderbestimmungen nicht zur Anwendung gelangen, gelten als Fixbuchungen.

7. a) Im Fall einer verspäteten Ankunft sind die nicht in Anspruch genommenen Mahlzeiten und Dienstleistungen nur mit zwei Drittel ihres Preises zu vergüten, wenn der verantwortliche Vertreter des Reiseunternehmens alles in seinen Kräften Stehende getan hat, um den Beherbergungsbetrieb über die verspätete Ankunft zu benachrichtigen.
   b) Der Beherbergungsbetrieb, der seine Verpflichtungen aus dem Hotelvertrag nicht erfüllt oder keinen entsprechenden Ausgleich dafür bietet, muß unter Berücksichtigung des § 7 Abs.7 Schadenersatz leisten, dessen Höhe weder den vom Reiseunternehmen tatsächlich erlittenen Schaden übersteigen, noch unter den im Abs. 4 angegebenen Beträgen liegen darf.
   c) Die Schadenersatzzahlung hat innerhalb von 21 Tagen nach Aufforderung zu erfolgen.
   d) Bei Reservierungsverträgen, die mehr als sechs Monate vor Ankunft der Gruppe mit einem Reiseunternehmen abgeschlossen wurden, kann der Beherbergungsbetrieb, sofern keine anderslautende einzelvertragliche Regelung vorliegt, innerhalb von sieben Tagen nach Vertragsabschluß schadenersatzfrei vom Vertrag zurücktreten.

§ 14 VERTRÄGE FÜR PERIODE WIEDERKEHRENDE RESERVIERUNGEN

Für Kontingente (Allotments), Kongresse, Seminare und sonstige Veranstaltungen gelten besondere Bestimmungen:

a) Wenn die Bestellung sich auf Gruppen- oder Einzelreisende bezieht, die aufeinander folgen, so ist die Anleitung von Zimmern für eine bestimmte Zeitspanne vorzusehen. Das Reiseunternehmen ist verpflichtet, den Verkauf des Kontingents (Allotments) mit allen ihm zur Verfügung stehenden Werbemitteln zu unterstützen.
b) Die Bestellung der Leistungen, die im Rahmen eines Zimmerkontingents (Allotments) zu erbringen sind, soll immer Gegenstand eines schriftlichen Vertrages sein.
c) In Einzelverträgen zwischen Beherbergungsbetrieb und Reiseunternehmen sollen die notwendigen Einzelheiten geregelt werden und sich im besonderen auf nachstehend angeführte Punkte beziehen:
   - die den Vertrag schließenden Partner,
   - den Zeitraum der Reservierung (Beginn-Ende-Unterbrechungen),
   - die Verteilung der Reservierungen innerhalb der Reservierungszeit (Einzelheiten betreffend die Zimmer),
   - die Preise entsprechend den Saisonen (Hoch-, Zwischen-, Außersaison) im Rahmen der Reservierungszeit,

   - die besonderen Bedingungen (ermäßigte Preise und Freiplätze).
   - Die in § 12 angegebenen Bestimmungen sind anzuwenden.
   - die finanziellen Bedingungen, Bezahlung, Fristen, eventuelle Anzahlungen,
   - Informationen zu bestimmten Zeitpunkten über die Entwicklung des Verkaufes;
   - die letzte Frist für die Bestätigung der Durchführung des Vertrages,
   - die Verteilung der endgültigen Reservierungen,
   - der letzte Zeitpunkt für die Übersendung der Zimmerlisten,
   - der Schadenersatz für die Nichtinanspruchnahme durch das Reiseunternehmen,
   - der Schadenersatz für die Nichterfüllung oder nicht gehörige Erfüllung des Vertrages durch den Beherbergungsbetrieb,
   - die Zahlungsmodalitäten,
   - die Möglichkeit, Reisende in einem gleichrangigen Hotel unterzubringen, sofern der Standort gleichwertig oder der Zweck des Aufenthaltes gewährleistet ist,
   - Informationen über die Verkaufsvorschau,
   - Schadenersatz durch Nichtinanspruchnahme des Kontingents durch das Reiseunternehmen,
   - Möglichkeit einer Unterbringung in gleichwertigen Betrieben.

§ 15 SCHIEDSGERICHT

Für Streitigkeiten aus diesem Kooperationsabkommen wird jeweils ein Schiedsgericht gebildet, dem die Fachverbandsvorstehungen bzw. deren Delegierte in paritätischer Zusammensetzung angehören. Bei Anrufung muss das Schiedsgericht innerhalb von 30 Tagen zusammentreten.

§ 16 GERICHTSSTAND

Für alle Streitigkeiten aus den Rechtsbeziehungen zwischen Reiseunternehmen und Beherbergungsbetrieben gilt, wenn nichts anderes vereinbart wurde, der Gerichtsstand des Klägers.

§ 17 LISTE DER REISEUNTERNEHMEN

Der Fachverband der Reisebüros verpflichtet sich, die Liste der konzessionierten österreichischen Reiseunternehmen mindestens einmal im Jahr neu zu erstellen und dem Fachverband Hotellerie zu übergeben.

15

§ 18 HOTELBUCH

Der Fachverband Hotellerie verpflichtet sich, sofern von ihm ein Hotelbuch erstellt wird, dieses jährlich dem Fachverband der Reisebüros zur Verfügung zu stellen.

§ 19 DAUER DES ABKOMMENS

Dieses Kooperationsabkommen tritt mit 1. Dezember 1992 in Kraft. Es kann unter Einhaltung einer sechsmonatigen Frist zum 1. April und 1. Oktober jeden Jahres gekündigt werden.
Dieses Abkommen gilt für alle Verträge, die nach dem Inkrafttreten abgeschlossen werden.

Kartellrechtliche Registrierung

Die Provisions- bzw. Rabattgewährung gemäß § 5 „Bezahlung an das Reiseunternehmen", die Schadenersatzregelung im Fall einer verspäteten Annullierung seitens eines Reiseunternehmens gemäß § 10 Z 3 „Vertragsbedingungen für Einzelreisende" sowie § 13 Z 4 „Annullierungen - Gruppen" und die Limitierung der Schadenersatzleistungen des Beherbergungsbetriebes gegenüber dem Reiseunternehmen gemäß § 13 Z 7 lit. b „Annullierungen - Gruppen" ist als unverbindliche Verbandsempfehlung des Fachverbandes Hotellerie (gerichtet an dessen Mitglieder) unter 1 Kt 342/91-10 sowie als unverbindliche Verbandsempfehlung des Fachverbandes der Reisebüros (gerichtet an dessen Mitglieder) unter 1 Kt 343/91-11 im Kartellregister eingetragen.
Die jeweilige Verbandsempfehlung gilt für die Zeit bis September 1996, sofern nicht fristgerecht eine neue Anzeige erfolgt.

Literaturverzeichnis

Apflauer/Reiter: Schule Online, Handbuch zum Bildungsmedium Internet; Public Voice, Wien 2000
AWS (Arbeitsgemeinschaft Wirtschaft und Schule) Hg.: Medienmappe Tourismus in Österreich; Wien 2003
Bauer/Giesriegl: Druckwerke und Werbemittel herstellen; Ueberreuter, Wien 2001
Betriebswirtschaftslehre der Reisebüros; Österreichischer Gewerbeverlag, 1988
Brunauer/Ebeling: Das 1x1 des Telefonierens; Signum, Wien/Hamburg 1998
Bundesministerium für wirtschaftliche Angelegenheiten: Gastlichkeit ist Erfolg, Trainingshandbuch; Wien 1996
Ebeling, Peter: Kundeneinwände sind Geschenke; Signum, Wien/Hamburg 1999
Fetscherin, Alfred: Keine Angst vor den Medien; Orell Füssli, Zürich 1999
Flynn/Flynn: Professionelle E-Mails; Ueberreuter, Wien 2001
FM Magazin, Ausgabe Nr. 2, Sommer 2003-09; Artikel: Zappen zum Urlaub
Freismuth u. a.: Hotel- und Rezeptionstechnik; TRAUNER, Linz 1997 (SB-Nr.: 1.588)
Haeske, Udo: Erfolgreich telefonieren im Beruf; Beltz, Weinheim und Basel 1999
Havlik, Herbert; ÖGZ (Österreichische Gastgewerbezeitung)/Marketing: Der Empfang als Kommunikationszentrum des Hotelbetriebes; Wien 2000
Heller, Eva: Wie Farben wirken; Rowohlt, Hamburg 1993
Kosma u. a.: Betriebsorganisation, Tourismus, Marketing; TRAUNER, Linz, 13. überarb. Aufl. 2009 (SB-Nr.: 3.688)
Macher u. a.: Service, Getränke und Betriebsorganisation, TRAUNER, Linz, 6. überarb. Auflage 2009 (SB-Nr.: 110.688)
Nalepka, Wolfgang J.: Grundlagen der Werbung; Ueberreuter, Wien 1999
Pesendorfer u. a. : Informationsmanagement Office 2010 III HLW; TRAUNER, Linz 2011 (SB-Nr.: 150.415)
Pohl/Moser: Touristik für Reisebüroassistentinnen und -assistenten, TRAUNER, Linz 2010 (SB-Nr.: 145.173)
Tominaga, Minoru: Die kundenfeindliche Gesellschaft, Erfolgsstrategien für Dienstleister; Econ, Düsseldorf 1996
Tourismus und Marketing, Band 1; Österreichischer Gewerbeverlag, 1998
Wirtschaftskammer Österreich; Fachverband Gastronomie und Fachverband Hotellerie: Befähigungsprüfung Gastgewerbe, Wien 1998/99
Wölfl u. a.: Rezeption. Frontofficemanagement im Hotel; TRAUNER, Linz, 2. Aufl. 2008
Zimmer-Pitz, Helga: Professionelles Texten; Ueberreuter, Wien/Frankfurt 2000

Internet-Adressen

http://www.abseits.de
http://www.bmwfjg.gv.at
http://www.booking.com
http://www.checkfelixx.com
http://www.diehotellerie.at
http://www.expedia.com
http://www.gastlichkeit.at
http://www.groupon.com
http://www.help.gv.at
http://www.holidaycheck.at
http://www.hotelclub.com
http://www.hotels.com
http://www.hotelscomparison.com
http://www.hrs.de
http://www.lastminute.com
http://www.mobissimo.com
http://www.nethotels.com
http://www.orbitz.com
http://www.priceline.com
http://www.tiscover.com
http://tourismus.wu-wien.ac.at
http://www.travelocity.com
http://www.tripadvisor.com
http://www.trivago.at
http://www.venere.com
http://www.vki.or.at
http://www.wko.at

Bildnachweis

Kempinski Hotels & Resorts, München: S. 13, 27 (rechts), 30, 33
AVIVA Single Resort & Spa, St. Stefan/OÖ: S. 114 (oben)

Alle weiteren Bilder und Grafiken sind Eigentum der TRAUNER Verlag + Buchservice GmbH (Fotograf: Raimund Mayerhofer, Wien; Grafiken: Gertrud Kirschenhofer, Wien; Zeichnung S. 119: Ulf Kossak, Linz) bzw. wurden von Bildagenturen zugekauft (MEV Verlag GmbH, fotolia.com).

Danksagung

Besonderen Dank möchten wir all jenen aussprechen, die uns beim Entstehen dieses Buches geholfen haben:

Frau Claudia Muhrer, Landesberufsschule Knittelfeld (vorm. Landesberufsschule für Tourismus Aigen im Ennstal)
Herrn BDS Ernst Khom, Landesberufsschule Obertrum für die Lehrberufe des Hotel- und Gastgewerbes
Herrn Andreas Krall, Fachberufsschule Oberwollanig
Herrn Andreas Freibauer, Berufsschule für das Gastgewerbe, Wien-Längenfeldgasse
Herrn Wolfram Baldauf, Landesberufsschule Lochau
Frau Waltraud Kueß, Fachberufsschule Oberwollanig
Herrn Generalsekretär Thomas Reisenzahn, Österreichische Hoteliervereinigung
Frau Mag. (FH) Yvona Asbäck, Österreichische Hoteliervereinigung Touristik Service GmbH
Herrn Ivan Smit, Fidelio Front Office Support, HUGIN SWEDA Datensysteme Ges.m.b.H
Frau Direktorin Birgit Abate-Daga, Kempinski Hotels & Resorts, München
Frau Direktorin Verena Forstinger, AUSTRIA TREND HOTEL ALTSTADT RADISSON SAS, Salzburg
Frau Sandra Peter, Urlaubsspezialisten Marketing GesmbH
Herrn Wolfgang Putz, ARCOTEL Nike, Linz
Frau Petra Scheuringer, Sales & Marketing, COURTYARD MARRIOTT, Linz
Herrn Adolf Werner, Hotelier, Arlberg Hospiz Hotel, St. Christoph
Herrn Oliver Moser, Sales Manager, AUSTRIA TREND EVENTHOTEL PYRAMIDE, Wien

Weiters bedanken wir uns bei folgenden Betrieben für die zur Verfügung gestellten Fotos, Screenshots und Unterlagen:

ARCOTEL Nike, Linz
Arlberg Hospiz Hotel, St. Christoph
ASTRON Resort, Kitzbühel
AUSTRIA TREND HOTELS & RESORTS, Salzburg, Wien
AVIVA Single Resort & Spa, St. Stefan/OÖ
Comm-Unity EDV GmbH
COURTYARD MARRIOTT, Linz
GASTRODAT GmbH – Consulting Österreich
Hotel Hochschober, Turracher Höhe
Hotel Thermenhof PAIERL, Waltersdorf GmbH & Co. KG
HUGIN SWEDA Datensysteme Ges.m.b.H.
Kempinski Hotels & Resorts, München
MICROS-FIDELIO Austria GmbH
Parkhotel Pörtschach
PROTEL, EDV für Hotellerie und Gastronomie
Sporthotel Alpenrose, Maurach
The PENZ Hotel, Innsbruck
Thermenhotel Ronacher, Bad Kleinkirchheim
Vital Royal Spa Seefeld, Sofitel, ACCOR Hotels & Resort